本书系河南省重点研发与推广专项（软科学研究）“河南省供给侧结构性改革的金融支持模式研究”（编号：182400410171）的研究成果。

供给侧结构性改革的金融支持研究

高彦彬　著

中国金融出版社

责任编辑：方 蔚 董梦雅
责任校对：李俊英
责任印制：陈晓川

图书在版编目（CIP）数据

供给侧结构性改革的金融支持研究／高彦彬著．—北京：中国金融出版社，2020.9
ISBN 978－7－5220－0411－2

Ⅰ.①供… Ⅱ.①高… Ⅲ.①中国经济—经济改革—金融支持—研究 Ⅳ.①F12

中国版本图书馆 CIP 数据核字（2020）第 088704 号

供给侧结构性改革的金融支持研究
GONGJICE JIEGOUXING GAIGE DE JINRONG ZHICHI YANJIU
出版发行 中国金融出版社
社址 北京市丰台区益泽路 2 号
市场开发部 (010)66024766，63805472，63439533（传真）
网上书店 http：//www. chinafph. com
(010)66024766，63372837（传真）
读者服务部 (010)66070833，62568380
邮编 100071
经销 新华书店
印刷 北京七彩京通数码快印有限公司
尺寸 169 毫米×239 毫米
印张 16.5
字数 226 千
版次 2020 年 9 月第 1 版
印次 2020 年 9 月第 1 次印刷
定价 58.00 元
ISBN 978－7－5220－0411－2

前　言

供给侧结构性改革作为一项系统性工程，已成为我国经济发展的重大战略方针。这次改革是一次彻底性变革，有别于以往的需求刺激理念，而是从供给侧入手，针对经济新常态症状，找准经济发展壁垒，对症下药，是治愈当前经济发展病理的一剂良药。供给侧结构性改革的成效关乎我国未来经济的发展，在此进程中将产生巨大的资金需求。金融作为供给侧结构性改革的强劲推手，通过完善自身发展、提高服务效率、增加金融服务，可以为供给侧结构性改革提供强有力的支持。

本书系统分析国内外供给侧改革理论渊源、供给侧结构性改革的内涵、金融支持供给侧结构性改革的研究现状与作用机制，在对已有的研究成果和理论进行系统分析的基础上，对金融如何支持供给侧改革、金融支持供给侧改革成效如何、如何提升金融支持供给侧结构性改革绩效等问题做出剖析和解答。

本书以新的视角找准金融对供给侧结构性改革的支持点，并加以量化分析，以金融支持供给侧三要素（资本、技术、劳动力）为研究的切入点，从金融支持广度、金融支持强度和金融支持效率三方面衡量金融对供给侧结构性改革的支持。首先对供给侧结构性改革和金融支持内涵进行分析，其次从理论上系统分析金融支持科技、资本积累和劳动力增长的内在机制及金融支持途径，考察样本省金融支持供给侧结构性改革现状及存在的问题，并对金融支持水平进行评价进而衡量供给侧结构性改革的金融支持状况。然后利用系列性相关数据从资本、技术和劳动力三个角度分别建立VAR模型进行实证分析。

研究结果显示，直接融资对资本积累有较为明显的促进作用，但金融业增加值并未能有效促进资本的积累；间接融资和金融业增加值对科技进步起到了一定的促进作用，但对科技进步贡献程度最大的直接融资却未能有效促进科技进步；同时金融业增加值、直接融资、间接融资对劳动力增长的促进作用微弱。说明金融发展对劳动力增长的促进作用有限，而且直接融资与科技进步的关联性较差，金融对供给侧结构性改革的支持效应仍存在一定的提升空间。最后，本书结合金融支持供给侧结构性改革的作用机制、现状与问题以及实证分析结果，提出金融支持供给侧改革的政策建议。

本书系河南省重点研发与推广专项（软科学研究）“河南省供给侧结构性改革的金融支持模式研究”（编号：182400410171）的研究成果。本校研究生阮非凡同学参与了本课题研究，在资料收集、数据处理方面做了大量工作。夏超、杨茹好、闫云萍同学参与了本课题实地调研、整理资料等工作。在数据处理及资料收集和调研过程中，得到了中国人民银行焦作市中心支行程肖宁、中国农业发展银行平顶山市分行张洋峰的协助。在此，笔者表示诚挚的感谢！受笔者学术水平、资料来源以及研究条件等因素的限制，书中多有疏漏之处，期待同人与读者批评指正。

高彦彬

河南理工大学

2019年10月

CONTENTS 目录

1

导　论

1.1　研究背景

随着我国改革逐步迈入攻坚期，我国经济增长速度处于换挡期、结构调整陷入阵痛期、前期刺激政策处于消化期的“三期叠加”状况。经济发展速度放缓，人口红利渐趋削减，CPI 与 PPI 偏离状况明显，居民收入渐次增长，企业利润率平稳下调，消费趋于上涨，与此同时投资下降，传统的以需求刺激消费的弊端逐渐显露，经济陷入疲软期，我国供给体系问题层出不穷，“中等收入陷阱”的风险已悄然来临，我国经济发展正迈入“新常态”，面临各种风险与挑战。

金融危机爆发后的“蝴蝶效应”，使我国经济未能摆脱下滑的命运。我国 GDP 总量虽然连年增长，但其增速却在下降。如图 1－1、图 1－2 所示，2013 年我国 GDP 增速为 7.8%，2014 年我国 GDP 增速下降到 7.3%，2015 年我国 GDP 增速进一步下降为 6.9%，2016 年则继续下降为 6.7%。

经济下行的趋势显著，而需求端的出口、投资、消费“三驾马车”的牵动作用未能与我国当前经济发展状况相匹配。与此同时，人口、投资、资源、外资等红利正日渐消失，依靠传统的红利拉动经济发展的方式无以为继。此外，近年来随着恩格尔系数的降低，以及居民生活水平的提高，从马斯洛的需求层次理论分析来看，居民的需求已从生存和安全层次上升为自我价值实现层次，伴之需求的不断升级而呈现出多样化的消费层级。诚然，居民日益增长的消费需要与国内的中低端供给不相

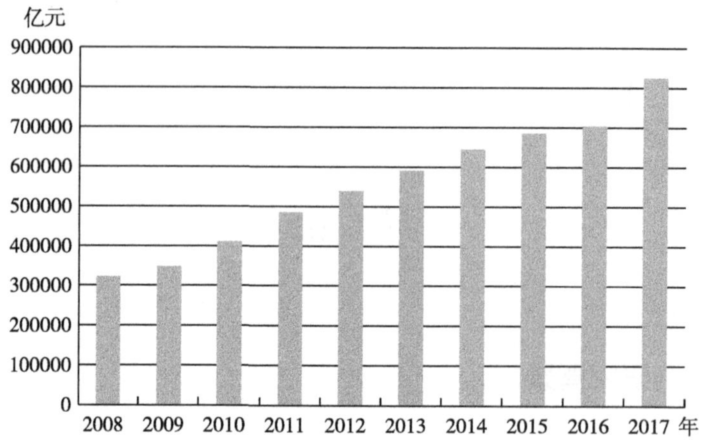

图 1－1　2008—2017 年中国 GDP 变化情况

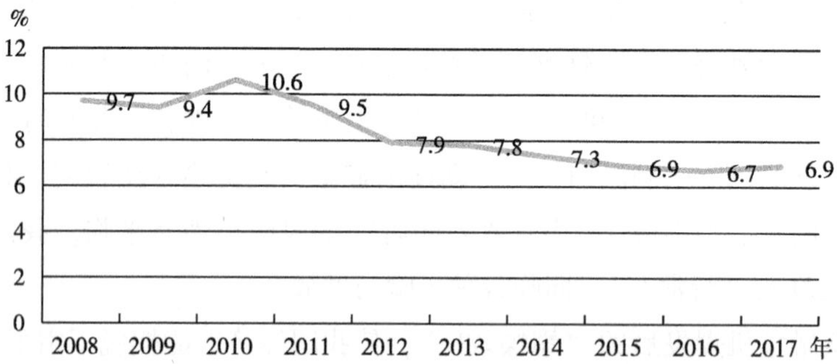

图 1－2　2008—2017 年中国 GDP 增长率变化情况

匹配，消费外溢情况与日俱增，与之相应的是消费端对经济的助推不力。

我国经济供需端的结构性失衡凸显，陷入供给不足与供给过剩共存、需求下降与需求外移共存的“怪圈”。中低端、传统产品冗余，高端产品缺失，房地产库存问题严峻，生产成本有增无减。经济运行“四降一升”状况明显，即经济增长速率下降、工业品价格下降、企业获利能力下降、财政收入增长幅度下降，而风险发生率增加。我国经济发展处于瓶颈期，随着“刘易斯拐点”的到来，人口红利正逐渐消失，同时随着劳动力成本、资源成本以及资本成本的上升，资源、资本等红利正浸微浸灭。

面对经济运行所呈现的“四降一升”矛盾，追本溯源在于供给端、结构性与体制性之间的矛盾。从本质上讲我国经济发展仍存在很大的“帕累托改进”空间，而目前情况来看，传统的以需求刺激消费的“凯恩斯主义”已无力挽回经济下行的趋势，而以“里根经济学”和“撒切尔主义”为主的供给学派的思想却一针见血地指出我国经济发展的弊端。基于此，我国目前的当务之急是找准病根、对症下药，一方面，对前期需求刺激政策所遗留下来的“后凯恩斯症状”进行处理；另一方面，着力加快产业结构升级的步伐以及经济结构转换的速度。针对供需严重不匹配现象，找准改革的着力点，破解长期积习的结构性与体制性矛盾，在扩充总需求的同时兼顾供给状况，打破低水平供需平衡状态，稳步跃升到高水平的供需平衡。以技术创新为支撑点，立足于扶持新产业并着力促进产业升级，助推供给端的结构转型，以效率优先为原则并兼顾战略转型效果，助力我国的供给侧结构性改革，使我国经济顺利度过“新常态”，平稳跨越“中等收入陷阱”，并向“帕累托最优”过渡。因此，2015 年 12 月 18 日至 21 日召开的中央经济工作会议进一步明确将“去产能、去库存、去杠杆、降成本、补短板”（以下简称“三去一降一补”）作为当前我国开展供给侧结构性改革的五大攻坚任务。国家审时度势地提出供给侧结构性改革是具前瞻性的举措，找准我国经济发展的瓶颈，对我国经济现实情况进行深入剖析，是我国经济长远发展过程中的有效举措。

在供给侧结构性改革的进程中，金融起着关键性的作用。金融作为当代经济发展的核心和血脉，掌握着市场资金的流向与运作，使社会资源配置更趋合理，同时也使不同行业之间发展更趋协调，以便更有效地助力供给侧结构性改革。在宏观政策以及市场需求的双重指引下，金融行业利用自身优势合理调配社会资金，在“三去一降一补”上大做文章。随着金融体系的日趋健全、互联网金融的蓬勃发展以及金融衍生品的不断更替，众筹、第三方支付、P2P 网贷模式、大数据等金融模式的层出不穷，VC、PE 融资方式的出现以及 PPP 等金融创新模式的到来，金融业在资源配置上更是得心应手，使资金源源不断地流向附加值高、发展潜力强、科技水平高的新兴行业，为实体经济的转型升级提速助力。而且消费作为经济发展的动力源泉，在助推经济发展方面功不可没，加之 P2P 小额消费以及消费金融公司等的出现，社会需求进一步被激发，过剩产能这一发展中的桎梏得到有效解除。随着融资渠道的多样化、融资风险的分散化、融资压力的趋小化，"杠杆化"问题得以缓解。因此，在供给侧结构性改革的进程中，应充分发挥金融市场的优胜劣汰的功能，靠市场无形之手进行资源配置，合理调配供需，化解过剩产能。与此同时，金融可借助风险分散机制之功能、信息甄别机制之技能、监督调控机制之功效与资本形成机制之通道等途径促进科技进步与技术创新，通过降低融资成本、提高资源配置效率以及储蓄与投资间的转化效率等途径促进资本积累；通过经济增长的积聚效应，增加投资在人力资本与物质资本领域的投入等途径促进劳动力供给质量的提升，进而促进供给侧结构性改革效率的提升，金融在供给侧结构性改革中的作用可见一斑。

1.2 研究目的和意义

1.2.1 研究目的

第一，从金融支持供给侧要素的视角，以 H 省作为研究样本，分析其金融发展现状、金融供给现状、金融对供给侧要素的支持现状以及金融支持供给侧结构性改革的作用机制，探究造成其金融供给不力、支持力度不足、信贷结构不合理、金融支持供给侧结构性改革成效低的根本原因。

第二，通过样本省数据实证检验金融对供给侧结构性改革的作用机制和影响程度，分别以金融业增加值作为金融支持广度的代表性指标、间接融资作为金融支持强度的代表性指标、直接融资作为金融支持规模的代表性指标，研究金融发展与供给侧三要素（技术、资本、劳动力）

的相互关系，探究金融如何作用于供给侧要素进而支持供给侧结构性改革。

第三，在样本省资本市场发展尚不完善、金融机构整体效率低的情况下，如何通过完善金融体系、规范民间金融发展、对金融产品和服务进行创新以提高金融对供给侧结构性改革的支持效果。结合金融支持供给侧结构性改革的现状与存在的问题以及实证研究所得结论探寻以解决供给侧结构性改革中金融支持不足、信贷结构不合理等问题，寻找提高金融支持供给侧结构性改革成效的可行性路径。

1.2.2 研究意义

随着我国经济进入疲软期，经济增速下降，“四降一升”矛盾凸显，供需严重失衡，高端供给匮乏，低端供给冗余，要素配置扭曲，“三去一降一补”任务繁重，供给侧结构性改革的提出顺应了我国新常态下经济发展的需要，金融作为现代经济的血脉，在供给侧结构性改革中发挥着决定性作用，在此背景下探究供给侧结构性改革的金融支持显然具有重要的理论意义和现实意义。

1. 理论意义

供给侧结构性改革是针对我国当前经济发展现状提出的具有前瞻性的改革战略，突破了传统的以需求刺激消费的发展理念的束缚，在吸收和借鉴西方发达国家经济发展策略，基于里根经济学和撒切尔主义，摆脱西方经济学思维的桎梏，以中国特色社会主义政治经济学为理论基础，提出了具有中国特色的供给侧结构性改革理论。从结构性改革着手，转变发展理念，对资源进行重新分配，减少政府不合理的干预，充分发挥市场的调节作用，逐渐从政府主导型过渡到市场主导型的经济结构，既立足于本国实际，又着眼于国际发展。本书通过对供给侧结构性改革及与之相关的理论做了详尽梳理和研究，有助于读者认清国情，区别于西方发达国家的供给理论，在某种程度上对制定适合我国的供给侧结构性改革制度体系具有一定的理论指导意义。

2. 现实意义

本书揭示出当前我国的供给侧结构性改革是必要且迫切的，强调金融在供给侧结构性改革中的重要性，H省作为我国经济大省和人口大省，改革的成效至关重要，以H省为样本具有典型性和代表性。本书抓住当前我国经济改革热点，集中探讨供给侧结构性改革的必要性以及金融在支持供给侧结构性改革中存在的问题，从供给角度入手巧妙地运用了经济增长模型——柯布－道格拉斯生产函数，从理论到实证研究再到实践运用，详细探究了金融对供给端要素的作用机制及影响程度，并结合样本省金融支持供给侧结构性改革的实际情况，对金融如何有效支持供给侧结构性改革以及如何让金融更好地服务于供给侧结构性改革提出可行性建议，以便能够充分发挥政府有形之手与市场无形之手的作用，使资源最大限度地发挥其配置效能，合理解决过剩产能问题。因此，本书的研究对有效缓解我国经济疲软现状，调整供需关系，有效对接“三去一降一补”重任，具有一定的现实意义。

1.3 国内外文献综述

关于供给侧结构性改革的金融支持问题的研究，目前仅涉及国内，但国外供给管理理论思想较为成熟，并在实践中得到了检验，对我国现阶段的供给侧结构性改革提供了一定的借鉴意义，本节就国外供给管理理论、国内供给侧结构性改革实践研究以及国内外学者关于金融支持供给侧要素（技术、资本、劳动力）的相关研究进行归纳、梳理与评价。通过对比和总结国内外学者的研究成果与不足，为本文的研究在理论基础和研究思路方面搭桥铺路的同时提供一定的借鉴和指导意义。

1.3.1 国外传统供给经济学理论和实践研究

供给思想的起源可追溯到重农、重商主义时期，虽然二者的思想主张并非完全一致，但都将税收作为研究的重点，并认为适当降低税率对经济的发展有一定的促进作用，但同时二者的主张都过于片面。1776 年亚当·斯密论著的《国富论》的公开发表，开启了经济科学的研究先河，他认为需求是由供给所决定并进而决定了经济的发展，并把“供给侧”一词引入宏观经济问题的探究之中。1803 年经济学家萨伊的《政治经济学概论》问世，将亚当·斯密的思想进行了传承与发扬，其文主张“供给自动创造自身的需求”，即有名的萨伊定律，他倡导政府放开管制，降低税率，减少费用，使市场发挥自身的调控作用，均衡需求和供给数量，减少不必要的人为干涉，此观点充分体现了古典经济学对供给的重视。此后，马歇尔的著作《经济学原理》在 1890 年公开问世，使微观经济学中的供给和需求两大热点问题得以同时开展研究。

1929 年至 1933 年的五年间，西方国家陷入严重的经济危机桎梏，这次经济危机延续周期长、规模庞大、涉及范围广、危害极深，导致了西方国家的经济发生严重的滑落，在此情景下应运而生出众多经济学思潮。其中，轰动一时的是“二战”结束至 20 世纪 70 年代盛行的凯恩斯主义，1936 年凯恩斯《就业、利息与货币通论》一书问世，其理论主张国家不能放任经济自由发展，应适当进行干预，刺激需求，以此促进经济的发展，降低失业。该观点在大萧条时期发挥了举足轻重的作用，它转变以往放任自由的经济发展思维，倡导政府有必要干预经济，保障有效需求，从而及时有效地阻止了经济向更深层的恶化发展，挽救了经济危机，使生产力又恢复了生机。因此，“二战”后该思想主导着西方国家的经济发展，但同时，由于凯恩斯主义过于重视需求侧，并人为地扩大需求，致使 20 世纪 70 年代中后期西方经济呈现出生产停滞、失业现象严重等“滞胀”态势，凯恩斯主义观点黯然失色，因此一些具有代表性的经济学家（如蒙代尔、拉弗、万尼斯基等）开始从供给的视角另辟蹊径。

1974 年罗伯特·蒙代尔对凯恩斯主义所倡导的提高税率的主张持有偏见，他认为较高的税率不利于供给侧经济活动的进行，具体表现为供给数量会在高税率的情况下不断减少，供给价格则相应不断提高；相反，低税率对生产活动产生可观的促进作用，抑制经济通胀。同年，阿瑟·拉弗提出“拉弗曲线”，认为税率和产量之间存在某种关联性，税率的高低能够对经济的发展产生一定的助推作用，进而调整商品与劳务相互间的供给数量，一定范围内高税率会抑制生产数量进一步增多，阻碍投资活动的进展，低税率会促使生产数量和供给数量不断扩大，从而维持稳定的价格，促进经济增长。

1975 年万尼斯基在《世界运转之道》一书中提出，减税在一定程度上约束并规范了政府的行为，给投资创造了更多的空间与机会，提升了经济的运行活力。马丁·费尔德斯坦（1986）认为政府干预不是解决社会性问题的首选方法，而资本积累和市场刺激则应作为首选的应对之策，并塑造了“费尔德斯坦曲线”，以验证政府财政赤字水平对通货膨胀以及资本积累的作用机制及其影响程度。克雷·罗伯茨（1987）在其著作《供给学派革命》中认为造成经济停滞与通货膨胀的罪魁祸首是低效率的社会生产力，并将生产效率的提升、要素有效供给的增加作为是抑制通货膨胀的行之有效的方法。

供给经济学派对政府干预经济行为极力反对，提倡经济自由发展，主张政府应做好“守夜人”角色，其观点为西方国家带来的影响广泛而深远。1981 年美国总统里根提出“经济复兴计划”，彻底摒弃需求学派理论主张，掀起了声势浩大的“供给革命”，又被称为“里根新政”。在某种程度上里根新政虽然是解决美国经济“滞胀”病态的一剂良药，也取得了较为可观的成效，然而又滋生出了一系列新的问题。比如，美国的社会投资和储蓄率增速堪忧，主要表现为个人和家庭储蓄率无较大的增幅，企业投资增速变缓，政府的财政赤字率逐渐增加，这些所爆发出的后续问题使得供给学派思想无法解释。20 世纪 90 年代之后，美国改变以往的经济管理模式思维，采取加税的经济政策，供给侧管理理念又渐渐退出了美国社会。

1.3.2 我国供给侧改革的理论与实践研究

2015 年，贾康、苏京春所著的《新供给经济学》一书的问世成为我国新供给经济学思想形成的标志性著作，此书较为详尽地描述了新供给经济学“五维一体化”的理论架构，并论述了供给侧“人”与“物”间的相互关系，以“八双”“五并重”为研究的主要内容，一方面对原有的制度不断进行创新，另一方面对既有政策不断优化，强调供给侧和需求侧应作为新的制度供给中的重要组成部分。随着目前我国经济发展进入新常态，需求拉动经济增长已无以为继，供给侧结构性改革再次被提上了日程，在新供给经济学发展的基础上，现阶段我国供给侧结构性改革研究的成果日趋丰富，供给侧结构性改革的内涵、核心、供给侧结构性改革的必然性、金融在供给侧结构性改革中的作用以及金融支持供给侧结构性改革的实践路径等方面的研究成果为我国供给侧结构性改革以及金融支持供给侧结构性改革提供了理论指导和实践价值。

1. 供给侧改革的内涵和核心

供给侧改革可从两个层面来理解，一是生产要素层面，如资金、劳动力、土地、企业家才能等的要素的投入；二是全要素生产率层面，易受经济结构、制度、要素等因素的影响。供给侧结构性改革是强调从供给视角对结构进行优化调整，通过增加供给的有效性对宏观经济加以调控（余华、彭至乐，2016）。

中国农业发展银行研究课题组（2016）从理论层面对我国当前所进行的供给侧结构性改革与西方国家的供给理论加以对比分析，认为我国的供给侧结构性改革是一次思想转变的革命性变革，其思想核心由凯恩斯主义的需求理念转变为供给学派的供给理念。冯志峰（2016）认为供给侧结构性改革是以供给端为出发点，通过对供给结构进行调整使其不断优化，最大限度地降低企业交易成本，有效促使投资在不同生产领域进行，充分释放生产力活力，以全要素生产率的提升为目标，并促使企业竞争力的提高。马晓河（2015）认为供给侧结构性改革的关键是创新能力的提升，改革僵化落后的体制机制，提高人力资本积累，创造有利的政策环境，有助于制造业的发展。

关于供给侧结构性改革的实质，李佐军（2015）认为供给侧改革的实质是形成新主体、开发新动力以及培养新产业，按照市场发展规律进行政策调整，清理僵尸企业、化解过剩产能，及时对市场进行出清处理，防止经济泡沫的产生，加强对风险的防范，支持新产业、新技术以及新业态等的发展。黄剑（2016）认为供给侧结构性改革的实质是在面临外部环境与内部要素条件发生改变的状况下，重组生产要素，创新管理制度，降低交易成本，满足市场需求，追求经济高质量与高效益的协同与可持续发展。

对供给侧结构性改革核心的解读，胡鞍钢等（2016）认为转变经济发展方式、进行产业结构的调整应作为我国供给侧结构性改革的核心，通过使供给结构更优、应对多变的需求以此来提高全要素生产率（许经勇，2016），还应对产品及产业结构不断改进（赵海，2017）。关于供给侧改革的目的，刘霞辉（2013）认为，扩大产能不应作为供给侧改革的目的，而应将生产和市场进行有效重组、提高产出效率、促进供求的协调与均衡作为改革的目的，提高要素供给效率和质量应作为改革的重点。关于供给侧改革的重点，牛锡明（2016）认为供给侧改革重点是通过提高全要素生产率来激活企业发展生机和创新能力进而提升经济运行效率，注重经济的中长期平衡和可持续发展。然而，进行供给侧改革并非表明要抛弃需求管理理念，其目的是通过供给侧与需求侧两方面的协调均衡，以实现经济的稳健增长。

2. 供给侧改革的原因及必要性

多数学者赞同供需矛盾、产能过剩是进行供给侧改革的最主要原因。李智和原锦凤（2015）从我国经济发展的现实状况出发，从需求拉动所产生的边际效应分析认为我国进行供给侧改革起因于以下三点：一是消费刺激需求不力，需求面临结构性阻碍；二是投资所带来的边际效益降低，投资风险日益加大，财政支出面临如何分配问题；三是出口竞争优势不复存在、贸易壁垒与日俱增。郝身永和那艺（2015）认为产能过剩是我国当前面临的普遍且严峻的问题，以提升经济效益为目的，以供给侧为主同时兼顾需求侧，实现供与求的相对平衡，并以此为基础对经济结构做出调整，维持经济稳健增长。李翀（2016）认为由于政府过多干预经济导致需求不足，提高科技水平应作为供给侧结构性改革的突破点，同时要兼顾产业结构的调整和人力资本的积累。

林卫斌和苏剑（2016）表示目前我国经济发展存在严重供需失衡现象，具体表现为有供给而缺乏需求、低效率的供给体系阻碍了有效的需求以及有需求而缺乏供给，这意味着需求管理策略在当前经济形势中已乏力，有必要开展供给侧结构性改革。刘尧飞和沈杰（2016）认为供给侧方面的矛盾丛生，对外需求不力，我国经济发展步入了“中等收入陷阱”，供给侧改革势在必行。刘伟和蔡志洲（2016）认为近年来我国经济总量失衡问题开始凸显，而结构性问题是病因所在，应通过供给侧结构性改革对深层次矛盾加以化解。

3. 金融在供给侧结构性改革中的作用

在资源配置方面，勾东宁（2016）认为金融机构的支持是供给侧结构性改革不可或缺的后备力量，金融机构通过在金融资源配置上不断优化进而促进改革，形成新的经济增长动力并构建新的经济增长平台，为供给侧改革添砖加瓦，实现经济稳步增长。而且随着金融机构不断地推陈出新，多样化、多层次的金融产品源源不断的产生以满足市场的需求（郭田勇，2016）。

在互联网金融方面，陆岷峰等（2015）认为在新形势下互联网金融是新供给培育和创造的决定性力量，是推进供给侧改革不可或缺的环节。许泽玮和施健（2016）认为互联网金融能够同时唤醒供给侧和需求侧“沉睡的资金”，破解供给端结构性失衡问题，助力供给侧改革取得新突破。寇佳琳（2017）认为互联网金融是促进供给侧改革的关键环节，可以解决小微企业因为信息不对称而遭遇融资困境等问题，促进企业创新，精确匹配供需以解决个体创业的融资约束，并通过降低成本来实现产业全面升级。

贾康（2016）从资本市场角度认为，资本市场的平稳运作是进行投资的大好时机，在此环境下通过及时捕捉有关供给侧结构性改革成效的相关信息，使企业和家庭能够从中受益进而创造财富。张红伟和向玉冰（2016）从居民金融资产配置的视角认为，金融作为现代经济的核心，具有引导资源的聚集和分配，促进储蓄投资转化、发现价格、分散风险等重要功能，能有效促进供给侧要素端和生产端的结构性改革。

4. 金融支持供给侧结构性改革的路径研究

为了有效推进供给侧结构性改革，应提高技术创新和市场开放度，鼓励大众创业发展民营经济，优化所有制结构。

在资本市场方面，李文华（2017）认为应对资本市场进行改革，提高服务能力，促进股权融资，去杠杆、降成本，调整债务结构，推进债券融资，进行并购重组，使补短板工作落到实处。在增加供给方面，贾康（2015）认为，应从“增加有效制度供给”的视角进行结构优化和技术创新，在尊重市场规律的同时理性建设市场，坚持以经济手段为主和优化制度紧密结合，供给侧要素是支持经济发展的“动力源泉”，应增加相应的制度供给。

在降成本、补短板方面，吴先满和蒋昭乙（2016）以江苏省为例进行分析，认为供给侧改革的突破点是金融债务的结构性改革，通过对房地产行业进行结构性调整，将资金引入实体经济，提高金融效率，降低全社会的生产成本，提升金融资源分配效率，补发展的短板。张竞丹（2017）认为应以支持战略性新兴产业和淘汰落后过剩产能为中心，推进融资结构调整，培育多主体、广层次的资本市场体系，提升直接融资在融资结构中的比例，最大限度地降低企业杠杆率。樊鑫淼（2016）认为应对金融业务进行创新，满足多样化金融需求，有效处置不良资产，多渠道降低成本，完善监管机构，着力在基础设施、科技以及普惠金融等方面补短板。

罗超平等（2016）认为应完善社会保障体系，刺激消费投资需求，完善多层次融资体系，发展多样化的融资途径，优化国有资本投资结构，提高投资效率，规范并制定相关法律法规，促进市场公平有序竞争。廖清成和冯志峰（2016）从个人、要素、产业和制度层面认为，个人层面应重视创意的需求，刺激经济的发展；要素层面应重视改革与创新，增强要素配置的带动作用；产业层面应重视转型升级，提高企业自身竞争能力；制度层面应重视简政放权，激发市场活力。贾康和张斌（2016）认为应加大简政放权力度，进行混合所有制改革，完善人力资本战略，使投资预期收益率得以有效提高，解除金融供给方面存在的约束，助力实体经济发展转型。李松龄（2018）通过马克思主义政治经济学基本原理从劳动创新理论和资本创新理论两方面对供给侧改革的价值理论依据进行详尽分析，认为供给侧改革需要对固有的思想观念进行一次大解放，应着力从科技教育体制、生产资料所有制以及收入分配体制等方面进行变革。

1.3.3 国内外关于金融支持技术、资本、劳动力的研究

1. 金融支持技术进步的研究

新技术的研发和运用必然会伴随较高的风险和较强的不确定性，金融在降低风险和信息不确定性、规避道德风险、削弱逆向选择问题、为企业提供资金支持、提高科技创新效率等方面发挥着举足轻重的作用。

Levine R（1991）和 Saint－Paul（1992）表示金融市场能够为处于风险高和生产率高阶段的创新活动的经济主体给予一定的资金支持，降低了风险，是技术进步和经济增长不可或缺的力量支柱。King R G（1993）等认为金融机构通过对创新项目进行识别并支持，进而促进技术进步。Fuenit A D L 和 Marin J（1996）认为金融部门可以监督企业资金运作情况，在一定程度上降低了企业家的道德风险，使企业家具有获得更加优惠的融资条件的机会从而促进高水平创新的产生。Keuschnigg C（2004）从一般均衡研究出发，对创新成功率、技术创新效率与风险投资机构和优秀投资家之间的相互作用与关系进行研究，得出他们之间有着正相关关系。Alessandra C 和 Stoneman P（2008）对英国的金融发展与创新活动的影响机制进行分析，得出其影响效果显著，尤其是对创新型企业的影响。

George G 等（2003）、Hyytinena A 等（2005）、G. Avnimelech 等

(2008) 研究了政府的公共政策对科技创新的影响，认为政府的资金支持能够解决创新过程中的资本短缺问题。Herrera (2004)、Ben - fratello (2008) 等、Ang (2010) 等研究了金融支持对科技创新的影响程度，研究认为金融支持对科技创新有明显的促进作用。而 Perez C (2010)、Schinckus C (2008)、Schertler A (2010) 验证了科技创新对金融的影响，特别验证了科技创新对金融市场创新有重要推动作用。

Huang Y 等 (2013) 通过实证研究得出技术产品与金融市场存在正反馈关系，金融市场结构的变化是导致金融体系转型的质变原因，其中最重要的因素是金融体系的转型，科技创新与金融发展之间的关系是互为影响、相互促进的。Cakici S. M. (2013) 分析了在金融开放程度不同的情况下对技术创新的影响以及金融对信息摩擦的影响，认为提高金融开放度使得技术创新对消费、投资、产出、劳动力供给和净出口暂时性的正向影响变强。

Ji X 和 Lu X (2017) 研究认为政府的财政补助对企业的创新投资活动起到了积极的推动作用。Yelkikalan N 等 (2017) 通过对土耳其 1984—2014 年时期技术进步变量数据进行因果分析，结果表明政治和金融稳定是技术进步和经济增长关系的重要渠道。Agénor P R、Canuto O (2017) 研究认为缺乏资金会对创新活动产生直接和间接的不利影响。Garcia - Q J 等 (2018) 分析了金融障碍对具有潜在创新的西班牙公司在 2005—2013 年放弃创新项目的可能性的影响，得出在设计阶段，金融约束问题使得放弃创新项目的概率是最大的。此外，金融来源在创新项目生命周期中不是中性的。Kapetaniou C 等 (2018) 通过分析框架，证明了缺乏发达的金融环境阻碍了国家创新绩效，并引入了政策和管理对创新的影响，特别是在不发达国家创新系统的背景下，其重点是通过提高金融工具的可用性和企业家必须具备的准入条件来提高创新绩效。

国内学者对金融支持科技的研究相对较晚，且研究领域大多局限于金融与科技的作用关系上。吴敬琏 (1999) 发表“制度重于技术”的主张，认为金融投资在好的制度下才能发挥应有的作用，因此金融机构和科技企业都应将制度上的创新作为首要任务，以制度促进发展。邓乐平和孙从海（2001）对资本市场进行研究，认为资本市场是开展创新活动不可或缺的屏障，大力发展并健全资本市场能为我国科技经济产业的持续、快速发展助力。韩廷春（2003）运用经济增长与金融发展有关模型分析得出，金融深化和金融发展对技术创新至关重要。李建伟（2005）、俞立平等（2012）通过借助相关经济计量模型，进行实证分析认为金融与创新是互为一体的，并且呈现出协同发展的相互关系。

张明喜（2013）等指出，科技金融是集科技创新与金融创新于一体的一个融合体，是进行自主创新的有力保障。另外，还有一些学者围绕科技创新效率问题以及普惠金融与科技金融的融合情况展开了相关研究（如赵增耀等，2016；韩亚新等，2016；王仁祥和杨曼，2017；李宁等，2017；戴志敏等，2017）。

2. 金融支持资本的研究

关于金融对资本积累支持的研究，国外研究由来已久，且形成了较多一致性看法。关于金融发展与资本配置效率关系的相关研究，如（McKinnon，R.，1973；Shaw，E.，1973）研究认为，资本配置效率的提升有赖于金融的发展，并通过连带效应促进经济增长。Patrick（1980）认为，金融机构通过改变资本的所有权、有形财富数量等，并有选择性地将新资本转向生产能力较强的领域，提高新资本的配置效率。Barro 和 Sala-i-Martin（1995）认为能够对经济长远发展起到促进作用的前提是资本配置效率的提高、资本市场的完善以及金融结构的优化。（King 和 Levine，1993；Levine，1997）认为信息不对称状况能够在完善的金融体系环境下得以改善，进而影响投资领域和方向，从而对资本配置效率起到一定促进作用。此外，Kontogiannis N（2016）分析了社会地位和通货膨胀之间的相互作用和影响经济增长的长期前景，得出通货膨胀对资本积累具有破坏性。

金融发展能降低人力资本领域投资所引致的风险，如 Levine（1991）认为物质资本投资以及人力资本积累会受到来自股票市场变化带来的影响，并从流动性风险和生产性风险角度对其影响进行分析认为，股票市场一方面可以最大化地降低投资行为的提前变现所引致的风险，另一方面有效提升了企业在投资领域所占比例。考虑到经济主体对人力资本投资可能产生的风险，Krebs（2003）认为人力资本投资与物质资本投资比例会受保险市场发展程度的影响，对于前者的影响是增加其投资比例，对于后者的影响则是减少其投资比例，进而对整体投资所产生的预期回报率起到积极的促进作用。Abubakar A 等（2015）通过实证研究得出，银行私人信贷和国内私人信贷对经济增长和人力资本积累有显著的影响。Thakurata I.（2017）通过生命周期模型对童工与人力资本进行研究，得出在金融排斥以及未受教育的家庭中，偏好负回报的资产多于其对后代的人力资本投资，从而陷入代际贫困陷阱。Dissou Y（2016）通过内生增长模型，将增加的政府开支转移到家庭、输出、资本和劳动税领域，发现融资方式的选择对经济增长的影响有显著差异，非扭曲的融资方式，通过对物质资本和人力资本强烈的影响可以促进产量的增加，其他扭曲的融资方式对长期经济增长的影响较低。

国内学者关于金融支持资本积累的研究和国外学者的研究得出了较为一致的看法。有关金融发展促进资本积累的研究有：宁智平（1993）运用对比分析的方法对资本形成与金融深化两者的相关理论基础做出的对比研究，认为合理的经济结构与不断增强的金融功能以及资本积累之间彼此存在互为促进的关联性。沈坤荣等（2004）以金融发展为研究的落脚点，选用我国 1978—2002 年的相关数据，对资本形成水平进行了研究，得出金融体系还未充分发挥出对我国资本形成的作用。汪伟（2008）通过选取 1952—2006 年的相关数据，对我国的储蓄率情况、投资率变动以及经济增长状况三者的相互关系进行研究，得出规范可贷资金的运作模式并对其加以引导是确保投资产出效应最大化的必要保障，也是为储蓄向投资转化打开通道的必经之路。才国伟和舒元（2009）研究发现，我国资本配置效率在 1978 年至 2006 年间处于快速上升阶段，1992 年前后发生暂时性的波动而后又继续升高，对外贸易规模的扩大以及金融的不断发展等宏观经济环境的变化很大程度上提升了我国资本的配置效率。黄志钢和刘霞辉（2015）对我国经济的四种运行方式（资本投入型、效率驱动型、劳动投入型、消费需求拉动型）展开了实证研究，提出我国经济应遵循资本投入型的发展道路。

有关金融发展对人力资本积累促进作用的相关研究有：王永中和高凌云（2007）认为金融部门通过吸收存款、降低信贷约束、减少流动性风险、降低投资风险等一系列功能，更多地将物质资本领域的投资投向了人力资本，提升了人力资本的生产率。高凌云、王永中（2008）通过实证研究，用模型推导出金融发展与人力资本的积累存在相互关系，提倡金融应通过增加在人力资本领域的投入，提高其生产率等方式，促进人力资本积累，同时促进经济的发展。

3. 金融支持劳动力的研究

有关金融与劳动力关系的直接研究较少，较多集中于金融对劳动力就业、劳动力市场以及劳动力转移的影响的研究。

国内外有关金融发展对劳动力就业影响的研究文献较多，也得出了较为一致的观点，大多学者赞同金融发展促进就业增长。McKinnon（1973）以及 Shaw（1973）表示，金融发展为贷款利率的下降提供一定的空间，并在一定程度上提升了金融资产的预期收益率，因而对行业的发展起到一定的助推作用，进一步增加了就业人数。Levine（1997）也得出一致的结论，即认为金融发展通过对经济增长产生积极的促进作用进而间接促进了就业的增长。Merton（2010）认为金融发展作用于社会资金提高其配置和运行效率，使企业的融资成本极大降低，进而促进企业发展，提供更多就业机会。Gross（2002）通过实证得出，无论是在吸收存款还是贷款方面，金融发展对经济增长都具有一定的正向促进效应，而且金融深化可以有效解决资本因市场扭曲和固有信息受到限制等问题，提高了企业筹资能力，进一步推动了经济发展和就业水平的提高。Pagano & Pica（2012）认为金融发展可以提升就业水平，提高劳动生产率，提高工资水准，同时可以促进各产业间进行就业结构的重分配工作。王光栋、姜振波（2014）使用我国1990—2012年的相关数据对金融发展、科技进步与就业增长状况间的相互作用关系进行实证研究，得出金融发展通过在私人部门进行信贷活动以及政府部门对金融市场的干预来促进就业，而且金融发展对技术进步产生促进作用，进一步助推了就业的增长。唐时达等（2015）实证研究了金融结构、劳动力市场状况与双方的交互作用情况之间的相互作用机制和影响程度，得出提升市场主导型融资结构的比例能显著促进就业水平的提高，而提升银行的集中度产生的作用效果则相反，而且劳动流动程度和就业水平之间存在正向的变动关系。高子涵（2017）通过数据模型实证研究得出，金融对就业增长的积极作用可体现在金融的直接与间接效应上，金融发展能够正向促进就业的增长。

关于金融市场与劳动力市场关系的研究，如Wasmer和Weil（2004）通过建立信贷和劳动市场追寻摩擦的一个一般均衡模型，发现信贷市场摩擦不仅对信贷会产生影响，而且对劳动市场产出也会产生影响。González N M U和Fonseca R.（2005）研究发现劳动效应克服了正财政效应。Suchanek（2009）通过建立一般均衡模型对信贷市场和劳动市场的不完全对要素份额产生的影响进行描述，得出一方面金融市场发展能够有效降低劳动份额，另一方面雇员提升讨价还价的能力会增加劳动份额。Petrosky-Nadeau和Wasmer（2011）研究了经济周期的传播机制，提出先前模型在研究产出时都存在缺陷，并建立了三个市场（产品市场、劳动市场、信贷市场）不完全形态下的模型代表产品生命周期，发现产品市场摩擦会对劳动市场变量动态变化的质量和数量产生极大影响，弥补了先前模型在持续性、波动性上存在的缺陷。Kontogiannis N（2016）分析了非自愿失业和实际工资刚性货币联盟的最优货币政策以及劳动力市场异质性的作用，得出在特定国家和总生产率冲击下，在最优承诺或自由裁量的货币政策制度下，货币联盟的福利损失与劳动力市场异质性程度呈单调递增关系。

有关金融发展对劳动力质量影响的研究，如李凯风（2016）从中心城市金融聚集所产生的辐射效应以及劳动力与经济发展的耦合度的角度对我国劳动力面临的瓶颈展开研究，得出随着真实金融辐射力在不同地区的逐渐加强，劳动力质量在其中所起的作用会逐渐增强的结论，而劳动力规模对其的影响程度则逐渐减弱，未来会更趋向于对劳动力质量（人才）的需求而非劳动力数量的需求。此外，赵太银（2013）对农村劳动力转移和金融支持间的关系进行了实证研究，认为农村劳动力转移与金融支持之间存在着正向作用，并保持长期稳定状态。

1.3.4 国内外研究评述

目前，国外学者对供给侧的研究主要集中在传统理论及其改进方面，并且从宏观角度研究的较多，从微观层面量化研究的较少，国内有关金融支持供给侧结构性改革的研究文献多数停留于定性的理论分析层面，或者是提出了相关的政策建议，较多从供给侧结构性改革的内涵、金融在供给侧结构性改革中的作用、可行性路径等方面进行研究，较少结合现实情况展开针对性的研究，对各省的供给侧结构性改革现状缺乏有目的性的研究。

在对金融与供给侧三大要素关系的研究成果中，金融与科技之间的相互关系的研究较为丰富；金融与资本积累之间关系的研究较多集中于对人力资本的研究，对物质资本的研究较少；金融与劳动力之间关系研究的较少，且研究范围多局限于金融对劳动力转移的影响作用。此外，国内外学者较多进行定性研究，鲜少进行定量实证研究，国内学者的实证研究多是借鉴国外的研究思路与方法，在指标体系的选取上存在较大偏差；无论是国外还是国内的文献，尚缺乏金融发展对供给侧结构性改革影响方面的研究。

供给侧结构性改革是一项系统性工程，改革力度大、范围广，而我国当前金融发展区域性差异明显，供给侧结构性改革的金融支持现状也存在明显的区域性差异，改革存在的瓶颈与实施路径也截然不同，据此应对不同地区展开有针对性的研究。之前的研究较多局限于宏观层面，较少从微观层面对金融支持供给侧结构性改革的作用机理、影响程度进行深入探究，缺乏实证方面的数据研究支持，以理论为基础结合实践研究的较少。由于我国对供给侧结构性改革的研究多集中于近几年，研究时间较短，研究层面不够深入，尽管国外学者对供给侧研究较早，其理论基础也较为成熟，但我国的供给侧结构性改革是基于我国目前的特殊国情，与西方的供给侧理论有着显著不同，不能照搬西方的供给侧理论，并且供给侧结构性改革不是一蹴而就的，而是一个长期性、复杂性的过程，与之相应的众多问题仍需展开深入研究。简而言之，目前研究尚存在以下问题：一是理论层面研究较多，较少结合实际情况展开研究；二是研究范围较广，但针对性较差；三是宏观层面研究较多，微观层面研究较少；四是缺乏实证定性研究。基于此，本书从金融发展影响供给侧三大要素（技术、资本、劳动力）入手，试图对金融支持供给侧结构性改革进行实证研究。

1.4 研究思路和方法

1.4.1 研究思路

基于我国正在大力推进的供给侧结构性改革，本书以 H 省样本，围绕金融支持供给侧结构性改革这一主题，研究了金融在供给侧结构性改革中的作用以及金融对供给侧结构性改革的支持程度，采取“背景考察—文献综述—理论研究—现状分析—问题剖析—实证检验—政策建议”的基本思路，首先对研究背景及意义、国内外研究现状、研究内容、研究方法、相关理论进行了详细阐述，明确了供给侧结构性改革定义、理论渊源、改革的迫切性及金融支持的必要性。然后对金融支持供给侧结构性改革的作用机制展开详细论述，而后对样本省经济发展的现状、金融机构发展现状、金融需求与金融供给现状以及金融对技术、资本、劳动力的支持现状进行了分析，并对金融支持供给侧结构性改革存在的问题进行剖析。通过从供给侧着手，以金融支持供给侧要素进而支持供给侧结构性改革为研究的切入点，对金融在供给侧结构性改革中的作用进行量化分析，实证检验了当前样本省供给侧结构性改革成效与金融供给和需求之间的内在联系，探讨样本省供给侧结构性改革的金融支持现状，分析金融发展水平与供给侧要素的相互关系并对影响供给侧结构性改革的相关因素进行分析，并进行实证验证。最后，从提升样本省金融支持供给侧结构性改革成效着手，依据第四章现状分析及所揭示出的问题并结合实证研究结论，提出优化供给侧结构性改革的金融支持路径及建议，以提高供给侧结构性改革的成效，促进供给侧结构性改革的顺利进展。本书研究思路如图 1－3 所示。

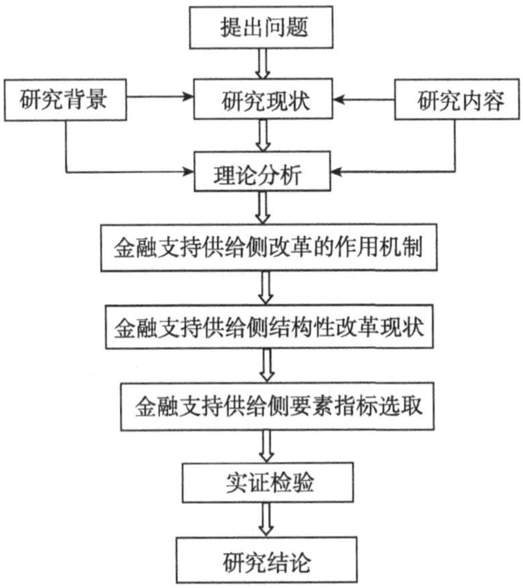

图 1－3 供给侧结构性改革金融支持研究框架

具体的章节安排如下：

1 导论。介绍供给侧结构性改革背景以及金融在供给侧结构性改革中的重要性，进而提出了本书的研究意义，提出研究问题的重要性及迫切性，然后对国内外研究成果展开综合论述并作相关评价，提出研究方法以及可能的创新之处。

2 理论基础。首先，阐述了供给侧结构性改革以及金融支持的概念；然后对国外以及我国的供给侧理论进行论述，并对金融发展相关理论展开了阐述；最后，对金融支持供给侧结构性改革的作用机制进行分析，为研究奠定理论基础。

3　金融支持供给侧结构性改革的作用机制。本章以金融对供给侧三要素支持为分析的突破点，分别从金融对技术、资本、劳动力三方面展开作用机制论述。在金融支持科技创新层面，分别从金融的资本形成机制、风险分散机制、信息识别机制、监督约束机制四个方面对金融支持科技的作用机制展开论述；金融支持资本积累层面，分别从金融的储蓄转化为投资功能、资源配置功能、降低融资成本三方面对金融支持资本积累的作用机制展开论述；在金融支持劳动力层面，分别从金融增加劳动力供给数量、劳动力供给质量、提升人力资本正外部性三方面对金融支持劳动力的作用机制展开论述。

4　金融支持供给侧结构性改革的现状。首先对样本省当前经济发展现状做一详细分析，然后对样本省金融发展与供给现状、金融支持供给侧三要素（技术、资本、劳动力）的现状进行了逐一分析，最后，总结金融在支持供给侧结构性改革进程中存在的问题。

5　金融支持供给侧改革的现实问题。供给侧改革的金融支持方由国有商业银行、网络金融以及农村金融组织体系构成，本章重点剖析了它们各自的短板。

6　供给侧改革主体融资趋向分析。根据演化经济学原理，构建出供给侧改革主体融资行为的演化博弈模型，并利用数值试验演示了在不同参数变化下主体的融资趋向。

7　金融支持供给侧改革的实证检验。首先，对样本省金融支持与供给侧要素进行量化分析，以金融发展水平作为自变量，供给侧要素（技术、资本、劳动力）为因变量，建立相应的指标数据；其次，对构建好的序列进行单位根检验，然后分别对技术、资本、劳动力建立三个VAR模型，并在每个VAR模型的基础上做格兰杰因果检验、脉冲响应分析、方差分解分析，并对实证研究结论进行总结分析。

8　研究结论与政策建议。在第五章实证研究基础上，针对存在的问题，提出金融支持供给侧改革的政策建议。

1.4.2 研究方法

本书首先通过对国内外文献中与供给侧改革相关的理论进行研究分析，结合样本省当前经济发展现状与金融供给现状以及金融对供给侧结构性改革的支持情况，然后参考国内外相关领域的专家、学者关于金融支持资本、技术、劳动力所运用的实证研究方法，建立一套既基于经济理论基础之上又与样本省实际紧密结合的实证模型进行研究。重点运用了以下研究方法：

第一，定性和定量相结合的方法

本书运用定性分析的方法对样本省金融支持供给侧结构性改革的作用机制从理论层面展开详细分析，从而为研究二者之间的关系奠定了理论基础；同时，运用定量分析的方法，利用样本省的经济发展现状和金融发展与供给现状的相关数据进行定量分析，并在定量分析的基础上对现阶段样本省金融支持供给侧结构性改革面临的相关问题展开分析与论述。

第二，规范分析与实证分析相结合的方法

本书通过运用规范分析方法，对金融发展理论和金融支持供给侧改革的理论以及金融对供给侧结构性改革的作用机制进行了规范分析，并借助经济学模型，运用样本省供给侧要素与金融支持水平相关的经济数据，在技术、资本、劳动力三个层面分别建立 VAR 模型，继而通过格兰杰因果检验、脉冲响应分析和方差分解对样本省金融支持供给侧结构性改革进行了实证研究，系统地分析了金融发展水平与供给侧要素之间的关系，增强了本研究的科学性和严谨性。

1.5 研究创新之处

1. 研究视角较新

本书抓住当前我国经济改革热点，从柯布－道格拉斯生产函数的角度入手，详细探究了金融对供给端要素的作用机制及影响程度，找准金融支持供给侧改革过程中存在的问题，可以有针对性地提出改进措施。

2. 研究方法较新

由于供给侧结构性改革是我国正在进行的经济改革工程，已有的研究大多是理论分析，实证研究较少，本书运用 VAR 模型，从金融支持角度着手，对金融发展水平与供给侧要素进行量化研究，运用经济学、计量经济学以及数学等相关领域知识，探究金融对供给侧改革的作用机制，分析存在的问题并提出可行性建议，为金融更有效地服务于供给侧结构性改革提供一定的理论依据。

2

理论基础

2.1　概念界定

2.1.1　供给侧结构性改革

供给原属于经济学范畴，指生产者在某一特定时期的某一价格水平上有意愿并且有能力供应的劳务或商品。“供给侧”一词最早由亚当·斯密提出，并将之运用到宏观经济问题的探究之中，随后在西方国家的经济发展中不断演进。2015 年 11 月 10 日在中央财经领导小组会议上，针对现阶段我国经济发展存在的新问题正式提出了供给侧结构性改革，并将其作为我国今后主攻的方向和改革的着力点，而后在学术界掀起了供给侧结构性改革研究热浪。对于供给侧结构性改革的理解可以借助以下公式加以领会：“供给侧结构性改革 = 供给侧 + 结构性 + 改革”。因此，可以从供给侧、结构性和改革三个层面来解读其内涵。

所谓供给侧，即投入侧，由生产要素、生产者（厂商）以及产业三个渐次递进的层级，形成了经济发展的供给体系，其中生产要素投入侧涵盖了劳动力、资本、技术等，作为生产者的企业或厂商对生产要素进行组织分配，产业组成了最终的供给体系。供给侧注重发挥市场配置资源和自动调节经济的作用，是供给侧结构性改革的着眼点和出发点。结构性是指生产要素、企业（厂商）和产业等各部分之间是按何种比例进行配置的，不同的配置组合对事物的发展趋势以及经济增长的质量有至关重要的影响。目前，我国经济发展尚存在如下结构性的矛盾和问题：

产业结构、所有制结构、要素与资源结构、生产与消费结构、投资结构、知识与就业结构、收入分配结构、区域结构、市场结构等多层次与多方面的结构性矛盾与问题，对社会的平衡、协调与健康发展产生了极其不利的影响。结构性是供给侧结构性改革的关键所在，也是此次改革的关键突破口。所谓改革，就是通过完善制度进而调整和变革不利于生产力发展的生产关系和上层建筑，对生产要素、企业和产业之间的配置比重做出调整，既包括对数量关系的调整，也包括质量的提升，是推动社会发展的强大力量，改革是供给侧结构性改革的最终落脚点和归宿。

供给侧结构性改革本着提高供给的质量，从经济运行的源头即生产端入手，用改革的方略对供给结构做调整，同时采取简政放权等相关措施，通过降低融资成本、减免企业税负来激发企业生产活力，矫正扭曲的要素配置，扩大有效供给数量来调整优化经济结构，达到供需的相对平衡，以此来提升供给结构应对多变需求的能力，提高全要素生产率，适应日益升级的需求结构，进而促进经济增长质量和效益的提高，最大限度地满足人们日益升级的需求水准，以此为经济社会的持续健康发展保驾护航。供给侧结构性改革的实质是形成经济活动新主体、培育经济增长新动力以及发展经济转型新产业，主要从供给体系质量和效率的提升方面进行突破，通过进行深层次的改革，将最终归宿点落在对需求的满足上，如图2－1所示。

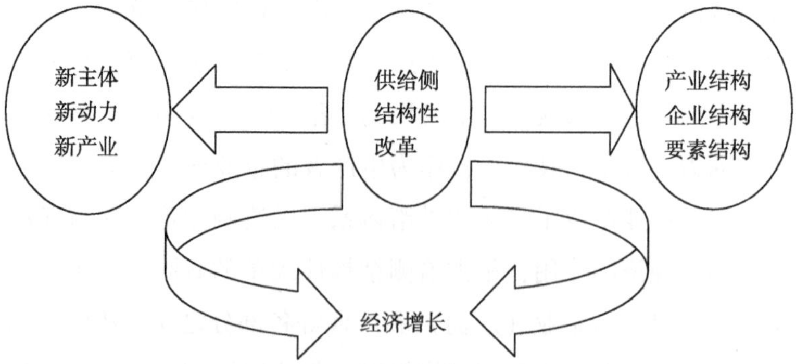

图2－1　供给侧结构性改革分析框架

2.1.2 金融支持

金融支持的概念较为宽泛，它研究的是在以实体经济为基础的情况下，金融体系通过总量的增加、结构的调整、效率的提高以及金融市场的不断完善来促进经济的发展。学术界对于金融支持的具体概念尚未达成一致看法，目前形成了以下两种代表性的观点：其一，认为金融支持是一种信贷或货币政策，指金融资源并不完全遵循效率原则（如资金的安全性、流动性、盈利性的原则）进行资源配置，而是按照政府对宏观经济发展的需要有目的地运行，这种观点以政府的宏观政策为基础，强调金融是通过非市场（即政府）的力量对产业发展起到一定的促进作用；其二，认为金融支持是通过制定和实施金融业发展政策及其他金融政策以此来支持国家产业政策及经济社会发展规划，既可以通过市场自发推动，也可以通过政府行政调节来实现金融支持经济发展的目标。现代市场经济下的体制机制充分说明了完全放任的市场体制是不科学的，因此政府的调控和干预是必不可少的。还有观点认为，金融支持是指拥有金融资源的主体依据目标导向性原则而有选择性地对其金融资源进行分配，从而支持其所偏好的经济目标。

为了刺激经济增长，长期的宽松货币政策使中国经济形成了宽松的货币环境。资金本身的逐利性使其必然朝更有利的方向流动。而由于实体经济效益下滑，货币资金并不会最先流向实体企业。从目前政策可以看出中央已经注意到这方面的问题，所以提出“三去一降一补”的施政方针，如图 2－2 所示。

因此，中国的金融市场供给应产生不断增长的长期资本，来推动结构性症结的处理，这样就更全面地展示了金融为服务实体经济的核心思想之一，也愈加凸显了实体经济对资本的需求。

本书认为金融支持是以研究金融对经济发展的支持作用为主体，拥有金融资源的主体以市场性金融支持为基础，在政策性金融支持的引导和调节下，通过运用各种金融工具、金融手段、金融制度等措施作用于经济发展，通过这种作用合理、有效配置金融资源并实现经济的快速发展。

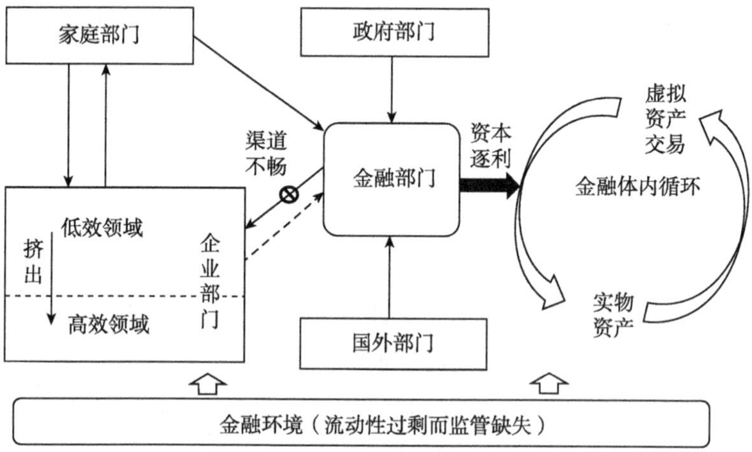

图 2－2　金融供给框架

对于金融支持还可从以下三方面进行分析：在微观层面，企业作为生产的主体是金融支持的主要对象，因此从这方面来讲金融主要通过为企业提供资金等方式的支持来促进企业的发展，进而促进经济的发展，因此金融支持主要体现在金融对企业的支持；在中观层面，产业作为经济的核心构成要素，构成了经济发展的主动力，因此产业结构的调整、规模的扩张与金融的支持密不可分，因此从该层面来看，金融支持主要体现在金融对产业发展所给予的支持；在宏观层面，经济总量的提升和结构的转型升级是经济发展的主要表征，因而从该层面来看金融支持主要体现在金融对产业结构转型升级的支持。

2.2　理论基础

2.2.1　供给侧结构性改革的理论逻辑

基于现有学者关于供给侧改革理论的研究成果，笔者绘制了供给侧改革的理论逻辑图，如图 2－3 所示。

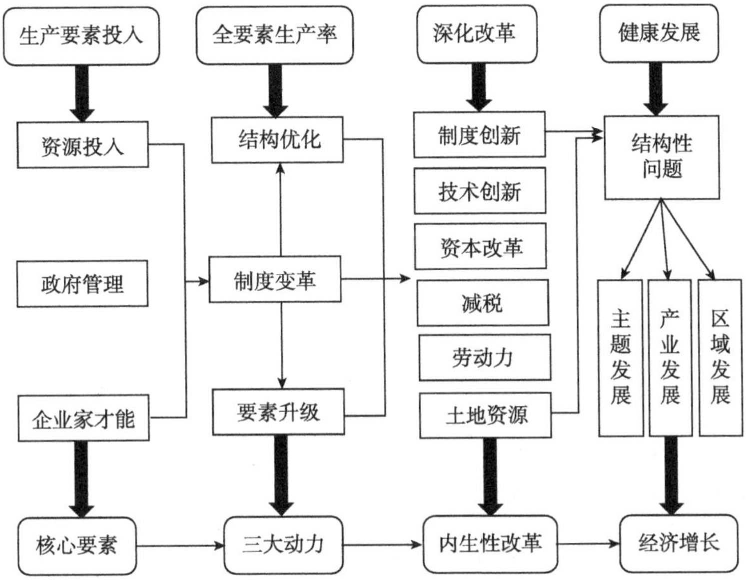

图2-3 供给侧改革的理论逻辑

从重农学派强调农产品和土地要素供给对恢复自然秩序的重要性来看，亚当·斯密强调资本、劳动在经济发展中的突出作用，萨伊论证了资本、劳动以及自然力三大核心供给要素在经济发展中的现实作用，大卫·李嘉图分析了土地要素边际报酬递减约束经济增长，李斯特明确了技术创新在经济发展中的突出地位，再到马克思分析了劳动对价值创造的突出作用，一直以来，供给理论在经济史学发展中扮演了重要作用。在经济学理论发展过程中，学者们一直强调劳动力、资本、国家管理、企业家才能作为供给要素在经济发展中的突出作用。供给侧改革的理论源于经济学界的供给学派，强调了劳动力等要素在经济增长中的作用，但从当前中国供给侧改革的理论与实践来看，供给侧改革的运行机制与西方研究成果又有所不同。

从图2-3中可以看出，供给侧改革理论的逻辑起点是生产要素的供给，通过赋予生产技术函数来实现全要素生产率的提高，其核心是通过深化改革，来实现经济的健康发展。具体来看，一是全方位的要素投入。在供给侧改革中，生产性要素投入包括资源要素、企业家才能和政府管理，强调了政府管理作为供给性要素在改革中的核心作用。二是三大动力实现全要素生产率的提高。供给侧改革的根源是制度变革，以制度变革为重点的结构优化和要素生产的三大引擎推动了全要素生产率的提高。三是内生性的改革。持续深化制度创新、技术创新、资本改革、结构性减税、劳动侧改革、土地及其附属物的资源侧改革，其中，以制度创新为核心，包括产权、土地、国有企业、金融、行政管理、生态、价格、社会福利等制度的改革。四是经济的健康、持续增长。瞄准当前国内社会经济中的结构性矛盾，包括区域、产业、消费、排放、要素投入、收入分配以及增长动力等结构性问题，逐步推动主题发展、产业发展、区域发展，最终实现经济持续、健康的发展。

2.2.2 国外供给学派供给决定理论

20 世纪 70 年代，由于美国长期执行凯恩斯主义需求刺激经济政策，人为地扩大需求，致使企业税负和人力成本不断攀升，加之“石油危机”的到来引致能源价格高涨，生产停滞，诱发失业风险，通货膨胀加剧，经济陷入停滞状态，供给学派由此产生以解决经济发展面临的系列问题。

供给学派提倡自由放任与不干预的经济政策，强调市场在资源配置中的主体地位，以 19 世纪的法国经济学家萨伊观点为代表。供给学派认为劳动力、资本等生产要素的供给和利用效率的提高是生产增长的决定因素。个人以及企业进行经营活动并提供生产要素是以获取报酬为目的，并由此而影响其经济行为活动。市场会自发地对生产要素的供给和利用情况进行调节，并对阻碍市场自行调节的因素加以消除。拉弗认为：“供给经济学是以个人与企业为研究基础而生成的一整套刺激性的分析方案，人们随着刺激的不断变化而不断改变自身行为，趋向于积极性的刺激而规避消极性的刺激，政府在其中可以适当改变刺激而对社会行为加以影响。”

供给学派形成了两大重要理论成果：一是“拉弗曲线”，该理论认为税收和税率存在某一转折点，较高的税率会降低企业生产积极性、减少产量，导致税收降低，认为政府应通过适当降低税率促进生产者的生产活动，带来实际收入的增加。他强调："在市场经济范畴内需求会自觉变化以适应供给层面的变化"，认为供给在供给和需求之间发挥着决定性的作用。供给和需求在自由竞争市场中是以均衡状态存在的，不提倡政府对市场经济进行干预，主张市场放任自由的经济，认为有效投入劳动力、资本及资源能够促进财富的增加，主张减税为储蓄和投资的增加创造条件，适当缩减政府财政支出、社会福利以及保险支出规模，加大对要素端的投入，增加供给，与此同时还应控制货币的发行与供给数量，防止通货膨胀的发生。二是罗伯特·索罗、保罗·罗默以及罗伯特·卢卡斯所提出的供给侧"四要素"新增长理论，在研究经济增长的进程中，认为经济增长的动力来源于供给侧的四个层面：技术、资本、劳动力、土地，并借助模型将供给侧四要素对经济增长的作用路径进行了详细研究，形成了供给侧新增长理论。

在实践运用中，20 世纪 80 年代，英国的撒切尔政府与美国的里根政府以供给学派所倡导的理论主张对国家经济政策做出相应调整，使得国家成功走出"滞胀"的阴霾。英国撒切尔政府主要采取的经济策略有：进行国有企业私有化改革、减税、取消物价管制委员会，减少对经济的干预、放松管制，削弱公会力量，对国有福利性质的公寓进行公开出售，把 20 家规模较大的国有企业进行私有化处置，为政府提供更多资金，提供了减税的空间。1982 年初，英国经济达到衰退触底阶段后逐渐向好。1981 年里根担任美国总统，提倡"经济复兴计划"策略方针，采取的主要策略有：降低企业税负，进行私有化改革，减少政府干预，削弱工会力量，干预国际油价，减少政府开支，压缩货币供给量等。其中，个人和企业的所得税进行了较大幅度的减免，尤以个人所得税的减免幅度引人注目，以达到增加居民可支配收入，刺激消费，提高劳动供给数量和意愿的目的，同时提升企业获利能力，增加社会投资。

2.2.3 我国供给侧改革理论演进

2008 年国际金融危机引致我国经济增速下滑，政府采取一系列包括“四万亿”在内的经济策略，所能应对的也仅是暂时性的困境，未能从根源上扭转经济不景气的局面。因此，经济学家开始审视长期以来所奉行的需求刺激理念带来的弊端，进而将研究视角转向供给侧，提倡将供给管理理念引入宏观经济政策研究之中。我国最早主张供给侧管理的是张五常，2009 年张五常在其著作《多难登临录：金融危机与中国前景》中提出“鼓励内供远胜鼓励内需”的观点主张。然而“供给侧”这一概念为社会所普遍接受是在以贾康等学者为代表的中国“供给学派”提出“新供给”理论之后。2011 年初，贾康等七位学者共同成立了“中国新供给经济学研究小组”。随后在 2012 年，滕泰发表《新供给主义宣言》，提倡“淡化总需求管理，从供给侧推动改革”的经济发展理念，并带头组成了“70 后经济人改革论坛”，同时贾康等学者成立了“新供给学派研究小组”，贾康等在《新供给：经济学的中国创新》中提出“中国需要构建和发展以改革为核心的新供给经济学”的思想主张，认为应从供给侧着手解决我国发展中面临的诸多矛盾，以便更快地实现“中国梦”。2013 年前后，贾康等学者对供给侧改革展开了详细的探讨，并在理论基础方面取得了巨大成就，《中国需要构建和发展以改革为核心的新供给经济学》一文，成为我国新供给经济学正式诞生的标志性文章。

我国的新供给经济学理论，是追寻着西方发达国家的较为成熟的理论成果与政策实践经验的道路，在此基础上取其精华并结合我国国情加以创新并发展而成的经济学理论体系，形成了较为系统的思想主张和一系列的政策建议。综观我国的新供给经济学思想与西方的供给经济学思想，尽管二者都强调供给在经济发展中的重要性，然而由于国情、发生环境、经济制度等方面的不同，二者在本质上存在较大差别，我国新供给经济学强调充分发挥政府的积极作用以此助推经济的发展，认为相比需求的有效性而言，供给的有效性对经济的发展促进作用更为明显，强调对经济结构进行优化调整，以供给端为改革的出发点，有效应对经济发展存在的病态症状，合理寻找应对之策，进而确保经济的稳固增长。新供给经济学作为我国经济学发展理论中的一道亮丽的风景线，既立足于我国经济发展的实际现状又着眼于未来，其中的许多政策主张与发展理念，在现阶段我国的供给侧结构性改革进程中已经得到了应用。

2.2.4 金融发展理论

现代金融发展理论转变了以往以发达国家为研究对象的一贯思维，转而以发展中国家为研究主体，对发展中国家金融与经济发展间的相互关系展开研究。随着金融与经济的不断发展，经济社会变得愈加复杂，随之产生的金融发展理论也不断地更替演进，由最初的金融结构理论发展到金融抑制理论、金融深化理论以及后来的金融约束理论。现代金融发展理论是以发展中国家不同时期经济与金融发展状况为研究基础，经过不断调整和完善，对发展中国家建立金融市场运行机制具有一定的指导意义，它强调建立一套行之有效的金融机制、制定合理的金融政策组合，是金融与经济协调持续发展的基础。

1. 金融结构理论

金融发展理论首次由雷蒙德·W. 戈德史密斯（Raymond. W. Goldsmith）所提出，在其1969年的著作《金融结构与金融发展》中对金融结构做了这样的描述："金融结构主要指一国现有的金融工具及其金融机构的总和，主要涵盖现存的各种金融工具、金融机构的规模、金融机构运营特点与方式、金融集中情况等。"金融的发展可归因于金融结构的变化，在某种程度上金融结构能够体现金融的效率。戈德史密斯通过采取各种方法、模型，进行大量的数据检验得出了金融结构能有效刺激经济增长，并创建了金融相关比率（FIR）度量某一地区抑或是某一国家的金融结构和金融发展状况，可以通过对某一时期内社会金融资产总金额和经济活动总量的比值进行计算并加以反映，该比值的高低体现了该地区经济发展状况且与之是正相关关系，较高的金融相关率表明经济发展处于相对高的水平状态。因此，金融资产的增加是经济发展水平提升的源泉，而金融结构的合理性是影响经济增长快慢的主要因素。此外，合理的金融结构还可以对产业结构的调整施加影响，并促使其趋向合理化，加快经济的增长，通常情况下经济发展水平较高的地区伴随着较合理的金融结构以及与之对应的产业结构。

2. 金融抑制理论

由于以凯恩斯主义和货币主义为主而产生的货币理论假设前提与发展中国家经济发展状况以及金融发展情况极不相符，发展中国家普遍存在金融发展落后于经济发展的不平衡现象，资本市场不完善且效率低，因此需要寻找更能揭示此现象的理论做支撑，于是 1973 年以麦金农和肖为代表的经济学家提出金融抑制理论和金融发展理论。

金融抑制理论认为在金融管制中，政府通过制定不合理的利率和价格等政策措施，对金融市场进行较多的干预，货币体系不能发挥应有作用，对金融活动产生较大不利影响，造成资本市场不断割裂，影响了资本的集聚与积累的质量，进而抑制了金融体系的进一步发展。麦金农在《经济发展中的货币和资本》中认为，经济发展与金融体系在多数的发展中国家往往以相互制约的形式存在，落后和低效的金融体系是经济发展的阻碍因素，与此同时落后的经济进一步制约了资金的流通与集聚，进而牵制了金融的发展，并构成一连串的恶性效应的金融抑制模式。在麦金农和肖看来，发展中国家的大部分地区存在资本不足、金融资源匮乏等现状，对于低于预期的存款利率将不利于储蓄的形成，导致金融机构资金短缺，制约了金融机构的成长，而利率的调控受政府的约束，无法依据市场情况及时做出调整，使收益低的企业在低利率的限制下面临生存危机，阻碍高风险与高收益项目的资金来源，致使民间借贷的产生，使得利率不能体现资本市场的真正需求情况。正的实际利率能够吸引蓄，积累社会闲散资金，以较高利率来增加货币产生的实际收益率可刺激对货币进行储蓄与积累的动机，为投资创造更多机遇，从而规避对收益较低项目的投资，调整投资结构、改善投资收益。实际利率过低是发展中国家金融抑制的重要原因，也是造成其欠发达的主要原因。过多的管制产生了不同程度的金融抑制，进而制约了金融体系自我调控机制作用的发挥，不利于金融资源的聚集与金融体系的持续发展，因此，金融自由化理论随之兴起以探寻针对发展中国家金融抑制问题的应对之策。

3. 金融深化理论

金融深化是指金融的自由化，指完全依靠市场的调控作用配置金融资源，认为市场在资源配置方面是有效的，不需政府的过多干预，放开利率管制由市场依据行情自行决定利率水平，提倡金融自由化。由于不断增加的储蓄能够刺激对金融相关服务的需求，储蓄在运行良好的金融体系中能有效转化为投资，实现储蓄与投资的良性循环，而利率的管制限制了此过程的实现，因此应通过对金融机构进行一定规模的扩张，不断创新金融工具，优化金融体系，完善金融运营机制，实现金融自由化，以此提高金融资源配置效率。此外，也有必要配合其他相关的经济政策，比如财政政策、外贸政策等，并在此基础上取消外贸管制与财政扭曲政策，实现贸易自由。在大多数发展中国家，采取金融抑制政策抑制利率的提高，制约了储蓄向投资的实现，使得金融业与经济的增速变缓。由此可见，唯有转变金融抑制思想，放开对利率的管制，提高利率水平，实现金融自由化，吸引储蓄，增加投资，充分发挥市场能动性，还原市场真实状况，让市场进行自我调节实现资源配置的有效性，进而实现发展中国家金融与经济良性的发展。

金融深化理论赋予发展中国家一个全新的金融发展理念，强调金融自由化对经济增长的重要性，为发展中国家制定相关金融政策给予一定的参考价值。随着经济的不断发展，放松管制的金融自由化政策对经济增长的积极效应逐渐凸显，金融深化理论得到了一定的认可，但随之爆发的金融危机，金融自由化的政策理念给经济和金融发展带来巨大损失，由此引发了经济学家对金融深化理论的深思，在此情况下介于金融抑制和金融深化理论两者之间的金融约束理论由此产生。

4. 金融约束理论

金融自由化在金融危机中所遭遇的惨重代价，使得经济学家又重新审视金融发展理论，因此以赫尔曼（Hellmann）、穆尔多克（Murdock）和斯蒂格利茨（Stiglitz）为代表的学者在 1997 年重新提出了“金融约束论”。由于市场存在自发性、盲目性、信息的外部性等特征，加之垄断竞争的存在使得市场存在极大不确定性，市场失灵现象时有发生，这就产生了对政府管制的需求。政府应在经济市场中积极发挥调控约束作用，以间接调控形式干预市场经济的运行，制定严格的监管准则，对监管范围做详细规划，对金融市场起到有效的监管调控作用。

金融约束理论认为，在一个较为稳定的经济环境中，如果通货膨胀率较低并且实际利率为正，则政府可以采取一系列经济措施，控制存贷款的利率，严格金融市场准入条件，干预直接竞争市场等金融政策，给金融部门和厂商营造获取租金的机会，使部分利益得以从储蓄部门转移至金融部门或厂商，对租金在厂商和金融业间的配置起到调控作用，维护金融产业与厂商的经济利益，消除金融抑制带来的不利影响，降低银行经营风险。此处的租金特指高出在竞争性市场所产生的收益，因此不适用于完全竞争的市场。对进入金融市场加以限制的同时对民间资本竞争进行约束，以此确保国有金融部门能够进行垄断经营，有利于金融机构规模的不断扩张，使金融业拥有垄断收益形式的租金。低的贷款利率让企业能够以低成本进行融资，因而产生高出竞争市场所得的租金收益，增加企业内部留存收益，为企业融资畅通渠道，增加储蓄与投资，并通过对租金在不同领域和不同部门进行分配，使不同部门进行生产、投资与储蓄的积极性充分调动起来。在大多数发展中国家由于金融市场获取信息的效率较低，信息不对称现象严重，对于规模小、资产少的银行，较难获取企业内部有效信息，从而缺乏对企业贷款监督的主动性与积极性，而将重点较多放在投机或是分割内部资产上，不利于银行长期经营。因此，对金融部门而言，通过设定租金，并以较低的存款利率获得储蓄，使银行有机会获得租金，促使银行积极吸纳存款并监管贷款企业，进而促进金融的发展。

本章首先对供给侧结构性改革以及金融支持的概念进行界定，明确了现阶段我国供给侧改革的方向，然后对国外供给侧理论渊源以及我国供给侧改革理论演变进行系统梳理，对比国内国外供给侧改革理论产生环境的异同，分析各自适应的条件，最后对金融发展理论进行分析与阐述，有助于理解发展中国家金融发展如何对经济增长产生影响。现代经济增长理论认为技术、资本、劳动力是经济增长的动力源泉，而技术、资本、劳动力作为供给侧三要素从而将经济增长与供给侧结构性改革紧密联系起来，其中，金融起着决定性作用。通过对相关概念和理论做详尽分析，为后续研究奠定了一定的理论基础。

3

金融支持供给侧结构性改革的作用机制

金融作为现代经济的核心与血脉，具有引导资金的流向、促进资源的集聚、合理调配社会资源，促进储蓄投资转化、发现价格、分散风险等重要功能，在促进经济增长的同时可为供给侧要素端和生产端的结构性改革保驾护航。此外，金融是连接经济发展与供给侧结构性改革的桥梁，金融发展通过对要素端（技术、资本、劳动力）的支持与优化进而提高资源配置效率，在促进供给侧结构性改革的同时加快经济的发展，为供给侧结构性改革源源不断地注入生机与活力。

3.1 金融支持科技创新

科技创新作为第一生产力，是供给侧结构性改革的主要支持力量，通过科技的创新，不断淘汰落后产能，提升企业生产效率，降低生产成本，使产品达到提质增效的目的，从而生产出更符合消费者需要的产品，为供给侧结构性改革加速助力，有效促进供给侧结构性改革“补短板”顺利进展。供给侧结构性改革的每一环节都依赖科技的支持，由于科技创新具有风险性大、周期长、成本高等特点，需要依靠大量的资金支持，金融作为现代经济发展的核心，可以通过资本形成机制、风险分散机制、信息识别机制、监督约束机制为科技创新提供必要的支撑。

3.1.1 金融通过资本形成机制为科技创新提供资金支持

资本形成（Capital Formation）在发展经济学中定义为资本的流通与聚集，特指一个国家或地区通过对现有资源进行储蓄、获利等方式集聚资本，从获得的初始资本中去除旧资本的补充和更新后所形成的“净增量”“净投资”。通常情况下，资本形成历经两个过程，资本积累与储蓄投资转化过程。资本积累是形成储蓄的过程，通过对国民收入进行分配将资金汇聚于居民、企业以及政府部门等不同收入主体之手，通过消费最终形成剩余（即储蓄）的过程，是由经济主体自主完成。储蓄转化为投资过程是将储蓄进行转移并加以运用的过程，通过一定的机制和多种力量的共同作用将储蓄从储蓄者之手转移至投资者之手，为投资者生产经营所用，进行扩大再生产，此阶段是形成资本的关键环节。科技创新的每一生命阶段都需要大量的资本投入与资金支持，每一阶段都面临不同的风险，对资金支持规模和形式也各有所需（见表3－1）。

表3－1　不同阶段科技创新资金需求情况

不同阶段	投资期	风险	成功率	预期收益率	所需资金	金融支持主要形式
种子期	7～10年	极高	不足10%	50%～70%	中等	风险投资等股本金、专项拨款
创建期	5～10年	高	20%	40%～60%	较多	风险投资、优先股等
成长期	3～5年	高	不足50%	35%～50%	多	风险投资、可转换优先股等
扩张期	3～5年	中	70%左右	30%～40%	极多	风险投资、担保贷款、无担保可转债等
成熟期	2～5年	低	90%	20%～30%	中等	主板市场融资、商业银行贷款等

资料来源：李建伟．技术创新的金融支持——理论与政策［M］．上海：上海财经大学出版社，2005.

科技创新的种子期、创建期和成长期阶段，由于投资风险高、不确定性大，商业银行往往基于自身利益的考虑对此阶段的创新项目趋而避之，政策性金融以其独特的经营理念，以政策性为主兼顾商业性的特点成为科技创新的支持力量。通常，政府通过建立政策性科技担保机构、科技银行以及保险机构等以政策性为主的金融机构，凭借信息、资源、政策等方面优势，不断发现、筛选和引导创新项目，为科技创新项目提供必要的资金支持，指引科技创新方向，为商业性资金投入创新项目提供便利条件。此外，政府可通过财政专项资金为种子期、创建期和成长期的科技创新项目提供资金支持。

在科技创新的扩张期与成熟期阶段，此阶段的创新项目取得了一定的进展，风险相对较低，投资前景较好，商业性金融机构基于自身利益考量会选择投资此阶段的创新项目。此时，商业性金融机构会对创新主体经营状况、预期收益率、发展前景等信息进行分析、筛选与甄别，挑选出符合投资条件的创新项目。因此，金融通过资本积累过程将储蓄转化为投资，以及投资转化过程实现对分散资本积累的聚集和资本使用权的转移。由于科技创新对资本投入量的要求较高，在科技创新的各个生命周期阶段所需的资本都离不开金融支持，多层次多样化的融资体系提高了储蓄转化为投资的效率，加速了资本的形成，提供了科技创新所需的资金，保证了科技创新与研发的顺利进展。

3.1.2 金融通过风险分散机制降低科技研发风险

科技创新风险性高，易受外部环境和自身发展不确定的影响，在不同生命周期将面临不同的风险，金融系统可以利用为科技创新进行风险的补偿、化解、对冲等手段从而分散科技创新风险。Allen 和 Gale（2002）认为金融体系通过横向风险分担与跨期风险分担两种途径降低科技创新风险，前者可通过提供可供投资的多样化的金融工具实现风险分担目的，后者可通过在多个时期进行平滑投资实现风险的分担。依据不同类型的风险，可从以下两个层面加以理解金融分散风险机制。

1. 流动性风险分散机制

流动性风险（Liquidity Risk）特指将资产转化为现实购买力时产生的不确定性。识别科技创新项目面临的信息不对称与企业资产的高度专用性引发了流动性风险，因此以降低信息不对称、增强流动性、减少交易发生成本的融资方式应运而生。以金融中介与资本市场为主的金融体系可以提高资产变现速度，提升资源的配置效率，加速长期资本的形成，为科技创新创造必要条件。

Bencivenga 和 Smith（1991）认为银行等金融中介可通过大数法则应对流动性风险，通过吸收大量闲散资金，根据大数法则准确预测居民的流动性需求，将一部分资金用于发放贷款、进行投资，另一部分资金用于满足居民的流动性需求，提高资金利用率，降低流动性风险。Diamond 和 Dybvig（1983）通过流动性冲击模型研究金融中介如何降低流动性风险，一方面，金融中介可以盘活资产，提高其流动性，通过债权债务、资产抵押等方式为企业提供资金支持，通过对流动性与收益性不同的资产进行合理的配置，将更多的资源集中投向高收益领域，降低不确定性风险。另一方面，金融中介可有效结合投资的流动性与收益性特点，将流动性较高但收益率较低的投资与流动性较低但收益率较高的投资进行合理分配，调整投资方向，提高对收益率高但流动性差的资产的投资，增加长期资本数量，进而促进科技创新。

资本市场作为各类证券交易的载体，可有效分散并降低流动性风险，Levine（1991）研究认为，在股票市场交易机制下，可以通过股票买卖行为使得受流动性困扰的投资者所持股票转售给未受流动性困扰的人群，从而将流动性风险进行合理转移。此外，未受流动性影响的投资者期望用流动性资产换取收益更高的生产性资产，从而取得较高的投资收益率，而且生产性资产不大可能因为流动性问题而面临清算危机。因此资本市场通过在不同投资者之间展开流动性转移进而分散风险，但应满足以下两个条件：其一，资本市场有大量的投资者，并且投资者有购买、投资、交换股票的意愿，在此情形下，风险分散的效果受投资者数量与市场流动性的影响，且与风险分散效果呈正相关关系，即投资者数量越多，市场流动性越强，风险分散效果越理想；其二，并非所有投资者会在同一时间内面临流动性冲击，换而言之，资本市场可能无法应对系统性的流动性冲击。

2. 收益性风险分散机制

收益性风险指创新主体在将投入的要素转变成收益时产生的风险，既包括系统性风险，也包括非系统性风险，金融可通过跨期风险分担和横向风险分担应对收益性风险。跨期风险分担是在不同时期内对投资利得进行均衡处理，降低资产价格波动幅度，进而平滑不同阶段内的投资收益，此过程通过银行中介实现。横向风险分担是在金融市场环境下投资者通过获取种类各异的金融工具将科技创新风险流入自己手中，降低特定创新主体产生的风险对投资者的影响，从而促进科技的创新，此过程通过金融市场实现。

银行中介大多通过跨期风险分担方式降低收益性风险，通过获得对企业的债权，银行等金融中介可以将企业风险内部化，即将企业风险转为银行自身风险，由于金融中介对科技创新企业的支持通常是阶段性的，因此可以通过合理配置不同阶段的金融支持规模来对风险进行平滑处理；相反，金融市场是在某一时点对风险进行管理，风险的最终承受者是投资者，因此在系统性风险来临时，投资者仅通过在证券市场进行不同的投资组合将不能有效分散风险，而银行中介通过跨期风险分担能有效解决此问题。因此，相比金融市场，银行中介在面临系统性风险时，更能有效分散系统风险。针对非系统性风险，以银行为主体的金融体系仅有形式单一的银行存款，跨期风险分担难以应对该类风险，而以市场为主的金融体系囊括种类各异的金融产品，为投资者组合与拆分资产进而分散非系统性风险提供了可能，避免将风险过于集中在某一金融机构，因此在面临非系统性风险时，金融市场更能有效分散非系统性风险。因此，金融市场与银行中介都能有效分散收益性风险，但各自发挥的功能各不相同，应对风险策略各异（见表3－2）。

表3－2　不同金融主体应对风险策略与效率

风险种类		风险管理策略		风险应对效率	
		金融市场	银行中介	金融市场	银行中介
收益性风险	系统性风险	无	跨期分担	低	高
	非系统性风险	投资组合	分散贷款	高	低

资料来源：孙伍琴．不同金融结构下的金融功能比较［M］．北京：中国金融出版社，2003.

3.1.3 金融通过信息识别机制识别创新项目

由于科技创新是一个复杂的过程，投资者个人在获取相关信息方面成本较高且难度较大，难以获取创新项目所需有用信息，由此需要借助金融中介的专业化与规模优势。金融支持科技创新是一个不断释放信息的过程，根据有效市场理论（Efficient Markets Hypothesis，EMH），金融支持创新过程中，资本的价格（股价、利率等）能够揭示必要的信息，如风险的高低、预期收益的大小、资金的充裕程度、金融机构以及个人投资者的投资偏好情况等，此外金融可凭借自身在信息获取方面的优势，获得关于科技创新项目的财务状况、市场前景、投资收益等有效的信息，通过展开必要的分析、识别、筛选程序，并通过其严格的审查机制实现对创新项目的优胜劣汰，揭示当前投资的各种情况，也为后续投资者和投资机构进行投资提供一定的参考，因此有效的信息识别机制是金融支持科技创新的必要前提。金融识别信息通过政策性金融的信息识别机制与商业性金融的信息揭示机制等途径提高信息的可获得性。

1. 政策性金融信息识别机制

对于政策性金融揭示信息的作用机制可从以下三个层面加以理解。一是政策性金融资金的投向、不同类型与领域的金融资源配置比重、优惠政策等在一定程度上反映了政府支持的重要领域和政策方向，从而对商业性资本流向发挥了必要的指引作用，吸引市场性金融对创新项目的资金投入。同时也向企业传递出投资利好的信息，为企业进行创新项目的选择和科技资金的投向提供一定的参考。此外，政府作为国家执法机关掌握着社会整体发展方向，更具信息优势，而且政策性金融作为政府意志的体现，突出表现为发展前景好的企业获得政策性金融扶持的力度较大。二是政策性金融通过对不同创新项目提供不同的优惠政策，进行不同程度的担保，采取不同的贴息政策，可以识别出创新项目的重要程度、难易度与收益大小，对于创新难度相对较高、预期获利空间有限但有很强的正外部效应的创新项目，政府往往会基于社会整体利益考虑，采取一系列的优惠政策鼓励企业进行该类创新项目的投资。三是政策性金融退出对某一创新项目的支持也传递了一定的信息，此种情况通常表明科技创新已步入了成熟期，收益较为稳定，能够自主进行研发活动，不再需要政策性资金的扶持，意味着市场性金融转而进入此阶段的创新项目能够取得较大收益。

2. 商业性金融信息识别机制

对于商业性金融的信息识别作用机制可从两方面加以理解：一是通过商业性金融机构识别并传递信息，此过程主要通过银行、保险公司、金融租赁公司、担保机构等金融机构加以实现；二是通过资本市场识别并传递信息，此过程主要通过商业银行、储蓄银行、人寿保险公司、投资公司、信托公司等金融机构进行有价证券交易加以实现。对于前者，往往会受商业性金融机构风险的偏向性与趋利性以及资金安全性等方面的影响，因此拥有较高的借贷门槛，因而对于那些能获得商业性金融机构信贷支持的创新主体或创新项目能反映出该创新主体或创新项目营运能力较佳，资产质量较高，盈利能力较强，更能客观真实地反映创新项目的发展前景与收益状况，传递的信息更利于投资者做出相应的投资决策。对于后者，资本市场作为金融市场的主要组成部分，通过股票、债券、基金等直接融资方式进行的融资活动，交易期限大多在一年以上，涉及长期资产交易活动，因此资金周转期限较长，面临风险较大，具有很强的灵活性，信息传递较为迅速、准确。通过资本市场对创新的支持可以较为准确地反映创新项目的现实状况，在一定程度上体现了投资者的投资偏向和对预期收益的期望，通过资本市场传递的信息可以引导金融资源的流向，避免盲目投资，使得发展前景好的领域获得更多的金融支持。此外，由于借助资本市场进行直接融资需要有较强的风险承受能力、较好的资产质量和对财务的公开透明，因此可以传递大量有利于投资者进行投资决策的信息。

3.1.4 金融通过监督约束机制规范创新主体

1. 金融中介对科技创新的调控约束

金融中介通过与进行创新活动的经济主体签订相应的信贷契约，凭借其“委托监督”优势，形成对应的监督机制以此对研发项目的进展情况、市场前景、运行状况等进行监督（Diamond，1984）。通常金融中介在与创新主体签订信贷契约时，会综合考虑贷款期限、利率、金额、担保方式、抵押品性质、约束条款等相关章程，以此对借款人起到监督与约束的效果。在贷款的后续使用中，金融中介还将继续对借款人进行监督，了解企业的经营状况、现金流量、预期收益等情况，确定投资该企业是否仍有价值。因此，创新主体在接受来自金融中介的信贷支持后，不仅需要依据契约进行还本付息，还应随时披露研发进展与经营状况，从而对创新主体起到监督约束作用。此外，金融中介还通过其获取信息的优势，充当投资者的代理人对借款企业实施监督，以较低的代理成本降低了各个投资者重复监督所产生的不必要的成本，且与各大企业之间存在长期契约关系，有利于银行获得借款人更多更翔实的信息，因此在降低企业道德风险方面具有较大优势。

2. 资本市场对科技创新的调控约束

在资本市场股东可以通过“用手投票”或“用脚投票”等方式对企业加以控制。“用手投票”是通过参与股东大会，对董事会成员的选举以及公司经营关键事项进行投票表决，以形成对管理层的直接管束。“用脚投票”则直接反映了股东对是否继续投资该企业做出的一种选择，当股东对企业管理层不满意或对企业经营业绩不看好，会抛售所持该企业的股票，通过大量抛出股票，致使股价下跌，传递出不利于企业再融资的信息，影响投资者的投资决策，进而影响企业的融资成本。由于科技创新需要大量的人才，资本市场有助于企业建立行之有效的股权激励机制，并充分调动科技人员和管理层的工作积极性，防止人才的流失，有利于企业科研工作的顺利开展。通过对科研人员和管理层设定不同的薪酬标准，将薪金分为固定薪金和奖励薪金，奖励部分的薪金所占比重较大且与股价相关。因此，管理层会主动运行创新项目，增加债务融资规模，提高股票市价；科研人员也会更加积极努力地工作，努力提升企业价值。因而将科研人员与管理层的利益和企业的长远发展相挂钩，从而促进科技创新的进展（见图3－1）。

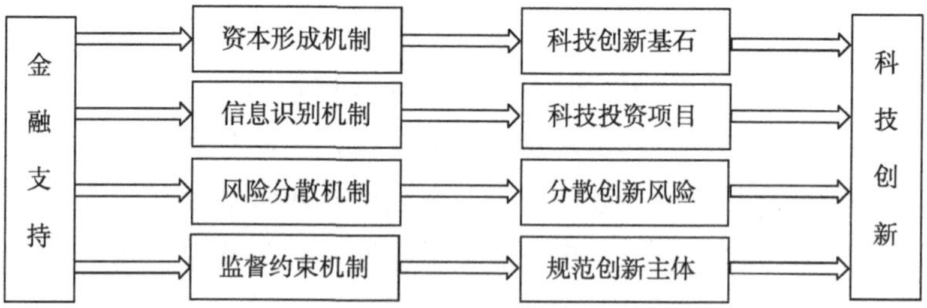

图3－1　金融支持科技创新的作用机制

3.2　金融支持资本积累，优化资源配置

资本积累作为供给侧结构性改革的一项重要基石，决定着供给侧结构性改革的效率。金融体系可以通过储蓄转化为投资，降低交易成本，吸收社会闲置资金等途径为资本积累创造条件，还可以通过分散风险、提高投资回报率来增强投资意愿，提高储蓄向投资转化的效率，并通过提升资源配置效率，降低融资面临的成本压力等为资本积累助力。此外，金融发展还能够通过收集信息、处理信息，甄别投资项目，监控企业，增加投资等途径提高资本配置效率。

3.2.1　金融通过储蓄转化为投资为资本积累创造条件

金融通过提供更为便利的储蓄服务，依据大数定理合理调节应对流动性的准备金数额，为储蓄转化为投资创造了必要条件，有效预防未到期的投资变现行为的发生，有效提升了储蓄向投资转化的比率。

首先是金融的储蓄作用。储蓄作为资本形成的源泉，通过金融机构将分散的资金聚集起来形成储蓄进而形成资本，可通过金融机构的数量变动反映储蓄的增减变动情况。在此过程中，金融机构可通过推广宣传或提高服务质量，增加居民储蓄热情。此外，金融机构通过利率调控机制，提高储蓄回报率吸引储蓄。其次是金融的投资需求作用。金融机构通过其经营特点进行规模化经营，增加融资渠道，确保投资者资金来源，降低筹资成本，分散投资风险，增加投资需求。纳克斯指出“储蓄能力和储蓄意愿决定了资本的供给情况，而投资的诱惑力则决定了资本的需求情况”。因此，储蓄能力往往不是制约资本形成规模的主要原因，而投资诱惑力才是最主要原因，由此可见投资对于资本积累的重要性。最后，金融机构通过储蓄向投资的转化加速资本的形成。金融机构一方面作为资金的供给者，而另一方面作为资金的需求者，成为连接储蓄与投资的桥梁，通过提供资金转让与流通平台，平衡资金盈余者和资金赤字者的资金数量，实现资源的合理配置，充分发挥资本应有的功能。此外，在充满竞争的金融市场上，金融机构可以通过储蓄分配功能，为投资意愿强、机会好、经营能力强的投资者提供投资机会，进而促进资本形成的质量的提高。

3.2.2 金融通过合理分配资源提高资本配置效率

金融能够通过合理分配资源，将分散的资金集中起来，使资金重新得到分配，有选择性地将资本分配到边际生产率高的项目上，以此改善资源的配置效率，有效促进了资本积累（Creenwood 和 Smith，1997）。供给侧结构性改革成效的高低依赖要素配置的效率，一方面，金融市场可以通过整合社会资源，依据不同主体的特点使有限的资源进行合理配置，提高资源的利用率，进而提高资本的配置效率；另一方面，金融机构能够盘活资源，使资源最大限度地发挥其应有的功能，提高资源的流动性进而提高其利用率。在供给侧结构性改革进程中，企业通过实施“去库存”等措施，依据市场供需状况，对资源进行分配并加以利用，减少不必要的库存增加有效资金规模，提高企业内部资源利用效率，增加资本积累规模，提升企业整体效益；通过“去产能”等措施，淘汰生产能力低、能耗大以及生产方式落后的企业，提升产品的附加值，降低能耗，进行国有企业改革等，合理配置资源，促使资源流向生产效益高的产业。通过对供给相对过剩产业以及供给无效产业的资本积累进行有效控制，并有选择地将金融资源投向新供给形成产业和有效供给形成的企业，提高资源利用效率，提升资本配置效率，以此提高资本边际生产率，进而加速供给侧结构性改革的进程。

3.2.3 金融通过降低融资成本加速资本的形成

较高的融资成本是企业进行筹资与投资的屏障，也是企业开展创新活动的绊脚石。一方面，由于较高的信贷门槛和高昂的融资成本使得企业资金来源受阻，进而影响创新活动的开展，导致企业生产效率低下，在行业竞争中处于不利地位，从而引致企业经营业绩下降，不利于企业"去产能"“去库存”的进展，形成企业资源的浪费，进一步阻碍了资本的积累；另一方面，较高的融资成本使得投资项目具有较高的风险，投资者往往会在风险面前望而却步，使投资前景好、预期收益高的项目难以得到资金的支持，不利于投资的进行，进而影响资本的积累。金融市场可通过完善多层次的资本市场，规范市场交易制度，提高直接融资规模，扩大债券发行量，完善股票市场，鼓励企业上市融资，降低代理成本进而降低融资成本等方式为企业融资提供便利，克服资本分配过程中的道德风险和逆向选择，提高投资与筹资效率，为企业注入新生活力，加速企业“降成本”“去杠杆”。此外，通过加大对非金融类企业与金融类企业的去杠杆力度，降低企业财务杠杆率，提高资金流通速度与利用效率，减少资金的浪费及“空转”，缩减资金进入实体经济的环节，降低资金进入成本，真正发挥金融体系的调控支持功能，加快支持实体经济的发展，促进供给侧结构性改革中的资本积累（如图 3－2 所示）。

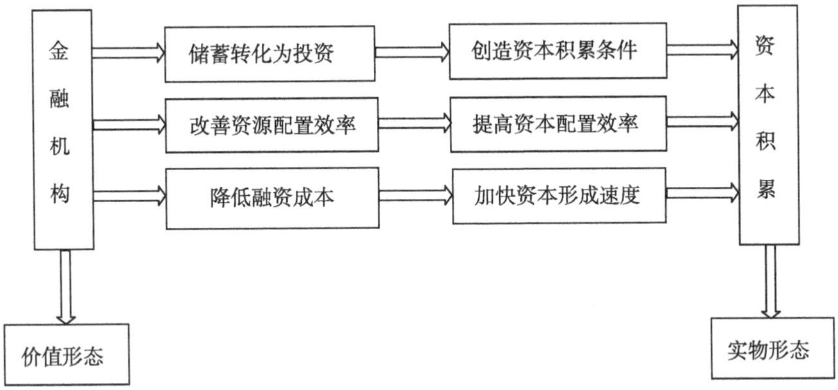

图 3-2 金融支持资本积累的作用机制

3.3 金融支持劳动力优化，提升供给侧改革的软实力

劳动力作为供给侧要素之一，为供给侧结构性改革提供大量人力资源，其中优质、高效的劳动力供给是提升供给侧结构性改革成效的关键，也是推进供给侧结构性改革顺利进展的必要条件，金融在扩大就业规模、增加人力资本投资、提升劳动力供给数量、提高劳动力供给质量方面发挥举足轻重的作用。

3.3.1 金融发展促进经济集聚，增加劳动力供给数量

首先，金融发展有效促进经济的增长，经济增长为劳动力的流动创造了机遇，一个地区的经济水平越发展，劳动力流动性就越强，劳动力数量增长越迅速，人力资本积累规模越大。金融通过加大对人力资本的投入，提升人力资本的生产使用效率和物质资本投资对人力资本存在溢出效应等途径，促进了人力资本增长。其次，金融通过支持自主创业，为创业企业提供资金援助，并支持新兴产业的发展，从而提供更多的就业岗位，通过促进资本投入量的增加吸纳更多的就业人员。而且，金融领域可以直接吸纳就业人员，通过调整经营战略、创新金融产品、提升服务效率来吸引更多劳动力，提高就业率。金融可通过资金融通功能，调整产业结构，支持不同行业的发展，创造更多就业岗位。通过世界各

个国家的金融业发展规律可以看出，金融业从业人员所占比重呈不断上升状态，金融发展对就业规模的扩大起到了一定的促进作用。此外，金融还可通过调整直接融资与间接融资的比例，通过发展壮大多层次的资本市场，提高市场主导型融资比例，促进就业的增长。最后，金融业通过支持建设城镇化，支持发展乡村振兴战略，改革户籍制度，提高城镇化率，促进劳动力要素进行自由流动。一方面，鼓励农民工进城务工，提供更多就业岗位，促进剩余劳动力的转化，提高劳动力的利用效率，加速人力资本积累；另一方面，通过加大对农村信用合作社、农村中小银行等金融机构的支持力度，促进农村地区经济的发展，为农村劳动力创造更多就业机会，再通过劳动力技能的培训，提升人力资本质量。

3.3.2 金融发展增加人力资本投资，提高劳动力供给质量

金融发展能够通过提供消费信贷等方式鼓励消费，支持教育产业发展，提高教育质量，从而将教育和劳动在时间和空间上分隔开来，再通过加大人力资本投入，进行基础教育和专业培训，培育出高技能的专业人才和高素质的劳动力，提高劳动者的自身素养和专业技能，从而提高劳动生产率和人力资本的单位生产效率，促使劳动力供给质量的提升和劳动产出水平的提高，从而促进供给侧结构性改革。经验表明，人力资本水平的高低与受教育程度息息相关，金融发展通过对教育的投入，提高劳动者文化水平，提升人力资本质量。一方面，可通过加大对学前儿童的教育，建立特色、普惠的高端校园，改善基础教育设施，提升教育水平，力争创办高水平的国内教育，从根源上提升劳动力素质。其次，政府可通过扩增财政教育支出规模，切实贯彻落实教育事业发展，全面支持高素质、高端人才的培育，提升人力资本的综合素质。此外，研究表明教育对经济增长发挥着不可估量的积极效用，而且该作用是实质性的，并且还存在正的且可观的外溢作用。另一方面，由于我国是劳动力大国，劳动力资源丰富，但高端劳动力供给较少，而中低端劳动力供给过剩，因而造成人力资本质量较低，经济发展动力不足，因此需要金融业的大力相助。金融可通过支持职工技能培训，提高职工专业胜任能力

和应对疑难问题的技能，提升人力资本积累的质量。此外，由于我国目前正处于城镇化进程中，提升人力资本和职工技能是城镇化顺利进展的关键，因此应充分借鉴发达国家的经验，结合我国基本国情，充分发挥金融的作用，着眼于教育，着力提升人力资本价值，以应对城镇化问题，进而助力供给侧结构性改革。

3.3.3 金融发展促进劳动分工，提升人力资本正外部性

由于低技能劳动者更倾向于选择不分工（Fishman 和 Simhon ，2002；陆铭等，2007），因而导致劳动生产率降低。劳动分工能够充分发挥每一劳动力的优势，促进劳动生产率的提升，进而提升劳动力价值。一是金融通过其运行机制降低交易成本，有助于劳动分工，加快经济增长。亚当·斯密（1776）在《国富论》中将劳动分工看作生产率提升的重要促进因素，金融通过进行货币交换，降低了交易成本，为劳动分工创造了条件，金融发展可以通过增加生产性劳动者的数量，促进“劳动分工”，提高劳动生产效率，进而提高劳动生产力，但前提是要有一定数量的资本，还要借助于技术的进步。二是资本的投资效应。主要用来提高生产力的投资，是以开展必要的分工模式以及提升劳动分工水平为目的的，因此，资本产生的主要问题是在对教育领域、机器设备与科技研究进行投资时如何将不同的分工模式和分工水平加以应用，而不是进行多少数量的投资（杨小凯，2003）。三是银行的贷款效应。劳动分工是经济增长的主要动力，而且劳动分工的进程与经济增长的速度受银行信贷效率、商品交换效率以及民间金融交易效率的影响，而且只有在效率足够高的商品交易中，信贷效率的提高才能较为明显地促进劳动分工和经济的增长。

此外，一方面，金融发展通过资本投资促进“边学边干”（Arrow，1962）以及“干中学”等方式使得劳动力水平不断得到提升。另一方面，金融发展通过促进资本投资进而促进劳动力积累的正外部性（Lucas，1988），由于人力资本较多是通过后天的受教育、培训等积累的，主要表现作用为内部效应，进而影响劳动生产率，因此只有将人力资本

外化为知识形态或技术形态才能对经济增长起到促进作用，金融通过资本投资促使人力资本外化为知识和技术，间接提高了整体劳动力水平（见图3－3）。

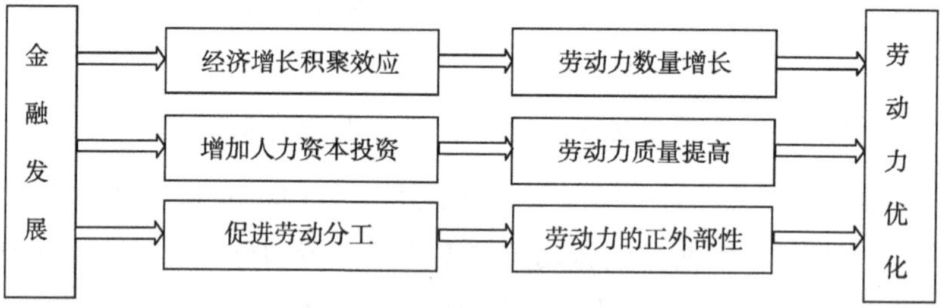

图3－3　金融支持劳动力优化的作用机制

本章主要对金融支持供给侧结构性改革的作用机制展开详细分析，分别从金融支持供给侧要素（技术进步、资本积累、劳动力增长）三个层面加以阐述。在金融对技术进步支持层面，分别从金融的资本形成机制、风险分散机制、信息识别机制、监督约束机制四个方面分析了金融对技术进步的作用机制；在金融对资本积累支持层面，分别从金融的储蓄转化为投资功能、资源配置功能、降低融资成本功能三方面对金融支持资本积累的作用机制展开分析；在金融对劳动力的支持层面，分别从对劳动力供给数量、劳动力供给质量和人力资本的正外部性三个方面论述金融对劳动力增长的支持机制，以上作用机制的分析为理解金融如何支持供给侧要素进而支持供给侧结构性改革提供了一定的理论依据。

4

金融支持供给侧结构性改革的现状

4.1 样本省经济发展现状

本书以样本省为样本进行研究。样本省位于中国中部地区，作为全国人口大省和农业大省，其经济发展的波动起伏不仅对中部地区的经济发展产生至关重要的作用影响，而且对全国的经济增长发挥着不可估量的作用。改革开放以来，样本省立足于自身区位特点，大力发展经济，大规模地进行产业结构调整，经济总量得到了大幅度的提升。随着经济发展步入新常态，供给侧结构性改革这一关键举措的提出进一步指明了该省未来的发展方向。近年来，面对经济形式的日趋复杂化和改革任务的渐趋艰巨，面临新时代我国社会主要矛盾转化为人民日益增长的美好生活需要和不平衡不充分发展之间的矛盾，样本省坚持新发展理念，全面深化改革，转变经济发展方式，优化经济发展结构，转换增长动力，以提高发展的质量和效益为最终归宿，以推进供给侧结构性改革为发展的主线，总体来看经济发展取得了可喜的成就。

4.1.1 经济总量状况

受惠于改革开放政策，对外开放大门的畅通为样本省经济带来了发展契机与增长动力，该省作为传统的农业大省和人口大省，经过多年的发展，历经产业的转型，将人口劣势转变为人口优势，充分调动生产积极性，使得全省经济由传统劳动密集型成功转变为技术密集型，加之中部崛起战略的实施与推动，样本省已发展成为一个新兴的经济大省与工业大省。

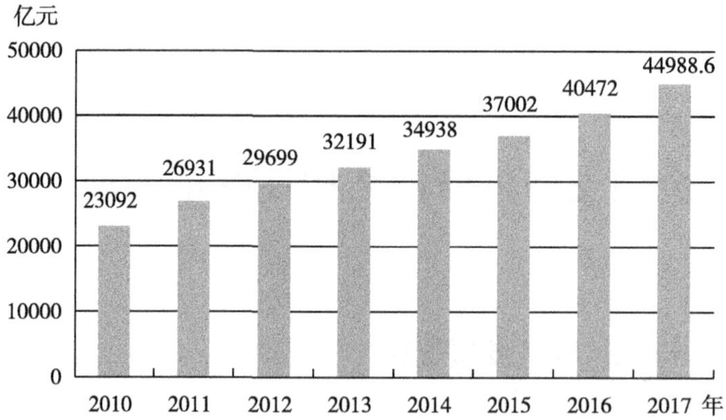

图 4－1　2010—2017 年样本省生产总值

由图 4－1 可以看出，近六年来样本省生产总值稳步跃升，从生产总值总量来看，改革开放之初全国为 3678.7 亿元，样本省为 162.92 亿元，占全国的比重为 4.43%；2005 年，按现价计算的我国国内生产总值为 187318.9 亿元，样本省为 10587.42 亿元，占全国比重为 5.65%，增长速度提高 1.22 个百分点。2010 年以来样本省经济发展再创新高，年均增速 9.59%，至 2017 年全国生产总值为 827121.7 亿元，样本省生产总值为 44988.6 亿元，占全国比重为 5.44%，比 1978 年增长 44825.68 亿元，增长 275 倍多，增长速度谓之惊人。全省生产总值跃升 3 万亿元、4 万亿元的台阶，2017 年全省生产总值比上年增长 7.8%，全国排名第四，仅次于广东、江苏和浙江三省，可见样本省经济呈现良好的发展态势（见图 4－2）。

样本省人均生产总值的变化情况为，1978 年人均生产总值仅为 232 元，截至 2005 年样本省人均生产总值达到 11346 元，首次突破万元的大关，至 2017 年样本省人均生产总值达到 47130 元，比上年增长 7.4%，较 1978 年增长 4.7 万元，增长 202 倍多，较 2005 年增长 3 倍多，但人均生产总值仍位于全国平均水平 59660 元之下。样本省虽然经济总量位居全国前列，但由于较大的人口基数，加之区域发展不平衡，人均生产总值较为落后，说明样本省仍需进一步提升经济发展水平（见图4－3）。

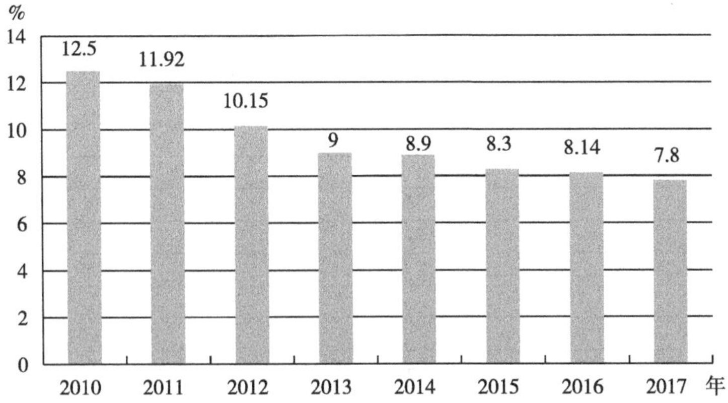

图4－2　2010—2017年样本省经济增长速度

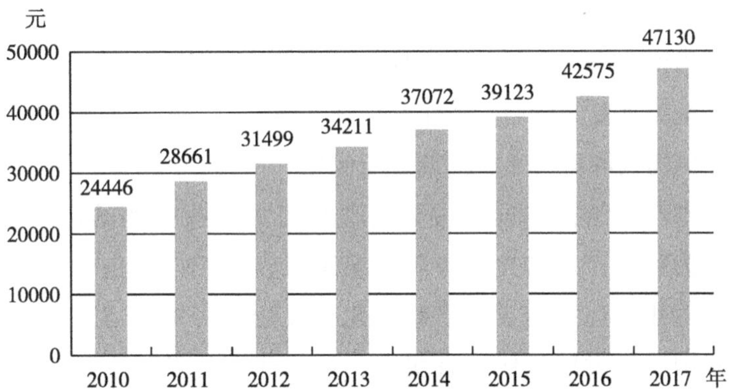

图4－3　2010—2017年样本省人均生产总值

从图4－4中可以得出样本省经济发展对全国经济发展的贡献水平，也从侧面反映出样本省经济发展规模。2005年之后样本省经济发展对全国经济发展的贡献一直维持在5.3%以上，1993年占全国经济发展规模的4.65%，到2017年提高到5.44%，虽然贡献力度只提升了不足一个百分点，但由于我国整体生产总值水平基数较大，全国生产总值从1993年的35900.10亿元，增加到2017年的812038.10亿元，增加了776138亿元，增长了21.62倍，样本省生产总值也由1993年的1660.18亿元，增加到2017年的44988.16亿元，增加了43327.98亿元，增长了26.1倍，高于全国GDP的增速。从经济发展总量上来看，样本省经济发展水平已取得显著成效。

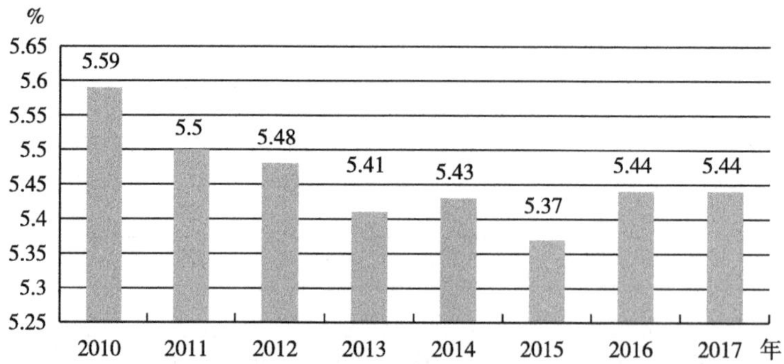

图4-4　2010—2017年样本省生产总值占全国GDP的比例

4.1.2　产业结构状况

产业结构作为一个关键性指标，对衡量一个地区或国家的经济发展现况发挥至关重要的作用。近年来，样本省在经济发展总量方面成就斐然，产业结构也取得了显著的调整与优化。

样本省产业结构的升级主要反映在三大产业比例的调整变动上，具体表现为第一产业占比的下降以及第二、第三产业占比的提升，通过调整与优化产业结构进而潜移默化地改变经济增长方式。改革开放之初，我国经济发展步伐尚且缓慢，第三产业的发展刚刚起步，尚处于落后状态，因而农业成为样本省经济发展的支柱产业。随着改革开放的大门进一步敞开，全国经济得到了突飞猛进的发展，样本省经济的发展也取得了可观的成绩，其中尤以产业结构的调整升级为重，三大产业中第一产业的占比明显缩小，而第二和第三产业所占比重逐渐增大（见图4-5）。

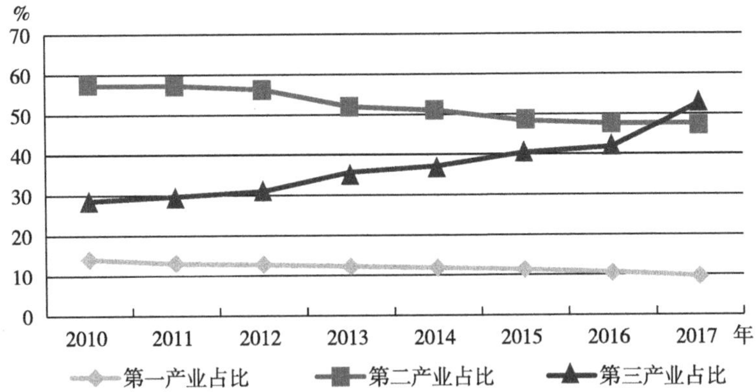

图 4－5 2010—2017 年样本省三次产业增加值占生产总值的比率

近年来样本省三大产业对生产总值的贡献率，第一产业对样本省国内生产总值的贡献率呈现出明显下降态势，从 1993 年的 24.66% 下降为 2017 年的 9.65%，下降幅度达 15.01%；第二产业对样本省国内生产总值的贡献率在 2004 年之前呈略微波动趋势，2005 年至 2012 年逐渐升高，2012 年之后呈略微下降状态。第三产业对样本省国内生产总值的贡献率 2003 年之前呈上升趋势，2004 年开始下降，2004 年至 2012 年无明显的变动趋势，2012 年以后呈上升状态。由此可以看出样本省近年来经济发展结构有所改善，逐渐向第二、第三产业转变，其中第二产业对样本省国内生产总值的贡献率最为显著，而第三产业对样本省国内生产总值的贡献率相对较小。从 2017 年全年来看，第一产业增加值达到 4339.49 亿元，相比去年增加 4.3 个百分点；第二产业增加值达到 21449.99 亿元，相比去年增加 7.3 个百分点；第三产业增加值达到 19198.68 亿元，相比去年增加 9.2 个百分点。三大产业结构之间的比例关系为 9.6∶47.7∶42.7，其中第三产业增加值在全省生产总值中所占比例较去年提升 0.9%，全年第二、第三产业占生产总值的比重高达百分之九十，服务业所占比例上升了 9%，说明样本省产业结构不断趋向合理化发展，第三产业发展较为迅速，所占比重逐渐增加（见表 4－1）。

表 4－1　样本省与全国三次产业增加值占生产总值比重（%）

年份	第一产业		第二产业		第三产业	
	样本省	全国	样本省	全国	样本省	全国
2010	14.11	9.53	57.28	46.40	28.62	44.07
2011	13.04	9.43	57.28	46.40	29.67	44.16
2012	12.74	9.42	56.33	45.27	30.94	45.31
2013	12.34	9.30	52.01	44.01	35.65	46.70
2014	11.91	9.06	50.99	43.10	37.10	47.84
2015	11.38	8.83	48.42	40.93	40.20	50.24
2016	10.59	8.56	47.63	39.88	41.78	51.56
2017	9.65	7.92	47.68	40.46	42.67	51.63

资料来源：Wind 数据库。

表 4－1 显示，样本省作为传统农业大省的地位依旧未变，三大产业结构的配比情况和全国的平均水平相比仍存在较大差距。2010 年以来，样本省第一产业所占比重发生较为明显的下降，虽仍处于全国平均水平之上，但与之差距逐渐拉小；第二产业占比整体高于全国平均水平，第三产业虽然近年来取得较大发展，但与全国平均水平相比仍存在较大差距。总体来看，样本省产业结构虽然在发展中不断趋于合理化，但国内生产总值组成仍以第二产业为主，而经济增长在很大程度上也取决于第二产业中的制造业（如煤炭、钢铁等产业），高新技术产业发展不足，且传统产业发展过剩，相比江苏省和广东省等发达省份差距较大，此外样本省的第三产业发展乏力，服务业发展速度有待提升。

4.1.3　固定资产投资状况

自党的十六大以来，样本省加大对投融资体制改革的力度与深度，投资结构不断趋于合理化，投资力度逐渐跃升新台阶，投资增长取得了可观的进展，尤以固定资产投资引人瞩目，固定资产的购置和建造是实现社会生产部门技术升级，从而提高社会生产效率的必要保证（见图 4－6）。

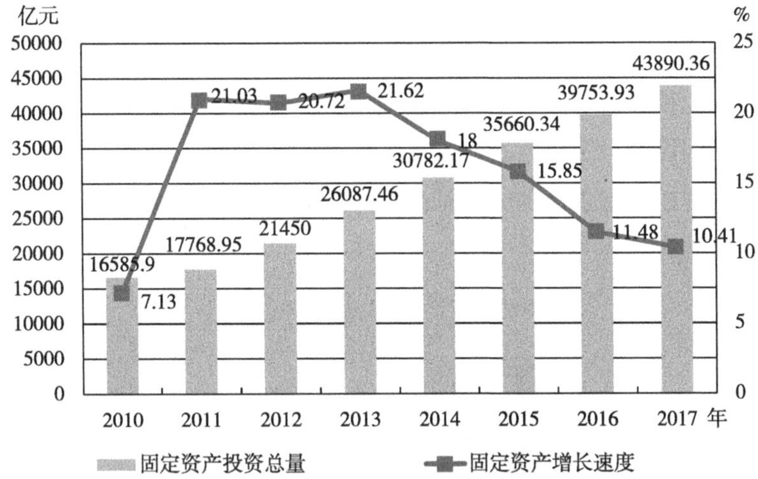

图 4－6　样本省固定资产投资及增长速度

（资料来源：样本省社会发展与统计公报）

近二十多年来，样本省固定资产投资完成额逐年攀升，1990 年投资总量仅为 206.12 亿元，2003 年全省投资总量突破 2000 亿元后，实现千亿元的跃升台阶，2007 年样本省的投资总额实现 8010.11 亿元，四年内增长了近 6000 亿元，至 2017 年投资总量达 43890.36 亿元，较上年增长 10.4%，投资规模增长之快、发展速度之迅猛引人注目。从近五年与初始的五年固定资产投资情况来看，2013—2017 年五年内投资总量达 176174.2637 亿元，是 1990—1994 年投资总量 1859.87 亿元的 94.72 倍，投资增速较快。

综观 2017 年全年三大产业投资情况，第一、第二、第三产业的投资额分别达到 2383 亿元、19173 亿元、22335 亿元，占固定资产投资总额比例分别为 5.4%、43.7%、50.9%，较上年分别增长 23.3%、3.5%、15.7%。基础设施投资、民间投资与工业投资分别约为 8831 亿元、34276 亿元、19191 亿元，占固定资产投资的比例分别为 20.1%、78.1%、43.7%，相比上年投资分别增长 30.4%、9.1%、3.5%。由此可见，样本省第一产业与基础设施建设投资增长幅度最大，但在投资总额中所占比重最低，第三产业投资比重高于第二产业投资比重，且增速也高于第二产业投资增速，说明样本省产业结构趋于合理，第三产业发展较为迅速。在固定资产投资中民间投资所占比重较大，超出基础设施投资与工业投资之和，说明样本省固定资产投资较多依赖民间自发的投资，而基础设施投资虽增长幅度最大但所占比例较低，且工业投资增速较慢，说明样本省仍需加大对基础设施与工业的投资，以促进经济的发展、社会的进步（见图4－7）。

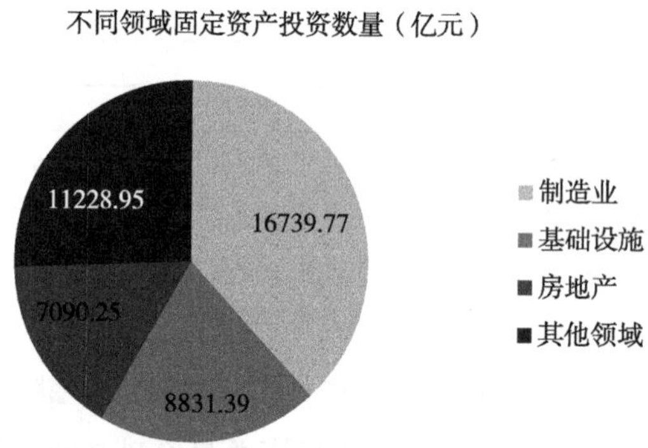

图4－7　2017年不同领域固定资产投资情况

（资料来源：2017年样本省国民经济和社会发展统计公报）

从不同领域投资情况来看，固定资产投资中制造业投资16739.77亿元，占投资总额的38%；基础设施投资8831.39亿元，占投资总额的比例约为20.1%；房地产开发投资7090.25亿元，占投资总额的比例为16%。总体来看，样本省固定资产投资中第二产业投资依然占主体地位。

据统计，样本省全社会固定资产投资完成额及其占样本省生产总值的比重总体上也呈现上升趋势，至2010年这一比重超过70%，2011年发生小幅下降，自2012年开始又重新表现出上升态势，且增幅稳定，截至2017年，样本省全社会固定资产投资完成额占GDP比重逐年上升，固定资产投资已成为样本省经济增长的重要支柱力量（见图4－8）。

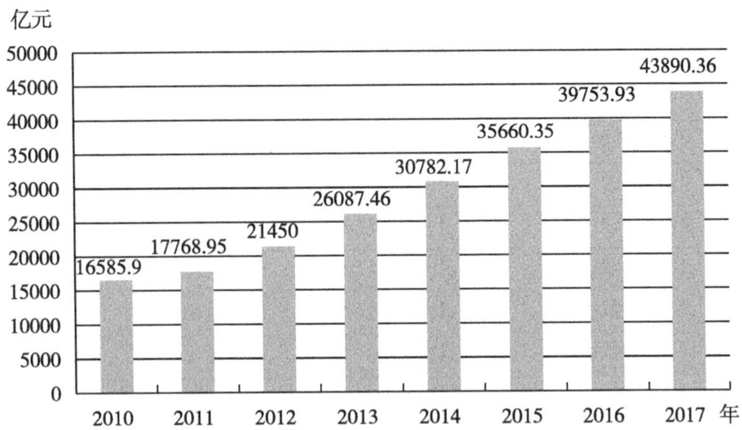

图 4－8　样本省固定资产投资完成额

（资料来源：Wind 数据库）

4.1.4　消费状况

近年来样本省城乡居民收入不断增加，2010 年城镇居民家庭人均可支配收入为 15930.26 元，2012 年城镇居民家庭人均可支配收入突破 20000 元，至 2017 年城镇居民家庭人均可支配收入达 29558 元，将近 30000 元。农村居民人均纯收入由 2010 年的 5523.73 元增加至 2017 年的 12719 元，城乡居民人均消费支出也分别由 2010 年的 10838.49 元和 3682.21 元增加至 2017 年的 19422 元和 9212 元，城乡居民储蓄不断增加，城乡居民人均消费支出不断跃升新台阶，人民生活消费水平日益提高。

2012 年以来，在市场环境发生较大转变的情况下，市场供给逐渐充裕，消费环境趋于良好，居民收入日益增长，消费品市场逐渐活跃，消费规模与日俱增，全省社会消费品零售总额平均每年的增长速度达 13%，2017 年消费总额达到 19667 亿元，消费规模居全国第五，比上年增长 11.63%，是 2012 年的 1.8 倍。消费对经济增长的贡献率较 2012 年提升 8% 左右，对经济增长起到了一定的促进作用（见表 4－2）。

表 4－2　样本省城乡居民家庭人均可支配收入与人均消费支出情况

年份	城镇居民家庭人均可支配收入（元）	城镇居民人均消费支出（元）	农村居民人均纯收入（元）	农村居民人均消费支出（元）
2010	15930. 26	10838. 49	5523. 73	3682. 21
2011	18194. 80	12336. 47	6604. 03	4319. 95
2012	20442. 62	13732. 96	7524. 94	5032. 14
2013	22398. 03	4913. 87	8475. 34	5627. 73
2014	24391. 45	15726. 12	9416. 10	6438. 12
2015	25576. 00	17154. 00	10853. 00	7887. 00
2016	27233. 00	18088. 00	11697. 00	8587. 00
2017	29558. 00	19422. 00	12719. 00	9212. 00

资料来源：2010—2017 年样本省国民经济和社会发展统计公报。

近年来样本省的城镇居民人均可支配收入相比全国平均水平其差距呈逐年拉大趋势，由 2010 年低于全国平均水平 3179. 18 元扩大到 2017 年的 6838. 00 元，8 年间差距扩大了 3658. 82 元。与 2010 年相比，2017 年样本省城镇居民人均可支配收入相比全国平均水平其差额增长了 115%（见表 4－3）。

表 4－3　样本省城镇居民人均可支配收入与全国比较

年份	样本省城镇居民家庭人均可支配收入（元）	全国城镇居民人均可支配收入（元）	样本省低于全国数额（元）
2010	15930. 26	19109. 44	3179. 18
2011	18194. 80	21809. 78	3614. 98
2012	20442. 62	24564. 72	4122. 10
2013	22398. 03	26955. 10	4557. 07
2014	24391. 45	29381. 00	4989. 55
2015	25576. 00	31790. 30	6214. 30
2016	27233. 00	33616. 00	6383. 00
2017	29558. 00	36396. 00	6838. 00

资料来源：Wind 数据库。

改革开放以来，经济的不断发展使得经济体制在不断改革与调整中日趋完善，流通体制更趋合理，市场配置社会资源的积极效用在发展中也日益体现出来，在此背景下，不仅居民的消费需求得到释放，对经济的拉动作用逐渐增强，而且生产的积极性也得到调动，商品种类和数量日益增多。随着经济的发展，样本省居民人均消费水平的提高，消费总额逐年加大。全省的社会消费品零售总额由2010年的7893.46亿元，跃升至2017年的19667.00亿元，比2012年增加11773.54亿元，其间的年均增速达到了14.4%（见图4-9）。

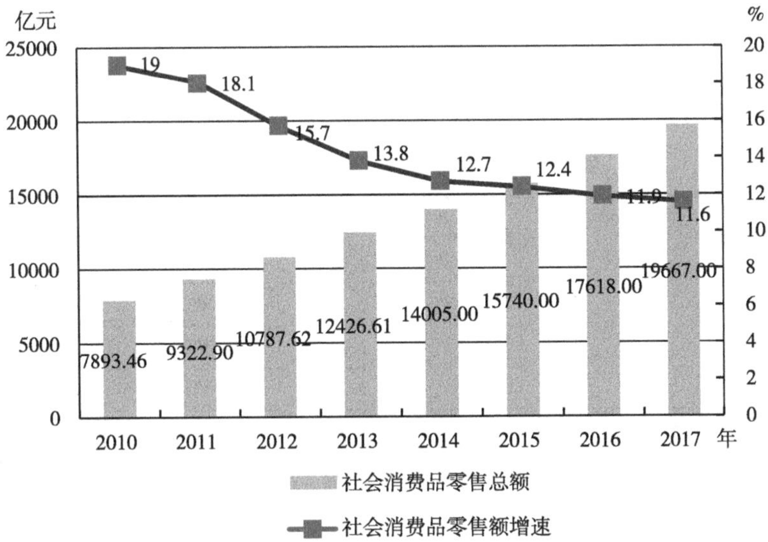

图4-9 样本省社会消费情况

4.1.5 进出口及利用外资状况

2010年以来，随着经济日新月异的发展变化以及丝绸之路通道的打开，样本省对外贸易的发展更是畅通无阻，在总量和规模上取得了新突破，进出口总值从2010年的177.92亿元增长到2017年的5232.79亿元，比2010年净增5055.00亿元，年均增长28.24%，跻身全国十强，出口一跃成为全国的第8位，对经济增长带来的连带效应进一步显现出来。外商直接投资也由2010年的62.47亿美元增长为2017年的172.20亿美元，外贸依存度升至11.6%，年均增长速度达18.58%，为样本省经济的发展加速助力的同时进一步促进了对外贸易的发展。

从2017年全年来看，全省货物进出口总额达5232.80亿元，同比增长10.9%。其中，出口总值达3171.80亿元，比上年增长11.8%；进口总值达2061.00亿元，比上年增长9.6%。外商直接投资实际利用资金达172亿美元，较上年增加1.4%，实际从省外获取资金达9107.00亿元，较上年增长7.9%。进出口总值增长速度波动幅度较大，2017年进出口总值增长率较2010年下降21.1个百分点，下降幅度显著，外商直接投资增长速度除2011年有较大幅度的增长外呈逐年下降趋势，2017年较2010年下降28.8个百分点，外部资金对样本省的支持作用效果逐渐减弱（见表4-4）。

表4-4　样本省货物进出口总值及增长率

年份	进出口总值（亿元）	增长率（%）	进出口总值占GDP比重（%）	外商直接投资（亿美元）	增长率（%）
2010	177.92	32	0.77	62.47	30.2
2011	326.42	83.1	1.21	100.82	61.4
2012	517.50	58.6	1.75	121.18	20.2
2013	599.51	15.9	1.86	134.57	11.1
2014	3994.36	7.5	11.43	149.27	10.9
2015	4600.19	15.3	12.43	160.86	7.8
2016	4714.70	2.6	11.65	169.93	5.6
2017	5232.79	10.9	11.63	172.20	1.4

资料来源：样本省国民经济和社会发展统计公报。

总体来看，随着我国经济发展步入新常态，投资、消费、出口作为经济增长的三大动力对经济的推动作用日益下降，样本省的状况尤为如此。从固定资产投资情况来看，样本省固定资产投资增速由2013年的21.62%持续下降至2017年的10.41%，且2016年固定资产投资增速下降幅度较为显著，2015年以来样本省全社会固定资产投资完成额占全省生产总值的比重基本维持不变，与2015年之前的增长速度相比差距明显；从消费情况来看，虽然近年来样本省城乡居民人均可支配收入与消费支出都发生了较大幅度的提升，但由于样本省人口基数大，加之区域发展不平衡，与全国相比仍存在较大差距，且社会消费品零售总额增速逐年下降，对样本省经济增长的促进作用日益减弱；从进出口情况来看，进出口总值在2013年之前增长幅度明显，但占样本省生产总值的比重较低，近年来随着经济的发展样本省对外贸易显著扩大，占生产总值的比重增幅较大，而2015年以来随着经济发展进入疲软期，样本省进出口总值占生产总值的比重有所下降，对经济增长的拉动作用有所下降。总体来看，受全国经济发展步入新常态的影响，样本省经济发展亦是如此，增速有所下降，传统的依靠需求侧的“三驾马车”对经济增长的拉大效用明显不足，因此供给侧结构性改革不仅是全国针对经济新常态的一大重要举措，更是样本省转变经济发展方式，实现经济发展提质增效的强劲推力。

4.2　样本省金融发展与供给现状

4.2.1　金融中介机构发展现状

1. 银行业发展现状

目前，样本省逐步形成了多层次、较完善的金融服务体系，金融覆盖范围不断扩大，服务水平不断提高。为了加快推进供给侧结构性改革，近年来样本省不断进行金融体制改革，金融机构数量随之不断增加，金融体系逐步完善，已形成大型商业银行、政策性银行及国家开发银行、股份制商业银行、城市商业银行、小型农村金融机构、财务公司、信托公司、邮政储蓄、外资金融机构、新型农村金融机构等在内的金融体系，金融机构服务网点已覆盖全部县（市）和乡镇。

截至2017年样本省金融机构总量达13071个，比2010年增加1388个，金融机构从业人数已达20多万人，比2010年增加4万多人，金融机构资产规模逐步扩大，从2010年的28286.86亿元增加到2017年的75966.61亿元，增长近1.7倍（见表4－5）。

表4-5　样本省金融机构基本情况

年份	金融机构数（个）	金融机构从业人数（人）	金融机构资产总额（亿元）	法人机构数（个）
2010	11629	162995	28286.86	181
2011	11854	166376	32514.30	207
2012	11948	183289	39186.00	217
2013	12155	191308	45801.00	230
2014	12168	184359	51581.00	219
2015	12743	197914	59904.50	227
2016	12982	202458	69601.97	236
2017	13071	203961	75966.61	238

资料来源：Wind数据库。

样本省以完善银行组织体系为重点，构成了人民银行宏观调控的发展模式，以大型商业银行为主体，政策性银行及国家开发银行、股份制商业银行、城市商业银行、小型农村金融机构、邮政储蓄银行①、新型农村金融机构等为补充的银行组织体系。

表4-6为截至2017年样本省银行业机构统计情况，其中股份制商业银行和小型农村金融机构在数量上占有绝对优势，机构总数占全省的金融机构总数分别为24.89%和40.37%，资产总额分别占银行金融机构资产总规模的32.07%和19.89%，与此同时其他类别的银行规模也在不断扩充，资产和存贷款数额不断提升，集中度提高，市场份额增加，市场结构逐步完善。

① 该课题写于2017年。邮储银行于2018年12月被银保监会列为大型商业银行。

表 4－6　2017 年样本省银行业机构具体情况

机构类别	营业网点			
	机构数量（个）	从业人数（人）	资产总额（亿元）	法人机构数（个）
大型商业银行	3254	74805	24360.30	0
政策性银行及国家开发银行	154	3719	6769.10	0
股份制商业银行	545	12255	8136.00	0
城市商业银行	923	23347	12953.40	5
小型农村金融机构	5277	58116	15107.20	139
财务公司	8	232	573.40	6
信托公司	2	472	191.20	2
邮政储蓄	2415	23325	6494.00	0
外资金融机构	5	86	41.00	0
新型农村金融机构	481	58116	1010.20	79

资料来源：Wind 数据库。

2. 证券业发展现状

样本省上市公司数量逐渐增多、证券成交量逐渐增加。多层次资本市场建设持续推进，规模不断扩张，证券市场融资功能日益增强，资本市场对实体经济的支持作用进一步提升。

表 4－7　2010—2016 年样本省证券市场情况

年份	2010	2011	2012	2013	2014	2015	2016
年末上市公司数（家）	81	99	103	96	99	101	108
年末发行股票（只）	83	100	104	97	99	105	110
年末募集资金总额（亿元）	751.10	1034.03	1166.57	1831.32	2249.21	2631.60	2984.70
首次发行再融资（亿元）	173.64	282.93	209.20	226.63	417.89	377.35	442.86
股票成交量（亿元）	24290.27	18749.83	12685.78	18586.20	29757.37	100578.31	51234.67
债券成交金额（亿元）	35.26	40.00	411.41	582.35	407.29	590.61	594.44
证券营业部个数（个）	138	146	148	208	219	301	287

资料来源：样本省统计局。

如表 4 - 7 所示，2016 年样本省年末上市公司家数达 108 家，自 2010 年的六年内数量增加 27 家；证券营业部达 287 个，较 2010 年增加 149 个，增长一倍多；年末发行股票也由 2010 年的 83 只增加到 2016 年的 110 只，增长 32.5%；年末募集资金数额由 2010 年的 751.10 亿元增加到 2016 年的 2984.70 亿元，增长近三倍；股票成交量与债券成交金额分别由 2010 年的 24290.27 亿元和 35.26 亿元，增加到 2016 年的 51234.67 亿元和 594.44 亿元，增长幅度分别达 1.11 倍和 15.86 倍，由此可见样本省证券业的发展成就非凡。

2017 年样本省证券业再次取得新发展，全年新增 4 家 A 股 IPO 上市公司。据统计，2017 年全年，沪深两市新上市的股票达 438 只，融资总额 2304 亿元，样本省 IPO 在审与在辅企业总共达 38 家。截至 2017 年末，样本省境内外上市公司数量达 116 家，同时这 116 家上市公司的总市值已达到 7307.38 亿元，同比增长了 10.85%，根据中国证券监督管理委员会样本省监管局披露的数据可知，截至 2017 年 12 月 31 日，样本省上市公司 78 家，市值 9625.98 亿元，挂牌公司数 378 家，样本省内证券公司有 1 家，证券分公司共 53 家，较 2015 年增加 26 家；证券营业部有 335 家，相比 2015 年多增 81 家；证券投资咨询公司 1 家，期货公司 2 家，期货分公司 9 家。

3. 保险业发展现状

近年来，样本省保险市场取得了较大程度的发展，保险业整体保持快速发展态势，可持续发展水平稳步提升，行业整体发展质量有所改善，行业风险得到了有效防范与控制，市场秩序更加规范有序。保费收入以及财产保险费收入和人身保险费收入逐年增加，保险密度和保险深度有所提升。

从近年情况来看，2016 年样本省保费收入为 1555 亿元，相比上年增幅达 24.5%，较 2010 年增长 762 亿元，增幅达 96%；赔偿及给付支出达 548 亿元，相比上年增幅达 22.4%，较 2010 年增加 394 亿元，增幅达 2.56 倍。保险资产总规模达 3248.4 亿元，相比上年增幅达

21.6%。保险公司家数由72家增至77家，从业人员已达到63万人。

截至2017年末，样本省保费收入达2020.07亿元，较2010年增加1226.79亿元，增长1.55倍，其中，财产险443.59亿元，较2010年增加308.87亿元，增长2.29倍；人身险1576.47亿元，较2010年增加917.91亿元，增长1.39倍；全年赔款支出与给付625.86亿元，较2010年增加471.95亿元，增长3.07倍。全年保险密度（地区常住人口平均保险费）为2113.24元/人，比2010年增加1269.77元，增长1.5倍，但低于全国平均水平2631.57元/人；保险深度（地区保费收入与GDP的比率）为4.49%，高于全国平均水平4.42%（见表4-8）。

表4-8　样本省保险业基本情况

年份	保险公司保费收入（亿元）	财产险保费收入（亿元）	人身险保费收入（亿元）	赔偿及给付（亿元）	保险密度（人/元）	保险深度（%）
2010	793.28	134.72	658.56	153.91	843.47	3.44
2011	839.82	163.33	676.49	171.14	894.57	3.12
2012	841.13	195.77	645.36	199.55	894.25	2.84
2013	916.52	243.55	672.98	279.75	973.64	2.85
2014	1036.08	278.38	757.70	324.03	1098.01	2.97
2015	1248.76	320.16	928.60	447.71	1317.26	3.37
2016	1555.15	372.95	1182.19	548.03	1631.50	3.84
2017	2020.07	443.59	1576.47	625.86	2113.24	4.49

资料来源：样本省2010—2017年国民经济发展与统计公报。

4.2.2　金融发展规模

金融发展水平可以用金融相关比率（FIR）来衡量，这一指标由经济学家戈德史密斯提出，并大量应用于金融发展水平的测度，这一指标具体反映了某一时期内社会金融资产总额与经济活动总量之比，该比率的大小能够体现一个地区的金融发展规模状况。由于现阶段我国金融体系正处于发展中阶段，以银行等金融机构为主的间接融资依然占据主体地位，因此本部分选取金融机构存贷款余额来衡量金融资产总量，用金融机构存贷款余额与样本省生产总值的比值衡量样本省的金融发展规模，该比值越大，说明金融发展规模越大；反之，金融发展规模越小，该公式可以表示为：

FIR = 金融机构存贷款余额/生产总值

此处选取样本省2003—2017年度相关数据，根据上述公式，计算出各年的金融发展规模指数（见图4－10）。

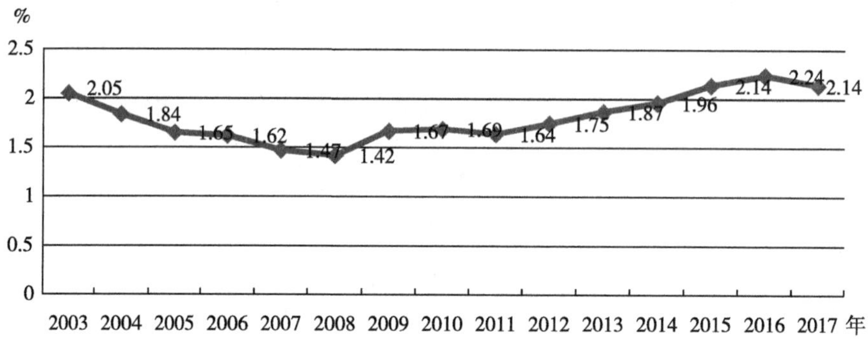

图4－10　样本省金融相关率

2003年至2008年间样本省的金融相关率一直处于下降状态，其间金融相关率从2003年的2.05下降到2008年的1.42，金融机构存贷款余额由2003年的14105.4亿元增加到2008年的25623.50亿元，年均增长12.7%；样本省生产总值由2003年的6867.70亿元增加到2008年的18018.53亿元，增长了9.40倍，其间样本省经济发展较为迅速，GDP平均增长率达到21.31%，经济总量位于全国第四名，经济发展速度快于银行业发展速度，使得金融相关率出现了下降的趋势。由于2009年受国际金融危机的影响，我国经济增速下降，同时国家推行四万亿计划以刺激消费、促进经济回升，居民储蓄增加，企业投资开始下降以及存贷款余额上升，使得金融相关率呈现不断增长的趋势，

样本省的生产总值由改革开放之初的162.92亿元增长至2017年的44988.16亿元，增长了275倍；存贷款余额从1978年的145.70亿元增长到2017年的100773.47亿元，增长了691倍，存贷款余额的增长速度远高于样本省生产总值增长速度，说明样本省在过去几十年中，金融发

展迅速，规模不断扩张。

4.2.3 金融发展效率

改革开放以来，随着全国范围内各项金融改革工作的有序进行，样本省银行业也得到很大幅度的整改，整体资产规模和实力不断提升，抗风险能力进一步加强，资产质量得到有效提高，样本省金融业发展取得了可观成绩。

2010—2017 年金融机构人民币各项贷款余额由 15871.30 亿元增长为 41743.30 亿元，年均增长速度 14.83%，2017 年末样本省金融机构人民币各项贷款余额达 41743.31 亿元，较上年增幅达 14.4%。2010—2017 年金融机构人民币各项存款余额由 23148.80 亿元增加至 59068.70 亿元，年均增长 14.36%，2017 年末样本省人民币各项存款余额达 59068.66 亿元，较上年增幅达 9.4%。

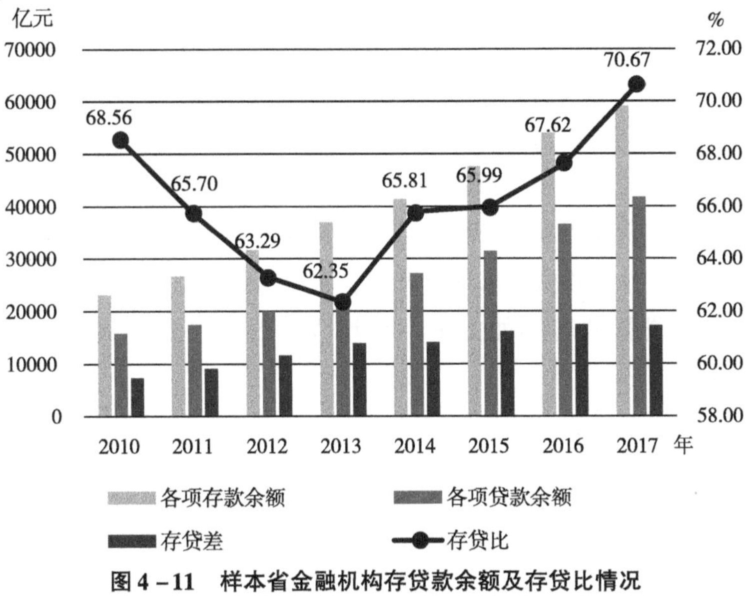

图 4－11 样本省金融机构存贷款余额及存贷比情况

（资料来源：Wind 数据库）

金融效率指标是综合衡量金融机构将存款转化为贷款的能力。金融中介一方面作为存款的吸收者，另一方面作为贷款的投放者，一定程度上缓解了存、贷款双方信息不对称的症状，将社会上闲置的资金聚集起来，将其配置到效益高、收益可观的领域，从而提升全社会资金的利用效率。存贷比反映了储蓄向投资转化的效率，即金融中介的效率。如果存贷比较低，则反映该区域的金融发展水平低，存在大量的闲散资金未能得到充分利用；存贷比过高，意味着银行存在一定的经营风险，因此巴塞尔协议中明确了银行的存贷比不宜越过75%的界限。

从贷款和存款的余额来看，在2010—2017年，样本省的贷款余额一直低于存款余额；从存贷比来看，2010—2013年的存贷比呈下降态势，2013年的存贷比达到最低点，金融效率逐渐下降，表明存款资金资源中有一部分没有实现优化配置，储蓄向投资的转化效率下降，资金的需求者转而选择其他形式的融资模式来获取资金，造成了样本省资金浪费或流失，可能导致金融机构的盈利空间缩小，不利于金融系统本身的发展。2013—2017年样本省的存贷比逐年升高，由2013年的62.35%上升为2017年的70.67%，上升8.32个百分点，表明样本省近年来金融发展效率逐渐提高，一方面原因可能是银行进行大规模的商业化改革，对风险管理的重视程度逐渐增强，对信贷资金的分配更为慎重；另一方面原因可能是社会投资需求继续升温，融资渠道更加畅通，银行功能更为完善，存贷款的转换能力进一步增强，效率得到了极大提升（见图4-11）。

4.2.4 金融业增加值

由于金融业增加值是对一个地区金融业所能创造价值能力的一个衡量标准，取决于一个地区的金融需求与供给效应的大小。一个地区经济发展对金融服务的需求越大，金融业增加值就会越大；与此同时金融制度安排越完善，金融创新越具有生机与活力，金融业增加值也会越大，其中经济结构、国际化水平是影响一个地区金融业增加值大小的重要因素。

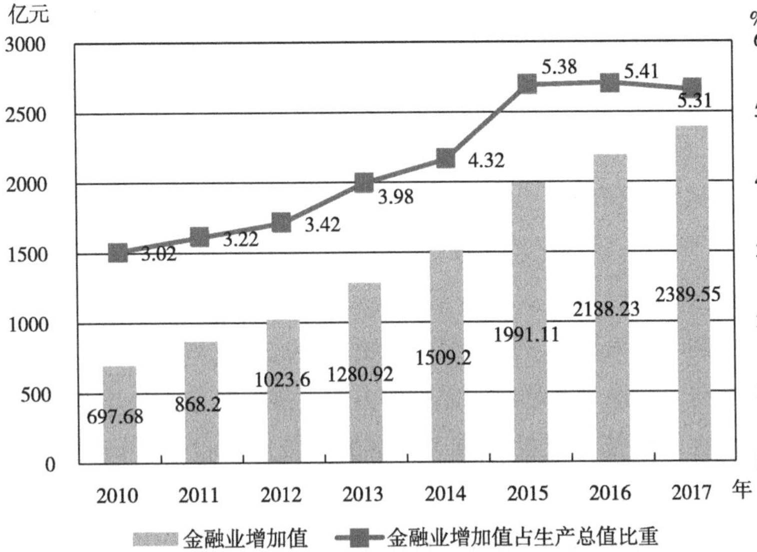

图 4-12 样本省金融业增加值变化情况及占生产总值比重

（资料来源：Wind 数据库）

由图 4-12 中可知，2010 年以来样本省金融业增加值逐年增加，从 2010 年的 697.68 亿元增加到 2017 年的 2389.55 亿元，增长了 2.42 倍。截至 2017 年，样本省金融业增加值占生产总值的比重为 5.31%，与全国 8.00% 的平均水平相比存在一定差距。虽然近年来样本省金融业稳步增长，但总体来看和全国平均水平相比仍存在较大差距。

4.3 样本省金融支持技术、劳动力、资本积累现状

4.3.1 金融对科技支持情况

近年来样本省认真贯彻落实《国家创新驱动发展战略纲要》部署要求，不断开创创新驱动发展战略，科技创新取得显著成就。

1. 科技创新投入情况

相关数据表明，样本省近年来不断加大对科技研发的投入，科研经费持续攀升，占生产总值的比重不断提升，科技创新取得了显著成绩。2012 年以来样本省研发经费总额由最初的 311 亿元扩张到 2016 年的 494

亿元，增长幅度达到59%，平均每年增长约20个百分点，较样本省国内生产总值年均8.6%的增长速度还要高出大约3个百分点。2016年样本省科技研发经费总投入金额达494.2亿元，较2015年增加59.2亿元，增幅达13.6%，比全国平均增速水平高3%。与此同时，样本省的研发经费投入强度（研发经费投入与国内生产总值比值）也不断攀升，2012年至2016年的五年内平均以4.5%的速度增长，截至2016年样本省研发经费投入强度已达到1.22%。

自党的十八大以来，随着经济向更深层次的发展，科技成果与日俱增，科技研发层次日益趋向于完善的方向发展，其中，样本省科技投入中的基础性的科技研究投入与应用型的科技研究投入所占比重逐渐提升，从2012年的6.18%增加至2016年的8.15%，增长近两个百分点。此外，随着样本省大规模地进行科研机构的改制，科技研发地位日益提升，企业研发的积极性不断高涨，研发投入规模和数额发生较大幅度的增长，对全省科技研发贡献逐渐加大。2016年全年样本省企业研发投入总额达437.5亿元，同比增长54.8亿元，增幅达14.3%，研发经费占全省研发经费的比重达88.5%，较2012年提升4.4个百分点，对样本省研发经费增长的贡献率高达92.71%。由此可见，企业作为研发主体，在推动整个社会研发活动的进程中发挥着不可估量的作用。

2. 金融信贷支持科技创新现状

总体来看，样本省科技创新信贷资金存在着较大的供给潜力，然而现实供给却不足的问题。样本省的金融体系以银行为主导，近年来银行系统的存贷款差额增长迅速，至2016年底呈现出规模庞大的存贷款差，高达17476.4亿元，从2004年开始年均增速达24.81%，最高年份增速甚至达到61.25%。按照金融政策的有关规定抵减8%的法定准备金后依照10%的比例对科技活动进行贷款的发放，据此2016年样本省应向科技创新活动投放信贷资金167.8亿元，而实际上2016年在样本省政府的补偿金的指引下，补增的科技贷款投放额度远低于实际应投金额，由此表明了样本省科技信贷投放资金存在巨大潜在的供给，而面临现实供给不足的问题，并进一步反映出样本省的资金在储蓄转化为贷款的道路上存在某些障碍（见表4－9）。

表4－9　样本省金融机构人民币信贷收支年末余额情况

年份	各项存款余额（亿元）	增长率（%）	各项贷款余额（亿元）	增长率（%）	存贷差（亿元）	增长率（%）
2003	7618.30	—	6487.10	—	1131.2	—
2004	8631.80	13.30	7092.30	9.33	1539.5	36.09
2005	10004.00	15.90	7434.50	4.82	2569.5	66.90
2006	11492.50	14.88	8567.30	15.24	2925.2	13.84
2007	12576.40	9.43	9545.50	11.42	3030.9	3.61
2008	15255.40	21.30	10368.10	8.62	4887.3	61.25
2009	19175.10	25.69	13437.40	29.60	5737.7	17.40
2010	23148.80	20.72	15871.30	18.11	7277.5	26.84
2011	26646.20	15.11	17506.20	10.30	9140.0	25.59
2012	31648.50	18.77	20031.40	14.42	11617.1	27.10
2013	37048.90	17.06	23100.90	15.32	13948.0	20.06
2014	41374.90	11.60	27228.30	17.87	14146.6	1.42
2015	47629.90	15.12	31432.60	15.44	16197.3	14.50
2016	53977.60	13.33	36501.20	16.13	17476.4	7.90
2017	59068.70	9.43	41743.30	14.36	17325.4	－0.86

资料来源：Wind数据库。

另外，通过全国范围内银行对科技型中小企业的信贷支持情况来看，支持力度较大的有上海银行、齐鲁银行高新支行、北京银行，其中北京银行中关村支行金融支持力度最大。自北京银行成立20多年来，本着支持实体经济发展的经营理念，致力于对中小企业发展的扶持，其2015年成立的特有的“创客中心”，策划在三年内向其合作的创新型企业投放一千亿元的信贷资金。相比之下，中国银行样本省分行按照样本省科技厅与财政厅在2016年3月所拟订的方案《样本省科技金融“科技贷”业务实施方案》给出的信贷额度是两年内投放“科技贷”二十亿元，其差距可见一斑。

4.3.2 金融对劳动力支持情况

1. 政策性金融对劳动力的支持情况

近年来，样本省社会就业规模不断扩大。随着供给侧结构性改革的深入进展，“三去一降一补”任务的贯彻执行，样本省着力做好就业指导工作，针对失业人群进行妥善安排，对就业岗位进行重新分配和归类，合理划分职责范围，使其结构更趋合理化。

教育支出作为财政支出的关键组成成分，对教育的投入能有效促进人力资本的积累，并对此产生较大的外溢效应，从而助推了地区经济的发展。因此，教育支出很大程度上体现了一地区或国家对人力资本投资情况，本部分选取教育支出来衡量样本省人力资本积累水平，详见表4-10。

表4-10 样本省教育经费及教育支出情况

年份	教育经费（亿元）	增长率（%）	公共财政支出中教育支出（亿元）	公共财政支出（亿元）	教育支出占公共财政支出比例（%）
2010	911.12	—	609.37	3416.14	17.84
2011	1182.14	29.75	857.14	4248.82	20.17
2012	1474.32	24.72	1106.51	5006.40	22.10
2013	1557.71	5.66	1171.52	5582.313	20.99
2014	1638.56	5.19	1201.38	6028.69	19.93
2015	1741.11	6.26	1271.00	6799.35	18.69
2016	1890.26	8.57	1343.76	7453.74	18.03

资料来源：样本省统计局。

由表4-10数据可以看出，样本省近年来教育经费逐年增加，但增长率自2013年之后下降明显。教育支出占财政支出的比重在2012年之后逐年下降，说明样本省近年来财政支出对教育的支持力度有所下降。

样本省支持自主创业，实施乡村振兴计划，鼓励农民工等有技能人员返乡创业，扩大全社会就业规模。2017年样本省城镇新增就业人数达144.21万，其中农村劳动力转移就业人数63万人，实现失业人员再就业人数将近44万人，困难人群再就业人数达17万人。2017年末样本省实现农村劳动力转移就业总量高达2939万人，其中省内转移就业人数达1762万人，省外转移就业人数达1177万人。

2. 银行业对劳动力的支持情况

从就业结构来看，随着经济与金融的发展，金融部门的从业人员比重不断上升，可以通过银行业就业人数占样本省总就业人数比重的提升来度量金融对劳动投入总量提升的贡献程度。

表4－11　样本省1993—2017年银行业就业比重

年份	样本省就业人数（人）	样本省金融机构就业人数（人）	比重（%）
2005	56650000	154406	0.273
2006	57210000	150795	0.264
2007	57730000	144851	0.251
2008	58354500	157324	0.270
2009	59487800	154636	0.260
2010	60420000	162995	0.270
2011	61978500	166376	0.268
2012	62875005	183289	0.292
2013	63865800	191308	0.300
2014	65200300	184359	0.283
2015	66360000	197914	0.298
2016	67263906	202458	0.301
2017	68706006	203961	0.297

资料来源：Wind数据库。

从表4－11的数据来看，2016年样本省金融机构就业人数为202458人，占总就业人数比例为0.301%，低于山东省的0.374%，浙江省的0.651%，广东省的0.554%，江苏省的0.501%，由此可见样本省金融支持劳动力力度有待提升。从2017年全年来看，样本省金融业就业人数为203961人，比2005年增加49555人，增长了32%，平均每年增长2.45%。截至2017年，样本省就业总人数达6870.6万人，银行业就业总人数达20.4万人。金融机构就业人数不断增长，但占样本省就业总人数的比重基本维持在0.3%，说明样本省银行业对劳动力的支持力度未发生显著提升。

4.3.3 金融对资本积累支持情况

全社会固定资产投资完成额反映了资本积累的情况，其中金融业的占比反映了金融对资本积累的支持程度，金融业固定资产投资完成额在全社会固定资产投资完成额中所占的比率并未发生明显变化，较2010年甚至有所下滑，说明样本省金融业对资本积累的支持程度有待提高（见表4－12）。

表4－12 样本省金融业固定资产投资完成情况

年份	金融业固定资产投资完成额（亿元）	全社会固定资产投资完成额（亿元）	比率（%）
2010	15.10	16585.90	0.09
2011	16.57	17768.95	0.09
2012	14.84	21450.00	0.07
2013	21.26	26087.46	0.08
2014	28.80	30782.17	0.09
2015	19.68	35660.35	0.06
2016	30.77	40415.09	0.08

资料来源：Wind数据库。

5

金融支持供给侧改革的现实问题

5.1 国有商业银行的问题

5.1.1 国有商业银行的概况

1. 中国建设银行

2003年4月初，中国建设银行（以下简称“建行”）成立了股份制改革领导小组，负责统一协调和安排建行的股改工作。2003年12月，汇金公司给建行注资225亿美元，成为建行的资本金。财政部原来持有的建设银行的资本金，则被转作不良贷款专项准备，用于冲销不良贷款损失。注资之后，汇金公司取代财政部成为建行唯一的股东。2006年6月，中国银监会批准了建行的分立重组方案，把非银行业务剥离成立中国建设银行集团，商业银行业务部分成立中国建设银行股份有限公司，建行集团计划作为建行股份的股东。2004年7月至8月，土地评估师完成了土地和房屋的权属完善和现场勘察，建行将全行汇总的土地评估报告上报国土资源部备案，并获得国土资源部对建设银行土地资产处置的批复。2004年8月，建行成功发行亿元次级债券，进一步提高了资本充足率，并且改善了建行的资本结构。2004年9月，中央汇金公司、建银投资有限公司、宝钢集团、长江电力、国家电网等发起人正式签署《发起人协议》。中国建设银行股份有限公司召开成立大会。在成立大会上，建行股份的董事会成员、监事会成员和高级管理层集体亮相。2005年6月，建设银行和美国银行在北京签署了战略投资与合作的最终协议。根据协议，美国银行将首期投资25亿美元以2004年末建行净资产的1.15倍购买建行约9%的股份，第二阶段将在建行计划的海外IPO时认购5亿美元股份，未来数年内美国银行可增持建行股份至19.9%。美国银行入股后，淡马锡也与建行签署协议，投入14亿美元左右，获建行股权，并承诺于建行IPO时再购入10亿美元股权。2005年10月27日，建行在香港成功上市。

2. 中国银行

2004年1月，中国银行（以下简称“中行”）宣布收到了来自汇金公司的225亿美元的注资。在中行改革过程中，设计中的核销、剥离和注资几乎同时进行，至2004年9月，中行财务重组基本完成。2004年7月7日和10月22日，中行成功发行了两期人民币次级债券，投资者认购踊跃，两期共发行260.7亿元。2004年8月，汇金公司作为唯一股东发起设立中国银行股份有限公司。2005年8月，苏格兰皇家银行联合李嘉诚的私人基金和美林国际，以31亿美元购入中行的股权。2005年8月，中行和淡马锡联合宣布，淡马锡将通过其下属的全资子公司亚洲金融控股有限公司投资中国银行31亿美元，购买10%股份。淡马锡还承诺将在中国银行公开发行时再认购5亿美元的股份。汇金公司董事会认为不能给中行带来什么援助的淡马锡购买的股份太多，没有通过淡马锡在中行的入股协议。2005年底，淡马锡参股中行以减少持股规模的方式最终获批，淡马锡出资15亿美元购买中行5%的新股。2005年9月，中国银行和瑞银集团宣布，经过双方谈判协商，瑞银集团将投资中行5亿美元。2005年10月，中行和亚洲开发银行同时宣布，亚洲开发银行将投资中行7500万美元，持有5.07亿股。2006年3月，社保基金理事会100亿元投资中行，购买中行3.58%的新股。至此，中行引进战略投资者的工作终于尘埃落定。2006年6月1日，中行在香港上市。

3. 中国工商银行

2004年10月，中国工商银行（以下简称“工行”）成立了股份制改革领导小组，领导小组下设10个负责具体事务的专业工作小组。

2004年下半年，工行出台了《股份制改革前期准备工作要点》，全面有序展开了18项准备工作。2005年4月18日，国务院正式批准工行改制方案。2005年4月22日，汇金公司150亿美元注资工行，和财政部并列工行第一大股东。2005年6月10日，工行与华融资产管理公司完成损失类资产的档案交接。6月30日，工行与四大资产管理公司完成了可疑类资产转让账务处理工作。至此，工行财务重组落下帷幕。2005年8月，工行发行首期350亿元人民币次级债券。2005年10月，中国工商银行股份有限公司成立大会在北京举行。2006年1月，高盛投资团与工行签署了战略投资与合作协议。按照协议，高盛投资团将投资378亿美元购买工行新发行的股份。2006年6月，全国社会保障基金理事会与工行达成了战略投资与合作协议，出资180亿元人民币购买工行新发行股份。2006年10月27日，工商银行在香港和上海两地成功上市。

4. 中国农业银行

2007年1月，第三次全国金融工作会议明确了中国农业银行（以下简称“农行”）“面向‘三农’、整体改制、商业运作、择机上市”的改革原则，要求农行强化为“三农”服务的市场定位，实行整体改制。农业银行改制工作正式启动。2008年8月，农行总行设立了“三农”金融事业部，全面推动全行“三农”金融事业部制改革。2008年10月，国务院召开国务院常务会议，审议并原则通过《农业银行股份制改革实施总体方案》。2008年11月，中央汇金投资公司向农行注资1300亿元人民币等值美元，持有农行50%的股份，与财政部并列成为农行第一大股东。2008年11月，经财政部批准，农行以2007年12月31日为基准日，按账面原值剥离不良资产8156.95亿元，财政部以无追索权方式购买该不良资产。2009年1月16日，中国农业银行股份有限公司成立大会在北京举行，中国农业银行股份有限公司正式挂牌。2009年5月18日，农行发行500亿元次级债，用于补充附属资本。2010年5月21日，全国社会保障基金理事会向农行投资150多亿元人民币，成为农行唯一的战略投资者。2010年7月15日和16日，农行分别在沪港两地挂牌。

5. 交通银行

交通银行是中国历史最悠久的银行之一，清政府为发展铁路、轮船等交通事业，于1908年成立交通银行（以下简称“交行”）。交行是中国近代主要的商业银行，是中国早期的发钞行之一。改革开放后，作为金融改革试点，中央在1986年批准交通银行重组，重组后的交行于1987年4月1日正式对外营业。作为中国第一家国有股份制商业银行，交行发展迅速，跻身中国第五大国有商业银行，并分别于2005年和2007年在香港联合交易所和上海证券交易所上市。根据《银行家》杂志发布的最新报告，交行连续四年跻身世界银行50强，2012年较上年上升4位，位列第30。交行在2012年《财富》世界500强中列第326位。交行2012年境内机构182家，境外机构12家。境内机构中省分行30家，直属分行7家，省辖行145家，在全国202个地级以上市、144个县或县级市共设有2701个营业网点。境外机构包括香港、纽约、旧金山、东京、新加坡、首尔、法兰克福、悉尼、澳门、胡志明市、台北分行及交通银行（英国）有限公司。

6. 中国邮政储蓄银行

中国邮政储蓄银行于2007年3月20日正式挂牌成立，是在改革邮政储蓄管理体制的基础上组建的商业银行（以下简称“邮储银行”）。邮储银行承继原国家邮政局、中国邮政集团公司经营的邮政金融业务及因此而形成的资产和负债，并将继续从事原经营范围和业务许可文件批准、核准的业务。

2015年12月开始，邮储银行由单一股东向股权多元化迈进。采取发行新股方式，融资规模451亿元，发行比例16.92%。2016年8月27日，邮储银行80亿美元香港IPO获批。2016年9月28日邮储银行在香港联交所主板成功上市。2019年1月，邮储银行正式加入国有大行的行列。2月11日，银保监会发布《银行业金融机构法人名单（截至2018年12月底）》，在机构类型中，邮储银行被列为国有大型商业银行，与工农中建交同列。

邮储银行有以下几方面优势。一是城乡贯通的网络布局优势。目前，服务农村地区的金融机构主要有农业发展银行、国有商业银行、农信社、邮储银行四类，与之相比，邮储银行的网点具有横贯城乡，并且主要分布于乡镇的特征。这种网络布局与中国目前重点支持“三农”发展、消除经济与金融二元性的协同发展战略相契合。借此，邮储银行可以更好地发挥其对中西部地区以及农村地区产业发展的金融支撑作用，对典型的微观发展模式“一村一品”提供信贷支持，支持当地的主导产业，为农村外出务工人员提供金融服务，在为乡村发展提供金融支撑和服务的同时促使自身获得较快发展。二是广覆盖低成本的硬资源优势。邮储银行自2007年正式成立以来，采用“自营+代理”二元体制，进一步完善了邮储银行协调机制，形成了“邮银合作，共谋发展”的良好局面。促使其可以利用邮政储蓄几十年积累下来的网点与客户资源优势，加强与邮政企业在网络建设、业务发展、客户服务、资金安全等方面的沟通，从而形成邮储银行覆盖范围广的优势局面。同时，“一元”邮政代理网点具有运营成本低、工资成本低、信息获取成本低等特征。而且，作为一个具有全功能牌照的大型国有商业银行，邮储银行分布于各个地区的分支社区银行之间相互帮助、相互扶持以达到整体效益最大化，形成范围经济效应。三是资金优势。邮储银行的资金优势体现在两方面，即储蓄余额规模大和没有坏账损失与不良资产。这为其发展带来了后发优势。首先，邮政储蓄因此而获得经营资金批发业务的优势，可以与其他银行办理大额协议存款以获取利率上的优惠，在货币市场上发放拆借贷款等。其次，资金优势也为其开展中间业务提供了良好的基础，因为许多中间业务都是与储蓄账户有着密切联系，如代理开放式基金业务、代理收付款业务、代理保险业务等。四是信誉优势。邮政储蓄有着“百年邮政、百年信誉”的品牌效应，通过自身长期不懈的优质服务，树立了良好的形象，为其发展积累了信誉优势。邮政储蓄在网络、产品、服务、客户等方面已经形成了自己的特色，具有一定竞争力。另外，邮政储蓄拥有非常优良的资产，在没有任何资金风险的情况下，依靠中央银行再存款利息补贴实现了储蓄余额的扩张。因此，相对于其他的商业银行，更具有无呆账坏账风险的优势，具有更好的信誉，被人民称为“百姓银行”“绿色银行”。

邮储银行也有劣势：一是品牌战略初步启动。几十年的计划经济体制运作方式以及与之相应的政策保护，使得邮政储蓄对产品的认识较晚，直至2007年邮储银行成立后，才开始着手研究、实施品牌战略。目前，品牌战略仍处于初步启动阶段，存在很多问题。首先，尚未形成一套完整、严格的品牌管理体制，忽视品牌的生命周期以及延伸性，缺乏品牌严密化、系统化管理，造成其在不同地区的开发、宣传、定价以及服务上都存在较大差异。其次，品牌建设停留于产品层面，而品牌服务较为缺乏，品牌成为产品的代名词。再次，品牌内涵建设有待深入。品牌建设和传播是一个系统性工程，需要所有部门及其员工共同参与，尤其是与消费者直接接触的一线员工，而目前邮储银行主要将品牌作为营销部门的职责，而忽视了员工的重要作用。最后，邮储银行的宣传与开发力度还不够，对网络、电视、广播等媒介的利用还远远不足。二是业务经营能力不足。由于长期以来依靠政策生存，邮政储蓄的业务经营能力不足，难以满足市场竞争的要求，融资渠道较为单一。目前，邮政储蓄银行融资主要依靠的就是储蓄，这也间接导致了邮政储蓄资金流向问题严重，很多农村资金流向城市；业务范围狭窄。2007年邮政储蓄银行建立，零售业务、稳健的低风险资产业务以及中间业务都得以大力发展，但业务量仍集中在传统业务方面；缺乏信贷经验。邮储银行的企业信贷业务、个人信贷业务刚刚起步，此前从未有过相关经验，现处于摸索与积累阶段；产品研发创新能力不足。其在金融产品设计、资本运作方面的人才匮乏与经验欠缺，难以适应业务领域多元化发展趋势的要求。

中国邮政储蓄银行目前面临的威胁：一是农村金融抑制问题突出。中国经济具有“二元”特征，在金融方面则体现为金融市场的“二元化”结构，城乡金融发展具有较大差异，农村金融抑制问题突出。首先表现为农村金融的“空洞化”。自1998年来，四家国有商业银行在集中化管理的要求和规模效益原则下，业务重点逐步转向大中城市，撤并了大多数县及县以下分支机构，这就导致了县域金融体系的萎缩以至“空洞化”现象的出现。其次，农村资金大量外流。一方面，国有商业银行县支行的贷款权上收导致其吸收存款大多流向城市，农村资金产生“非农化”的现象。另一方面，邮政储蓄一直以来的只存不贷问题导致农村金融的大量资金被抽走，虽然人民银行以部分转贷农业发展银行和对农村金融机构再贷款方式将部分资金返还给了农村领域，但效果有限。这就进一步扩大了农村信用资金的供给缺口，加剧了农村资金供求关系的失衡。最后，政策性金融的政策支农作用不足。目前，中国农业发展银行在业务上主要经营粮棉油等收购资金的封闭管理，为农业基本建设、农副产品收购以及农业综合发展提供的贷款不是很多，甚至支持农村经济开发等多项贷款已经停止。而且，农业发展银行的资金主要来源于财政拨款，而中国财政历年累积的包袱过大，导致拨补的款项不能及时到位，这又给农业发展银行带来一定的筹资负担。二是竞争压力凸显。2007年3月20日，邮储银行正式挂牌成立后，中国农村金融市场已经初步形成了以中国邮政储蓄银行、中国农村信用合作社、中国农业银行、中国农业发展银行等金融机构为主体的多元化结构，农村金融市场的竞争机制得以初步引入。其中，中国农业银行网点遍布城乡，有雄厚的实力和齐全的服务功能。农村信用合作社从业人员多、城乡分布广泛、与农户直接业务往来频繁。业务多元、营销能力较强的农村银行和城镇银行大量兴起。这种业已形成并日益强化的竞争格局给邮储银行的发展构成较大的压力和威胁。

邮储银行未来将面临的机遇：一是新农村建设提供良机。自2005年来，中国的中央一号文件一直特别强调金融机构对“三农”的支持，新农村建设为邮储银行的发展提供了有利的环境。农村产业化、乡镇企业及乡镇建设需要大量的资金供给，农民的生产和生活需要多元的金融服务。而四大行县域支行及其附属机构的撤并所导致的农村金融“空心化”，为邮储银行的发展带来了新的动力和机遇。2001 年中国人民银行银行卡联网通用工作启动，实现邮政储蓄网络由封闭走向开放。2004 年全国 31 省邮政储蓄绿卡网络新老系统成功切换上线，实现汇通全国、走出国门，成为全国最大的个人金融服务网络。二是中间业务开拓新市场。2003 年 8 月邮政储蓄的新老资金实行划断后，其中间业务开启了较快发展进程。现已开办国内及国际汇兑、转账业务、兑付政府债券、个人及公司国内国际结算、代理保险、代理国债、代收代付业务、代销基金和理财产品等多种业务。而且，通过与保险、基金、大型企业的合作，逐渐进入高端客户市场。低风险、低成本、高附加值的中间业务，势必将为邮储银行开拓新的市场带来新的机遇。

5.1.2 国有商业银行的不足

国有商业银行在中国有着悠久的发展历史，由于中国传统的计划经济体制，使得国有商业银行一直是以大型企业和国有企业作为重点扶持对象的，他们基本上都是给这些大企业进行贷款。当前国家和商业银行也意识到小企业的重要性，虽然加大了对中小企业的支持力度，但还是远远不能满足他们的资金需求。因为这些国有大型商业银行还是对中小企业的重视度不够，尤其是一些国有商业银行的二级分行仍然将国有企业和大型企业作为贷款的主体，而忽视对中小企业贷款业务的发展。有关调查显示，虽然在一些经济发达的地区，有些二级分行树立了要发展小额贷款业务的意识，但是一方面由于银行传统的经营模式，一些大项目、大企业占了很大的比重，无法完全投入这些中小企业的小额贷款业务中去。另一方面在一些经济不发达的地区，这些二级分行虽然没有那么多的大项目和大型企业的贷款业务，但是这些国有商业银行缺乏专门的人才，没有实战经验，不知道如何去开展小额贷款业务。

国有商业银行与中小企业之间存在着信息不对称的问题，正是由于信息不对称的问题，使得国有商业银行现有的评级模型与授信模型对中小企业的信息不能准确识别。目前，国有商业银行的评级模型和授信模型仍然是以企业的财务数据和信用记录为依据进行定量分析和定性评价的。但是，人们都清楚这些中小企业的财务数据和信用记录都是不可信的，甚至是具有欺骗性的，所以对于国有商业银行来说他们目前的评级模型和授信模型是不完善的。现在银行的评级模型和授信模型尚不完善，但是如果国有商业银行的评级模型和授信模型是完善的话，国有商业银行的工作人员所调查和搜集的中小企业的相关信息也难以满足评级和授信模型准确计量的需求，这就是现有银行的软实力不足的现象。例如，如果要对中小企业进行定性评价，但是由于银行工作人员根本不具备专家的水平，然而这套标准是需要具备专家资格才能进行定性评价的，还有的情况就是一些不专业的银行工作人员把一些关于行业、规模等的相关数据整理输入错误，这些都会严重影响银行对中小企业的评判。

以目前的情况来看，五大国有商业银行对中小企业的界定标准是具有一致性的。虽然国有商业银行是为了降低经营的管理成本，但是却忽略了其差异性。中国地域广阔，各个地区的经济发展速度是参差不齐的，这就造成了地方性的银行会针对当地的经济发展状况和掌握的可靠的信息资源，对当地的中小企业进行小额贷款。然而国有商业银行由于信息不对称等原因，忽略了地方发展的差异性，还使用统一的界定标准，这对于国有商业银行发展小额贷款业务是非常不利的，也大大降低了国有商业银行的竞争力，使国有商业银行处于劣势。

就目前的情况来说，五大国有商业银行对于小额贷款业务都制定了较为规范的贷款操作流程。也就是说，不管是国有企业，大型企业，还是中小企业，在进行贷款业务时，都需要给银行提供差不多相同的信贷证明材料，这是银行为了使审查材料时的成本差别不大。也就是这些企业贷款的流程都是在进行贷款前，银行要进行调查，在进行贷款的中间环节中，银行要进行审查，最后在这些企业贷款成功后，银行要进行检查等流程。这一系列的贷款环节都需要耗费大量的人力、物力、财力，更重要的是这是非常浪费时间的。由于中小企业的贷款需求是十分紧迫的，所以导致中小企业的贷款成本是昂贵的。同时，人们还知道大企业一般的贷款期限都比较长，贷款额度比较大，信贷风险还比较低，所以银行向这些大企业贷款是会获得很高的收益的，而这些中小企业一般贷款期限比较短，贷款额度也比较小，并且风险也比较大，所以银行如果给中小企业放款，则他们的收益将会大大降低。然而，国有商业银行具有“规模经济”的特点，而中小企业的小额贷款业务天生都与国有商业银行的“规模经济”存在冲突。

此外，中国邮政储蓄银行的问题和矛盾更加突出。主要表现在以下几点。

一是经营模式落后。出身于邮政企业管理的邮政储蓄经营模式与专业的商业银行经营模式存在较大差距，主要表现为自主运用资金能力不足，资产负债结构需要调整。营销机制仍主要为全员揽收模式，缺乏市场竞争力。这些都限制了邮储银行高效的专业化运作。在金融市场，城市金融资源一直是各家银行的必争之地。目前，邮储银行无论从网点布局还是网点的硬件设施，都不如其他商业银行，与真正成为城市金融行业中有一定竞争实力的零售银行、社区银行还存在较大差距。储蓄存款品种，如代发工资、代收养老保险金、代收话费等业务开展滞后。与同业相比，其中间业务的开展无论是在开发、创新，还是在推行使用上，都受到人力、物力的限制。

二是成本效益弱势。中小企业信贷规模比较小，而且笔数较多的成本效益弱势导致邮储银行信贷出现激励收益不足、风险较多的情况。在单笔资金相对较小的一些中小企业，银行实际上为其提供的每一笔贷款交易的成本差异不是很大，而且放贷程序相对较长，进而导致小额贷款的收益无法对银行内部的管理费用开支进行相应的弥补。邮储银行将节约监督费用以及经营成本中的经济性作为出发点，与中小企业的来往不是很积极，致使其成本效益存在较为弱势的局面。

三是融资产品单一。中小企业针对性产品还比较少，产品适用性和可操作性差。中小企业普遍缺乏抵押物，以无形资产为主，但是目前的质押贷款融资产品单一，而且用作质押的担保物的类型主要包括政府债券、央行票据、银行承兑汇票和其他债券，担保物种类比较单一，不利于中小企业获得银行信贷资金。此外，产品创新仍然缺乏深度，束缚了中小企业信贷业务的拓展。当前大多数银行对中小企业放贷都以抵押或担保公司为主，与中小企业的主要资产为存货、应收账款的特点不相适应，难以满足中小企业多元化的金融服务需求。而且，对于某些小企业而言，银行的一些融资产品门槛较高而达不到要求，依靠现有的金融产品难以解决中小企业融资难的问题。如果中国邮政储蓄银行不进行金融产品创新，一些中小企业的很多有效的贷款需求就进入不了银行的贷款领域里面来，在信贷市场竞争中将会处于极为不利的地位。

四是贷款环节烦琐。中国邮政储蓄银行采用标准化的贷款流程和多级审批的形式，从企业申请到贷前调查，然后贷中的审查、审批，到最后的放款环节都很烦琐，整个贷款流程完成下来最少也要半个多月，中小企业所需资金不能及时供给。其中，贷前调查阶段，客户经理要调查分析企业经营情况，了解企业主要经营者的信誉、个人财产等情况；在申报阶段，要准备纸质材料、录入数据信息；在审批阶段，因经营和审批人员的风险偏好不同，申报资料要经过多次反复补充搜集，拉长了审批发放过程。根据贷款金额不同，审批流程也不同，在分行审批权限内的由分行审批，超过分行审批权限的要在分行审批之后报省行审批，这样审批效率相对更低。中小企业信贷业务流程组织管理缺乏专业性和标准性，业务流程效率不高，难以适应中小企业发展和股份制商业银行应对竞争的需要。同时，企业的资金需求会随着生产经营不稳定、销售市场淡旺季等因素而发生变化，为了控制财务成本，中小企业一般会考虑短期贷款。但是有些企业由于选择了短期贷款，就要面临货币政策收紧或者行业市场变化带来的风险，一旦发生这种情况，企业无法持续获得融资资金，使中小企业的财务状况更加恶化。

五是人员素质偏低。主要表现为从业人员素质偏低。邮储银行的各级从业人员大多是老的邮政员工，没有经过专业的培训；员工身份复杂，人员结构不合理。从业人员划分为正式工、招聘工、派遣工和劳务工，等级明显，收入差距大，同工不同酬不利于调动员工的积极性，也容易造成员工思想波动，引发案件风险。同时，劳务工由劳务派遣公司输送，人员质量难以保证，邮储银行对这类人员的准入把关很大程度上依赖派遣公司，控制较难。另外，管理人员、内部业务处理人员较多，网点营业、营销一线人员明显紧张。

六是风控能力滞后。在邮储银行给中小企业贷款中，由于中小企业规模小、财务制度不够规范和健全，往往缺乏银行要求的合格抵押品等，信息不对称导致的逆向选择和道德风险时有发生。这也正是银行惜贷的主要原因。从邮储银行角度来说，想要真正解决这个问题，提高信用风险和利率风险管理技术、降低信贷风险是关键。同时，邮储银行也很需要重塑信贷合约设计，提高对中小企业的软信息处理能力。国外一些独立的商业信息获取机构能为银行提供大量信用信息，而且这些信息比较可靠，大大降低银行的信息成本，如先进的信用评级、信用评分技术。中国目前尚缺乏社会信用管理机构，由各个银行去采集关于客户信用和还款能力的信息，这样缺乏效率，造成资源的极大浪费。而邮储银行通过多元化信息对中小企业客户进行分析评价的手段过于单一。银行过分依赖企业财务报表分析，缺乏对企业往来资金明细、出入仓单以及进出口报关单等反映企业实际经营情况单据的审核，与工商、税务、海关等政府部门的沟通明显不足。客户经理对中小企业的服务水平不高。由于中小企业经营管理水平低、抗风险能力较弱、信息透明度不高，对客户经理的业务素质往往要求比管理大客户更高，它不仅要求客户经理在贷前能去伪存真，客观把握客户实际经营情况，准确评价和制订相应产品营销方案，在贷后更要能对客户实现全面、到位、严谨的跟踪管理，这样才能在风险控制与业务发展之间找到适当的均衡点，而目前具备这种能力的客户经理少之又少。

5.2 网络金融的问题

5.2.1 网络银行的不足

1. 网络银行的界定

网络银行依托迅猛发展的计算机网络技术以及高速发展的现代通信技术，并利用渗透全球各个领域的互联网，能够直接在网上办理各种零售与批发银行业务的一种现代银行。网络银行是一种虚拟的银行业务，没有固定的办公地点，分支机构以及营业网点，是一种依托于互联网的电子银行。网络银行是一种全新的运作模式，是智能化、全球化的银行，主要借助智能资本和少数脑力劳动服务大众，突破传统银行的时间、空间限制，依托互联网可以在任何时候，任何地方以任何方式为客户提供超越时空的“AAA”式金融服务，将其金融业务和市场延伸到全球各个角落，满足客户的个性化需求，节省用户的交易时间。

那么怎样才算作真正的网络银行呢？很多外界人士误认为，只要拥有互联网网址和网页的银行就可以称作网络银行了。然而并非如此，根据网络银行评价网站 Gomez 定义，所谓“网络银行”，是指在线银行至少要提供网上支票账户、网上货币数据传输、网上个人信贷、网上支票异地结算、网上互动服务五种业务之一的银行。

网络银行是金融业适应经济环境与时代潮流的变化应运而生并迅速革新的产物，可谓最大的金融创新。网络银行的产生主要有四大条件。

一是不断革新的网络技术是网络银行生成的支撑力。网络银行属于高技术的银行经营模式，开展网络银行业务的前提是客户和银行都必须具备一定的技术条件，以确保其经营的安全、经济和高效。不断完善的安全保密互联网技术，为网络银行的生成提供了充分的保障。网络银行及其虚拟金融服务都离不开信息技术的伟大贡献。

二是越来越激烈的银行竞争是网络银行生成的主动力。随着信息技术的发展和应用，网络银行已在全球范围内掀起了热潮。信息技术浪潮给银行带来越来越激烈的竞争压力，为了在竞争中谋生存、求发展，任何一家银行都有足够的内在动力来发展网络银行。利用互联网开展新的银行业务成了各家银行竞争的新领域。银行业纷纷采用积极的方式来抓住这一新兴市场以赢得新的客户和商机。

三是日益迫切的市场需求是网络银行普及的推动力。信息技术发展推动了客户消费渠道的转变，使人们对银行服务的要求越来越高。随着互联网的普及，网上购物和网上贸易盛行，适应信息时代的金融服务手段就成为市场的迫切需求。这种与日俱增的客户对网络银行的迫切需求成为网络银行产生和发展的一股强大推动力（见表5－1）。

表5－1　2012—2013年中国网民对各类网络应用的使用率

应用	2013年		2012年		增长率（%）
	用户规模（万）	网民使用率（%）	用户规模（万）	网民使用率（%）	
即时通信	46775	82.9	53215	86.2	13.8
网络新闻	46092	78.0	49132	79.6	6.6
搜索引擎	45110	80.0	48966	79.3	8.5
网络音乐	43586	77.3	45312	73.4	4.0
个人空间	37299	66.1	43658	70.7	17.0
网络视频	37183	65.9	42820	69.3	15.2
网络游戏	33569	59.5	33803	54.7	0.7
网络购物	24202	42.9	30189	48.9	24.7
微博	30861	54.7	28078	45.5	-9.0
社交网站	27505	48.8	27769	45.0	1.0
网络文学	23344	41.4	27441	44.4	17.6
网络支付	22065	39.1	26020	42.1	17.9
电子邮件	25080	44.5	25921	42.0	3.4
网上银行	22148	39.3	25006	40.5	12.9
旅行预订	11167	19.8	18077	29.3	61.9
团购	8327	14.8	14067	22.8	68.9
论坛/bbs	14925	26.5	12046	19.5	-19.3

四是越来越多的网络客户群是网络银行普及的加速力。由于计算机成本的大幅下降，网络电脑没有软件，也不配置硬盘，使用软件直接从网络上选取，资料存取也在网络上进行，电脑成本可以降低一半以上，这样网络终端就可以迅速普及一般消费者。

如图5－1、图5－2所示，就是在中国这样的发展中国家，也已出现了一大批互联网海量客户。网络客户群体的不断增加，为银行在互联网上开展银行业务、提供金融服务奠定了雄厚的社会基础。网络客户群的扩大加速了网络银行的进程。根据CNNIC（中国互联网络信息中心）的调查，截至2013年12月，中国互联网的用户约为6.18亿人，网络普及率达到45.8%，较2012年底提升3.7个百分点。截至2013年12月，中国手机网民规模达5亿，较2012年底增加8009万人，网民中使用手机上网的人群占比提升至81.0%。

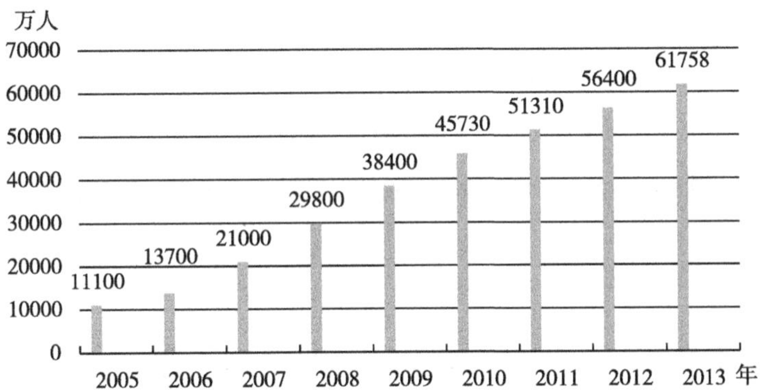

图5－1　2005—2013年中国网民规模

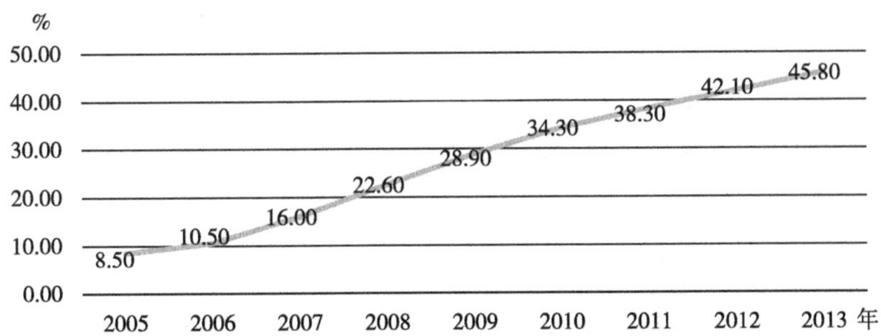

图5－2　2005—2013年中国互联网普及率

根据CNNIC网站的数据，从2012年到2013年，中国网民在各类网络应用当中使用率不断上升的是团购、旅行预订、网络购物、网络支付。2013年，中国网络购物用户规模达3.02亿人，使用率达到48.90%，相比2012年增长6.0个百分点。团购用户规模达1.41亿人，团购的使用率为22.80%，相比2012年增长8.0个百分点，用户规模年增长68.90%，是增长最快的商务类应用（见图5－3、图5－4）。

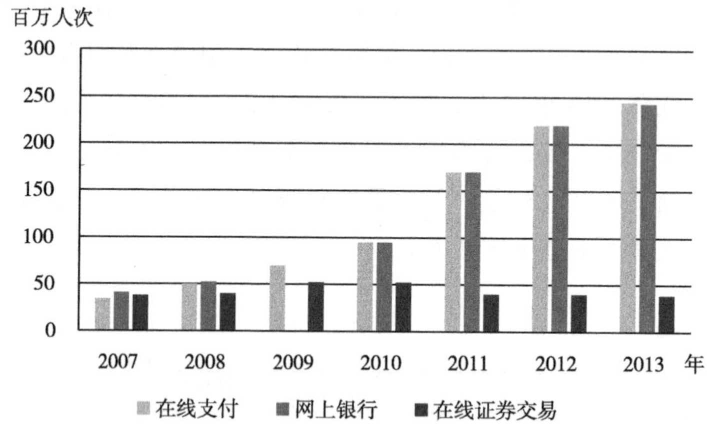

图5－3　2007—2013年三种主要互联网金融模式的使用人数

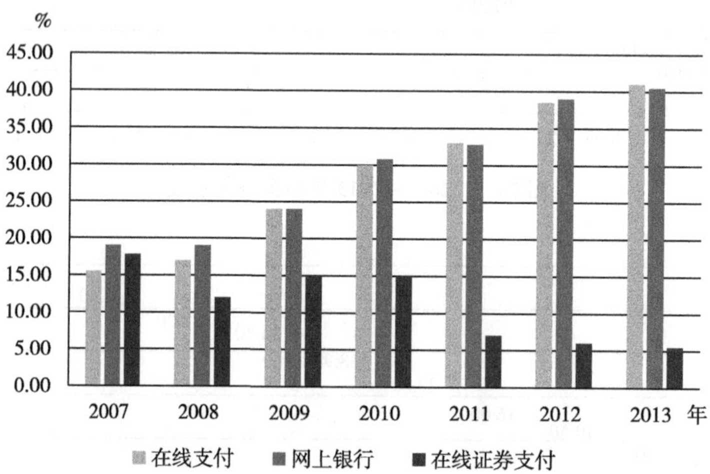

图5－4　2007—2013年三种主要互联网金融模式的普及率

2. 网络银行的发展现状

网络银行最先诞生于美国，第一家网络银行诞生于1996年，而后扩展到其他国家。经过近半个世纪的发展，国内外的网络银行发展都比较成熟。由于全球互联网技术的同步发展，国内外网络银行在技术层面的差距基本没有，真正的不同之处主要体现在是否注重客户体验和整体运营效率方面。目前，国外的网络银行有两种：一种是由原有的传统银行衍生的，有着众多的实体机构和人员配置，在开展传统银行业务的同时引进网络银行业务；另一种则完全是依托于信息的发展直接开展的网络银行，机构人员均极为精简，采用电话和网络与客户建立关系，提供网络银行服务。中国的第一家网络银行出现在招商银行，诞生时间是1999年。根据2013年暑假笔者做的关于网民使用网络银行情况的问卷调查，主要结果如图5－5所示。

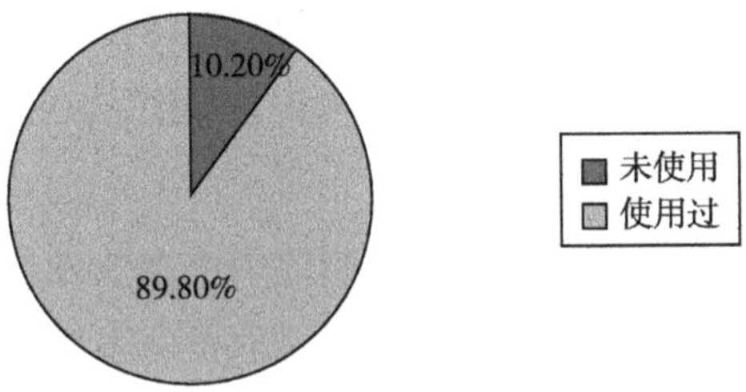

图5－5　网民使用网络银行的调查结果

由于中国金融体制本身就存在许多问题，传统银行信贷结构很不合理。以中小企业为例，它们作为市场经济中的主力军，急需金融资源却得不到银行的鼎力支持。信贷资源的错配大大制约了整个市场经济的发展，日益恶劣的现实情况催生着金融行业的变革，于是网络银行应运而生。网络银行分行是终端机和互联网合成的虚拟化的电子空间，一旦互联网企业拥有吸储和放贷两项功能，将会推动金融创新，加大对中小企业的信贷支持力度。如此一来，广大中小企业就能够获得更好的金融服务和资金支持。经过多年的快速发展，中国网络银行发展日趋成熟。并呈高安全性、多样化趋势，应用前景非常广泛。

近年来，中国网络银行发展迅速，为普通客户提供快捷方便多样化服务，吸引了越来越多的客户使用网络银行业务。网络银行已拥有广阔的海量网银客户，其发展前景甚是乐观。网络银行的设立和利率市场化的改革，大大收窄了传统银行业的盈利空间，再加上一些电商平台推出的丰富多彩的金融理财产品以及技术的生命周期越来越短，淘汰率也随之加高，银行面对的也将是更多的高科技知识型客户群体，这些都急剧推动着传统银行业的改革。网络银行增大了客户的选择余地，提高了客户的议价能力，提供了便捷的支付结算技术，缩短了资金清算的时间，这些也都无形增大了传统银行盈利的压力。唯有加深中间业务和金融改革以及持续添加新创意的力度，才有望在互联网金融时代一展身手。网络银行作为全新的金融产物，在中国发展是相当迅速的。

截至2010年底，中国已有200多家银行推行网络银行业务，市场全年达到可观交易额548万亿元，2013年增至1840万亿元，2006—2010年网络银行交易额规模处于缓慢平稳增长，2010—2013年，网上银行交易额迅猛增长。

资金紧张、融资渠道狭窄已成为制约中小企业发展的重要因素。有贷款需求的中小企业，究竟该如何与银行取得联系呢？虽然满大街都能看到布落的银行网点，但是肯受理中小企业贷款的寥寥无几。而对于银行而言，中小企业数量多、分布广，客户经理也人手紧张，根本没有时间一户一户去“扫楼”。这就造成了“中小企业找到银行难，银行找到中小企业也同样难”的窘境。

以中国X银行网上业务为例。X银行适应市场需求推出的小企业“e贷在线”，是专门为中小企业贷款融资而设计开发的全新网络申请平台，只要鼠标轻轻一点，即可在线申请，简单快捷完成贷款预申请过程。更奇妙的是，你也可以借助iPad、手机等移动上网终端完成整个申请过程，真正满足了足不出户申请贷款的快捷需求。在操作时，用户只需登录X银行官网，点击“e贷在线”，选择中小企业贷款业务，便可通过互联网向X银行提交贷款申请，这样一种新型的电子渠道模式的主要特点是便捷、直观、互动性强，这种模式对客户的黏滞性强，能有效吸引客户资源，市场潜力很大。

对于中小企业而言，贷款资金具有间歇性、周期性的特点。一年中真正使用贷款的时间只有几个月，很多中小企业在银行贷款审批通过后，直接提用一年的时间，不用的贷款就只能继续存在银行，造成资金闲置，而只有流动的资金才能生钱，中小企业也无可奈何。针对于此，X 银行为中小企业设计开发出新时代的网络循环贷款——“展业 e 贷”，它是依托网络电子渠道，最终目的是帮助中小企业贷款客户实现网银自助提款、还款，省去客户往返银行奔波之苦，实现 7×24 小时无间歇服务，带来了时间和空间上的双重便捷。客户在提款时，只需登录企业网银，在线提交提款申请，贷款资金最快当天即可到账。在还款时，也是通过企业网银在线还款，贷款额度实时恢复，还可以循环使用。网银随借随还，适应了中小企业不规律的资金需求节奏，使其在贷款的提用和归还方面更具灵活性。

X 银行中小企业“e 贷在线”“展业 e 贷”是打造中小企业全方位金融服务体系的一个重要组成部分。这标志着 X 银行在贴近中小企业的真实需求，全力打造线上线下多方位金融服务，完善电子服务渠道以及大力支持中小企业的快速发展方面迈出高效的一大步。

手机银行是利用移动通信网络及终端办理相关银行业务的简称。作为一种结合了货币电子化与移动通信的崭新服务，手机银行业务不仅可以使人们在任何时间、任何地点处理多种金融业务，而且极大地丰富了银行服务的内涵，使银行能以便利、高效而又较为安全的方式为客户提供传统和创新的服务。

手机银行是由手机、GSM 短信中心和银行系统构成。在手机银行的操作过程中，用户通过 SIM 卡上的菜单对银行发出指令后，SIM 卡根据用户指令生成规定格式的短信并加密，然后指示手机向 GSM 网络发出短信，GSM 短信系统收到短信后，按相应的应用或地址传给相应的银行系统，银行对短信进行预处理，再把指令转换成主机系统格式，银行主机处理用户的请求，并把结果返回给银行接口系统，接口系统将处理的结果转换成短信格式，短信中心将短信发给用户。

手机银行并非电话银行。电话银行是基于语音的银行服务，而手机银行是基于短信的银行服务。通过电话银行进行的业务都可以通过手机银行实现，手机银行还可以完成电话银行无法实现的二次交易。比如，银行可以代用户缴付电话、水、电等费用，但在划转前一般要经过用户确认。由于手机银行采用短信息方式，用户随时开机都可以收到银行发送的信息，从而可在任何时间与地点对划转进行确认。

手机银行与 WAP 网上银行相比，优点也比较突出。首先，手机银行有庞大的潜在用户群；其次，手机银行须同时经过 SIM 卡和账户双重密码确认之后，方可操作，安全性较高，而 WAP 是一个开放的网络，很难保证在信息传递过程中不受攻击；另外，手机银行实时性较好，折返时间几乎可以忽略不计，而 WAP 进行相同的业务需要一直在线，还将取决于网络拥挤程度与信号强度等许多不定因素。

X 银行 2004 年底推出了国内第一家采用无线上网技术、能同时连接中国移动和中国联通的手机银行，具有免办手续、“零”服务费等特点。X 银行 2014 年 1—2 月手机银行业务见表 5 - 2。

表 5 - 2　X 银行 2014 年 1—2 月手机银行业务分析

存在的问题	原因分析	解决措施	对零售业务的促进作用
手机银行市场占比过低	重视程度不足	重视手机银行业务发展	减轻柜面压力、有效分流客户
手机银行各项指标同比增长缓慢	缺乏有针对性的营销策略	上下、内外、公私联动营销	增加客户黏合度
各分支行发展不均衡，差距较大	各分支行发展速度有差异	网点、网络、多渠道宣传；细分客户、有针对性营销	提高客户忠诚度

手机银行主要功能有：X 卡个人理财业务，包括 X 卡查询业务、X 卡客户转账服务、X 卡挂失业务、手机充值业务和分行特色业务；外汇宝业务，已签约的外汇宝客户通过手机银行进行汇率查询、汇市信息查询、外汇定活期存款互转，并通过即时交易、委托、止损及双向挂单交易，实现不同交易币种之间的买卖；基金业务，通过手机银行向已签约的基金客户提供信息查询和交易等基金业务服务；金融服务，通过手机银行向客户提供外汇牌价、外汇行情、外汇咨询、外汇 K 线、环球股指、基金净值查询、股市行情等金融信息服务；卡号管理，为客户提供手机银行中常用登录账户的设定、解除及账户的别名设置等一系列个性化服务。

远程银行业务是 X 银行 2014 年开发的新项目，主要借助客户服务中心“远程财富管理服务团队”对全行中端客户实施远程客服经理和网点客户经理双重管护，如图 5－6 所示。

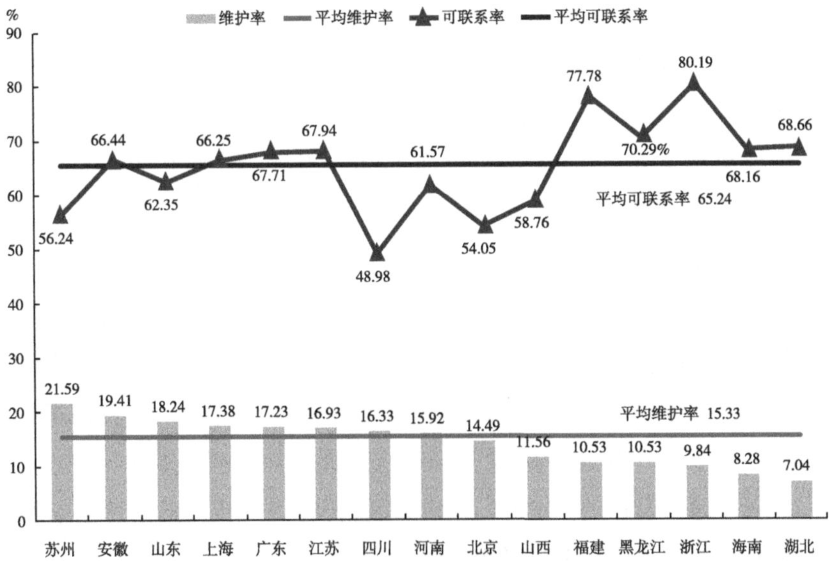

图 5－6　2014 年 3 月远程团队客户维护情况

截至 2013 年末，上海、海南、湖北、广东、山东等 15 家上线分行远程管户数已达到 156 万户，总行远程服务团队维护客户资产总规模超过2000亿元。通过多渠道客户接触模式，在品牌客户签约、客户资产提升、客户关系维系等方面对X行个人客户服务形成了有力补充，对于零售业务转型具有重要现实意义。2014年，总行扩大了远程客户经理规模，维护全行超过300万户中端客户，并在服务手段和技术手段上，进一步强化多渠道整合功能和交易功能，为客户带来良好的服务体验。下面以2014年3月为例具体分析X银行远程银行的开展情况。3月远程外呼客户名单共计24.04万户，其中联系上的客户数共计15.73万户，客户可联系率为65.42%，环比提高了1.06个百分点；维护客户覆盖率虽较2月提高了4.6个百分点，达到了15.33%，但仍受到人员离职、系统负荷等因素影响未完成进度要求。受理远程维护客户来电0.9万通，环比提高0.67万通。截至2014年3月末，远程维护客户156.85万户，资产指数合计1903.75亿元，较年初增加18.05亿元，增幅0.96%；较2月末增加5.98亿元，环比增加0.32%。时点AUM合计1683.68亿元，较年初减少11.38亿元，跌幅0.67%；较2月末下跌7.92亿元，环比下降4.68%。时点储蓄存款合计952.85亿元，较年初减少25.05亿元，跌幅2.56%；较2月末增加40.07亿元，环比增加4.39%。年日均储蓄存款合计950.35亿元，较年初增加12.84亿元，增幅1.37%，较上月增加1.03亿元，环比增加0.11%。

与全行存量中端客户相比，远程客户在时点防降上有一定成效，但在资产指数及年日均存款的增长上略显乏力，后续需进一步通过远程专业服务并匹配市场竞争力强的产品吸引客户行外资金。从远程重点维护客群——代发客户来看，在匹配远程服务后效果较显著，各关键指标增幅均明显优于全行存量中端客户。目前远程管户中代发客户约为46万户，占全部远程管户的30%，通过远程维护将进一步提升这部分客群在X行的服务体验，提高客户的资金留存率（见图5-7）。

品牌客户提升继续保持快速增长势头。截至2014年3月末，远程管户中较年初新增达标沃德7637户，环比增幅71%，客户提升比例为0.49%；新增达标交银22666户，环比增幅52%，客户提升比例为

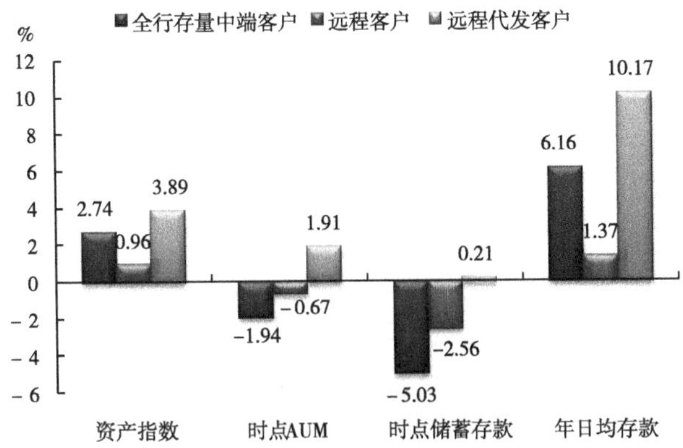

图5-7 远程代发客户与全行年初存量中端客户关键指标比较

4.02%。本月远程团队为线下创造营销机会并下发预约单6975笔，环比增加9.45%。但季末繁忙的工作对线下客户经理跟进及处理预约单造成一定影响，本月预约单平均结单率较上月下降了13个百分点，仅为62%。从后续跟踪情况来看，虽然处理结果未及时录入系统，但大部分线下客户经理均能及时与客户取得联系，妥善处理了预约单。截至第一季度末，共下发预约单19735笔，数量已超上年总和，如图5-8、图5-9所示。

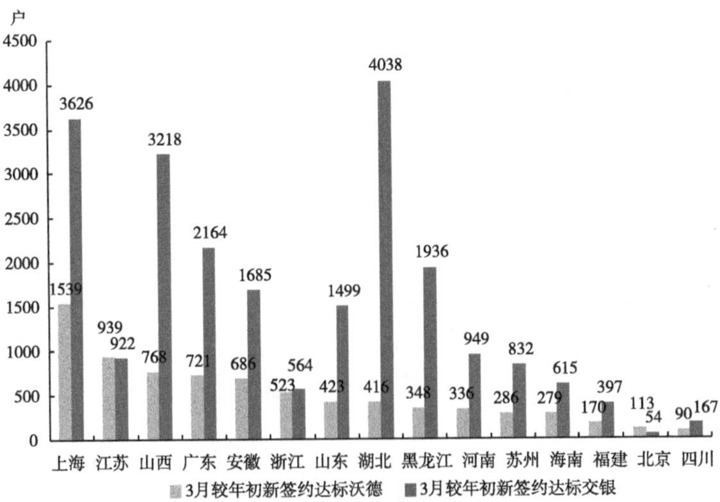

图5-8 截至2014年3月末远程项目实施成果（品牌签约）

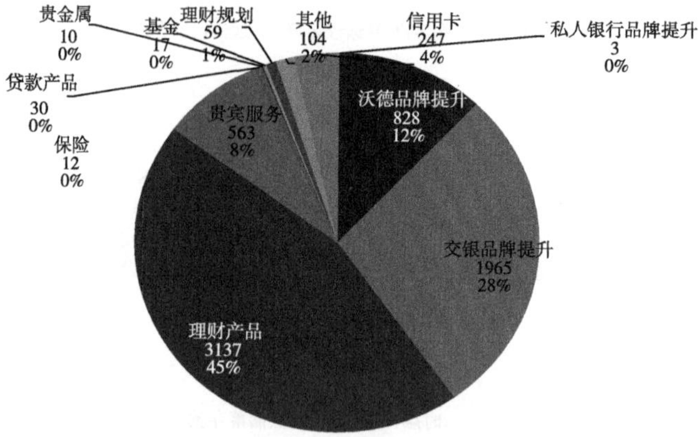

图5－9　2014年3月预约单（总笔数6975笔）

截至2014年3月末，远程维护客户156.85万户，资产指数合计1903.75亿元，较年初增加18.05亿元，增幅0.96%。较2月末增加5.98亿元，环比增加0.32%。时点AUM合计1683.68亿元，较年初减少11.38亿元，跌幅0.67%；较2月末下跌7.92亿元，环比下降4.68%。时点储蓄存款合计952.85亿元，较年初减少25.05亿元，跌幅2.56%；较2月末增加40.07亿元，环比增加4.39%。年日均储蓄存款合计950.35亿元，较年初增加12.84亿元，增幅1.37%，较上月增加1.03亿元，环比增加0.11%（见图5－10）。

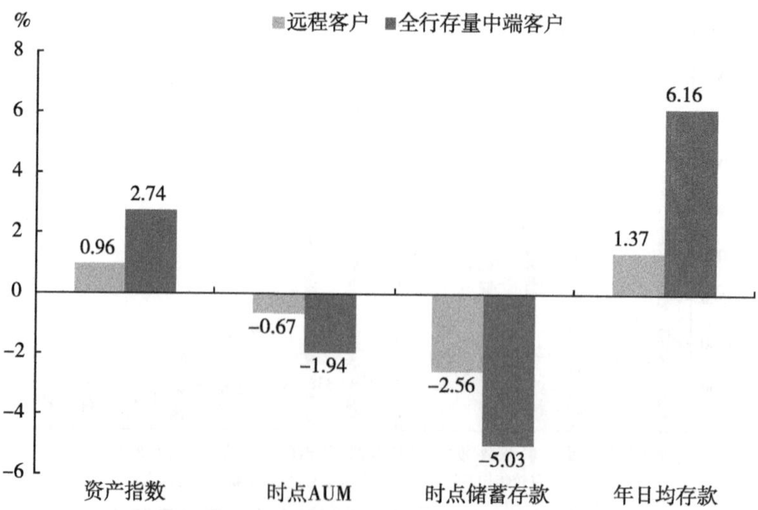

图5－10　远程客户与年初存量中端客户关键指标较年初涨跌幅比较

与全行存量中端客户相比，远程客户在时点防降上有一定成效，但在资产指数及年日均存款的增长上略显乏力，后续需进一步通过远程专业服务并匹配市场竞争力强的产品吸引客户行外资金（见图5－11）。

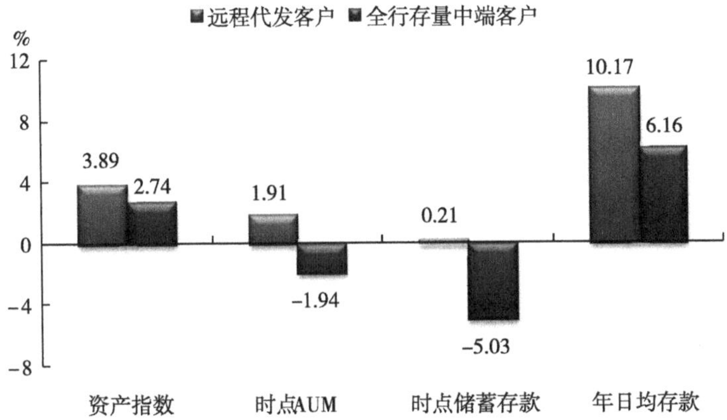

图5－11　远程代发客户与全行年初存量中端客户关键指标比较

从远程重点维护客群——代发客户来看，在匹配远程服务后效果较显著，各关键指标增幅均明显优于全行存量中端客户。目前远程管户中代发客户约为45万户，占全部远程管户的29%，通过远程维护将进一步提升这部分客群在X行的服务体验，提高客户的资金留存率。本月份远程团队为线下创造营销机会并下发预约单6975笔，环比增加9.45%。但季末繁忙的工作对线下客户经理跟进及处理预约单造成一定影响，本月预约单平均结单率较上月下降了13个百分点，仅为62%，但从后续跟踪情况来看，大部分线下客户经理收到预约单后均及时与客户取得了联系，只是未能将跟进情况及时录入系统（见图5－12、图5－13）。

2014年3月远程外呼客户名单共计24.04万户，其中联系上的客户数共计15.73万户，客户可联系率为65.42%；维护客户覆盖率为15.33%，较上月提高了4.6个百分点。受理远程维护客户来电0.9万通。该行远程专享理财产品从3月26日开始募集，4月1日成立，期限90天，年化收益率5.5%。本期产品远程客户购买金额共计6318万元，其中行外资金1059万元，占比为17%。同期，同业及各分行都推出高收益产品，市场竞争激烈。总行将于5月起将远程专享产品改为每月滚动产品，并纳入沃德系列，采用分级收益，以进一步提高远程专享产品的竞争力。

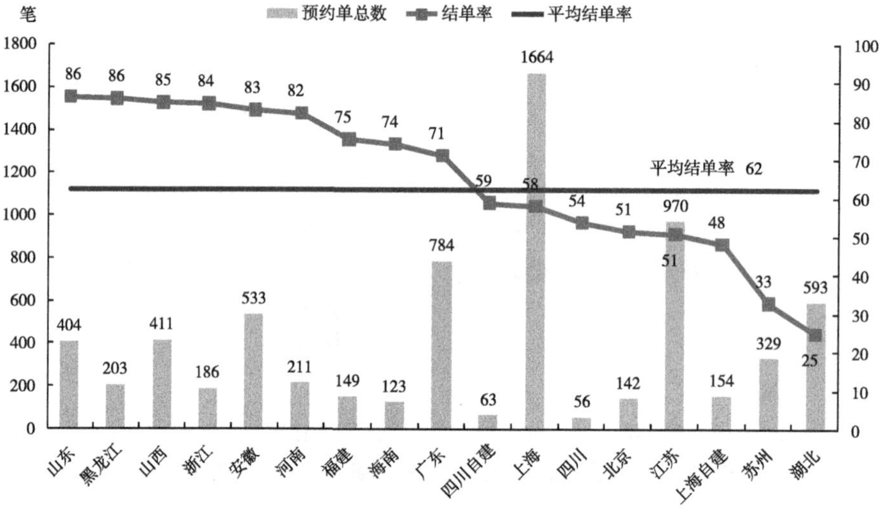

图5－12　上线分行预约单数量与结单率

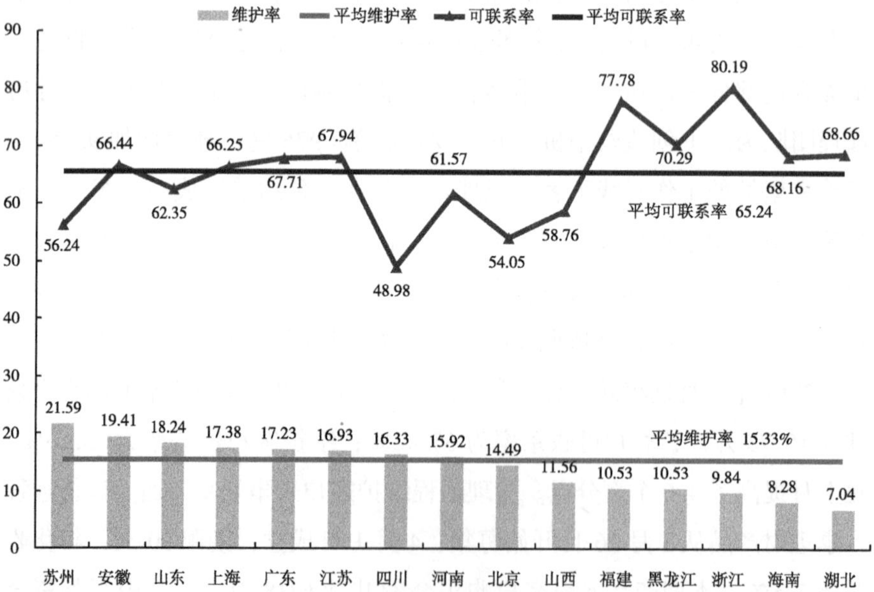

图5－13　2014年3月远程客户维护情况

截至2013年12月底，全辖储蓄存款（不含天添利A款）余额为631.41亿元，较年初新增52.61亿元，增幅为9.1%；储蓄存款五日日均增量49.37亿元，任务完成率65.82%。2013年底，全行达标私人银行客户753户，较年初新增224户，增量系统内排第8位，任务完成率128%，完成率系统内排位第15位。全行500万~600万元重点客户为365户，截至12月末，其中45户已提升为私人银行客户，提升率为12.33%。全行总计有664户客户资产提升至600万元以上，其中2户为行外新增；总计有442户客户资产降至600万元以下。

3. 网络银行的分类

按照服务对象分可分为企业网络银行和个人网络银行。企业网络银行主要适用于企业组织、教育部门、政府部门等机构，企业组织可通过企业网络银行服务，实时了解企业财务运作情况，及时在组织内部调配资金，轻松处理大批量的网络支付和工资发放业务，并可处理信用相关业务。从电子商务支付角度来讲，企业网络银行一般涉及的是金额较大的支付结算业务，对安全性要求很高。而个人网络银行，主要适用于个人与家庭的日常消费支付与转账。个人可以通过个人网络银行服务，完成实时查询、转账、网络支付和汇款功能。个人网络银行服务的出现，标志着银行的业务触角直接伸向了个人客户的家庭，其方便、实用的特点真正体现出家庭银行的风采。由于商务性质不同，企业网络银行和个人网络银行，虽然在模式上基本类似，但在应用条件及业务功能上存在很多的不同。

网络银行的功能可分为两类，一类指“纯网络银行”（没有任何实体分行的虚拟银行），另一类是由传统银行开拓的网络银行，包括电子银行和远程银行。电子银行是指商业银行利用先进的计算机技术和网络通信技术，通过自动化设备，以人工辅助或自助的形式向客户提供方便快捷的金融服务。电子银行是于20世纪90年代中期诞生的电子银行业务，在历经十几年光阴的快速发展，已经成为对现代银行业产生巨大影响力的中间业务板块。而如今又伴随着金融信息化和互联网技术的双重浪潮，电子银行不再单单承担服务渠道的功能，更是额外增添了销售渠道和客户营销的两大职能。换句话说，电子银行在原有的功能基础上创新了银行业的服务、营销以及管理模式，并试图改变银行业的竞争格局，自此，银行业的运营模式转变得到了加速的发展。远程银行较电子分行复杂得多，集ATM电话以及专有的家用计算机软件和纯网络银行三大功能于一体。网络银行以获取信息能力，拥有信息量，分析处理信息，为客户提供及时便利的优质金融服务作为衡量银行优劣的标准。

传统银行是非虚拟的实体客户与银行机构之间建立存款、贷款、汇兑、储蓄等业务的组织，也是承担信用中介的金融机构。传统银行是金融机构之一，有固定办公地点、分支机构和固定的营业网点，而且是最主要的金融机构，主要业务范围是吸收公众存款、发放贷款以及办理票据贴现等。传统银行主要借助物质资本，凭借众多银行员工齐心协力辛勤工作为客户提供服务，并通过铺摊设点发展国际金融业务和开拓国际市场。网络银行与传统银行相比有许多鲜明的经济特征，其差别体现如下。

业务组织方式的差别。传统银行的业务，从客户角度可以分为对私业务和对公业务；从资产负债角度可以分为资产业务、负债业务和中间业务；根据业务发生地的不同可以分为国内业务、国外业务和离岸业务。无论从哪种角度来看，存贷款、支付结算和投资理财都是一般商业银行为客户提供的主要业务；网络银行也可以分为个人业务和公司业务，但其具体组织管理方式与传统银行有着明显的不同。随着市场整体流动性的提高，网络银行尤其是个人业务已比传统银行业务丰富得多。在传统业务的基础上，网络银行还提供以下三种新的业务。一是公共信息服务。为所有网络用户提供金融新闻以及利率、汇率、股票指数等金融市场信息。二是投资理财服务。以银行客户为出发点，利用电子网络的支付方式实时代理客户的支付清算、投资咨询、专业理财等。三是综合经营服务。经营服务既包括直接或间接控制网上商店，提供商品交易服务，也包括发行电子货币，提供电子钱包等服务。在业务方面，网络银行采用数字化、开放式的服务方式，在财务查询、转账、代理、数据分析等方面具有传统银行无法比拟的优势。但是现金收付目前仍需传统银行机构协作完成。

经营管理模式不同。网络银行在解决流动性、安全性和盈利性方面，已与传统银行有明显的不同。网络银行注重以下三个方面的管理。一是综合配套管理。网络银行在传统银行业务的基础上介入综合投资、代理等方面的业务，因此，各个部门、环节及资金等方面的综合配套安排就显得十分重要，是经营网络银行首先必须考虑的问题。二是技术标准管理。技术协议标准要出于安全、高效的目的，需要在说明、监测及保管等方面进行统一安排和管理。三是个性化服务管理。个性化服务管理是基于数据仓库和数据挖掘等技术将每一个客户作为一个独立的个体，通过对其业务方面记录的数据进行分析、归纳和统计，从而预测客户的行为。客户主导管理模式的出现，对传统的以流动性、安全性和盈利性为主导的资产负债均衡管理模式产生了很大的影响。传统银行中，资产与负债间的随时匹配与均衡是银行经营管理的重点。在网络银行中，资产负债匹配的重要性已让位于客户规模，只有客户规模达到一定水平，网络银行才有可能盈利（见表5－3）。

表5－3　传统银行与网络银行的经营特点

分类	传统银行	网络银行
流动性	资产管理	凭借市场信息反应灵敏、交易速度快的优势，持有大量新型交易工具，如资产化证券等
安全性	缺口管理	便捷顺畅的支付清算；用户对网络交易的信心增强
盈利性	负债管理	多样化的增值服务；扩充客户规模

资产负债结构的区别。贷款和存款始终是传统银行的主要资产与负债，其利息差也是银行经营利润的主要来源。在网络银行中，银行的资产负债结构发生了很大的变化；一是非存贷性资产在网络银行资产结构中所占的比重越来越大；二是非利差收入在网络银行收入结构中所占的比重也

在日益增大；三是利差进一步缩小，成为市场营销手段而非营利手段。

4. 网络银行的服务功能

随着全球金融自由化及互联网的深化发展，行业间的界限不再那么明晰，网络银行拓展了传统银行业的空间，在信息时代发展策略演变成竞争策略。在发达国家，网络银行的基本组织架构是在银行主服务器提供虚拟金融服务柜台，客户通过 PC 机或其他终端方式连接 Internet 进入主页以银行主页为平台进行金融交易，通过客户平面的中介功能分销最终客户群。网络银行的组织架构如图 5－14 所示。

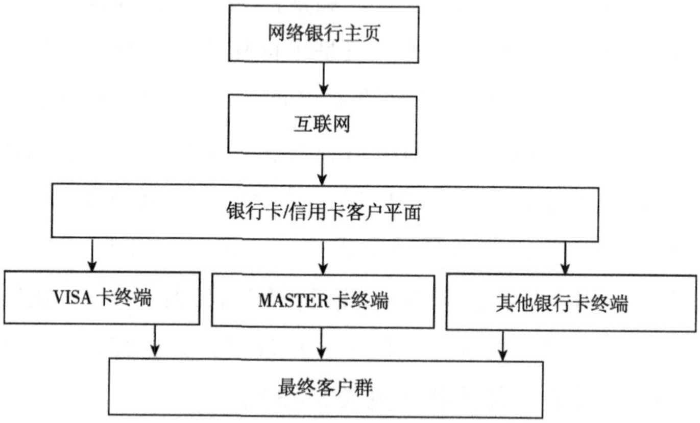

图 5－14　网络银行的组织架构

网络银行提供的服务种类有：第一，基本网上银行业务。网络银行主要根据客户的需求变化来设置服务品种和服务流程，进而构筑网络银行业务。网络银行基本服务包括发布相关业务信息，分为静态信息和动态信息，静态信息在网络上可以公布一段时间后再次更改，有银行概况、机构设置、公布财务报表和业务介绍。动态信息需要实时更新数据和信息，例如汇率、利率和金融市场行情、金融新闻等。账户查询包括对企业和私人企业的账户余额、交易记录、转账记录等的查询。提供在线业务为客户提供网上交易结算、电子转账、支付、代缴费用等，为个人办理信用卡业务和提供丰富多样的网上理财产品。第二，网上投资。由于金融服务市场发达，可以投资的金融产品种类众多，国外的网上银行一般提供包括股票、期权、共同基金投资和 CDs 买卖等多种金融产品服务。第三，网上购物。商业银行的网上银行设立的网上购物协助服务，大大方便了客户网上购物，为客户在相同的服务品种上提供了优质的金融服务或相关的信息服务，加强了商业银行在传统竞争领域的竞争优势。第四，个人理财助理。个人理财助理是国外网上银行重点发展的一个服务品种。各大银行将传统银行业务中的理财助理转移到网上进行，通过网络为客户提供理财的各种解决方案，提供咨询建议，或者提供金融服务技术的援助，从而极大地扩大了商业银行的服务范围，并降低了相关的服务成本。第五，企业银行。企业银行服务是网上银行服务中最重要的部分之一。其服务品种比个人客户的服务品种更多，也更为复杂，对相关技术的要求也更高，所以能够为企业提供网上银行服务是商业银行实力的象征之一，一般中小网上银行或纯网上银行只能部分提供，甚至完全不提供这方面的服务。除了银行服务外，大商业银行的网上银行均通过自身或与其他金融服务网站联合的方式，为客户提供多种金融服务产品，如保险、抵押和按揭等，以扩大网上银行的服务范围。

5. 网络银行的前景

网络银行作为依托高科技互联网的金融机构，以开放的服务界面，改变银行的服务模式，拓展运作空间，与传统实体银行相比，具有以下显著的优势。一是实现了电子化、无纸化交易。电子支票、电子汇票和电子收据等网络支付工具全面普及，银行的支付工具由传统的纸质化转向电子化发展，现金交易逐渐减少，网络虚拟交易日趋增加，银行与客户的面对面操作变为计算机实现人机无纸化操作。

二是成本优势。由于网络银行采用了虚拟现实信息处理技术，网络银行可以在保证原有的业务量不降低的前提下减少营业点的数量，无须分支机构就能将银行业务推向世界各地，从而减少银行的管理费用。网络银行的投入成本随客户数量的变化趋势如图 5 - 15 所示。在银行经营开支中，以工资和租金占最大比重，网络银行服务可通过互联网实现网上物流、信息流和货币流三位一体，可节省大量人力资源和管理费用，符合成本效益。传统银行的投入成本随客户数量的变化趋势如图 5 – 16 所示。

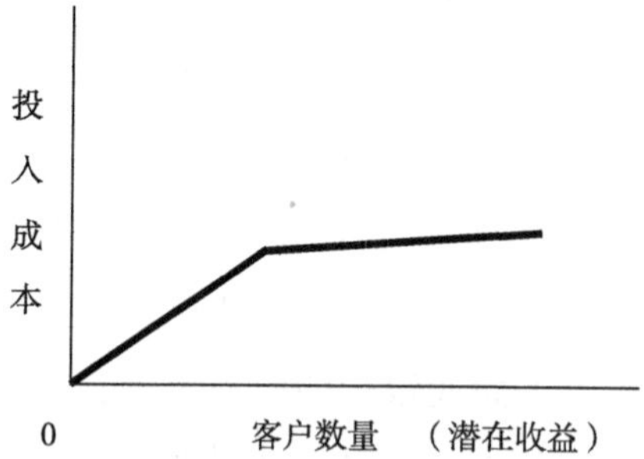

图 5 – 15　网络银行的投入成本与客户数量关系

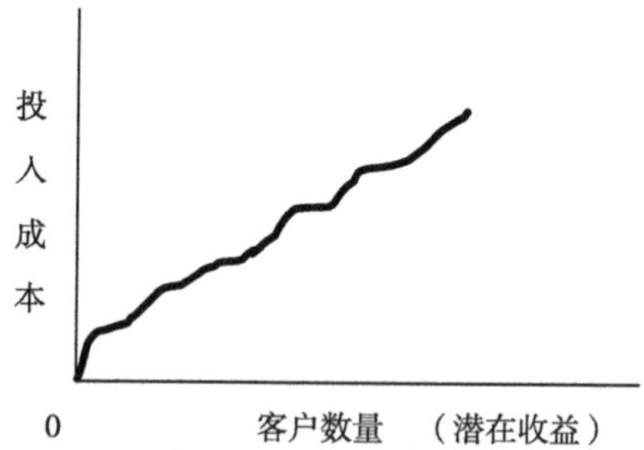

图 5 – 16　传统银行的投入成本与客户数量关系

三是服务方便、快捷、高效、可靠。通过网络银行，用户可以享受到方便、快捷、高效和可靠的全方位服务。使用网络银行服务可以不受时间、地域的限制，即实现 3A 服务（Anywhere，Anyhow，Anytime）。

四是服务手段网络化。网络技术普及为公众提供相应的金融服务，便于客户与银行之间以及银行内部的沟通。网络银行可打破地域界限，对在海外没有分行网络的银行来说，非常具有实效，网上电子银行这一特点为银行在海外取得突破性发展提供便利。长远而言，银行业务科技化将间接加速银行体系的整体合并。科技观念导致低成本运作，企业必须在更大规模中取得效益，因而大企业之间的兼并将成为必然的趋势。

五是网络银行服务的潜在发展客户队伍庞大。由于网络银行可以提供全天候、全方位和开放性的金融服务，因此特别吸引拥有个人电脑的客户和高级行政人员。至于短期来看，基于网络银行的发展，银行分行网的功能将会逐步转化，柜台服务转向咨询服务。因为网上交易对客户来说可以增加效率，提高生产力，对银行来说，交易员空出的时间则可用于了解客人，为客户提供如风险控制等产品。

2013 年 7 月中国国务院常务会议决定鼓励民营资本自己发起设立民营银行后，经过将近 8 个月的筹划终于迈出了第一步。五家试点民营银行中，其中两家是网络银行——阿里巴巴和腾讯，最大的特点是凸显了原银监会鼓励金融创新的思想。在不久的将来，网络银行将成为银行的主渠道，传统银行将全面融入网络银行，甚至不再单独区分网络银行。由于网络的普及和大众平均素质的提高，使更多人选择了网络购物的方式，电子支付的一个重要平台就是B2B和B2C平台，这间接促进了网络银行发展。专家预测，未来2~3年，中国网民数量大约增加一倍，网络消费者数量会迎来迅速增加。人们选择网络银行的方式实现网络消费的具体情况见表5-4、表5-5。

表5-4 中国选择网络支付的方式

支付方式	比例（%）	支付方式	比例（%）	支付方式	比例（%）
支付宝	66.30	信用付现	17.20	邮局汇款	1.20
货到付款	53.50	银行转账	6.30	—	—
非支付宝网付	34.60	分期付款	1.20	—	—

表5-5 中国选择网络银行的原因

原因	比例（%）	原因	比例（%）	原因	比例（%）
方便快捷	84.40	被迫使用	16.90	其他	0.80
免费服务	46.30	衍生功能多	16.60	—	—
工作需要	20.80	试用心理	15.1	—	—

近年来，随着计算机技术和网络经济的不断进步，电子商务迅速发展，中国网络银行业务以其相对低廉（甚至免费）的交易成本、便捷灵活的交易方式，极大突破了时空限制，逐步成为商业银行提升经营层次、创新金融服务、增强竞争力的重要手段，中国网络银行总体保持了向上发展的态势呈现出逐步上升趋势。

2009年中国网上银行展现了强劲的发展势头，交易规模368.7万亿元，同比增长16.9%，截至年底，网上银行注册用户数达到1.9亿人次。在2010年中国网上银行市场全年交易额达553.8万亿元，较2009年增长36.77%。此外，截至2010年底，中国网上银行注册用户数首次突破3亿人次，较2009年同比增长53.9%。个人网银继续保持较快增长，原因来自高速增长的电子商务所带来的支付需求。而企业网银是拉动网银整体交易规模增大的关键。由此可见，未来3～5年中国网上银行发展将迎来较稳定的增长时期。

6. 网络银行的制约因素

（1）网络银行本身因素

一是内外部环境欠完善。内部环境网络银行支付体系不完善，缺乏功能强大的服务器，部分银行没有独立的权威机构或专家对其交易的软硬件系统和管理检测制度进行专业的评估和建议报告，影响其有效运行。二是缺乏专业人才储备。网络银行要有持久的高投入支撑，以及品牌信誉等问题，主要原因是缺乏网络银行的专业人才，其竞争优势持续存在尤为关键。除此之外，个人网上银行选择主要考虑网银的服务态度、银行的知名度、网银功能以及交易的优惠程度，而企业选择网银的影响因素主要是银行间的跨行交易少、网银服务水平及网银安全性问题，企业在非开户行进行网银操作比较麻烦。三是网上支付和结算手段落后。中国银行业网上支付和结算手段落后，表现在如下几个方面：支付系统不安全不完善，形成网络银行进一步发展的瓶颈；银行业的支付和结算系统自成体系，各自的支付工具不能通用，业务项目不兼容，各自为政，造成重复投资和浪费给整个网络体系的发展设置了障碍；网上结算效率太低，从网络销售方面分析，网上购货款的结算时间普遍较长，差错率高，还存在着莫名其妙扣除客户款项等问题。四是网络银行本身有一些负面效应。网络银行改变了传统银行业务的经营模式、业务范围、管理架构，直接导致了金融体系的稳定性降低。由于银行的开放性和国际化程度提高，在促进国际金融活动发展的同时也容易受到国际性金融风险的冲击和影响。同时网络银行的快速发展，直接导致货币的传递功能和调节功能大为降低。

（2）网络银行环境因素

一是网络银行认同度不高。社会信息化水平偏低，且业务面覆盖窄，中国消费者对传统银行业务有较高的认可度及倾向，偏好面对面的交易，对网络银行的运行及安全存在质疑的态度，贷款审批手续和程序仍沿用传统柜台业务形式，影响网络银行发展。信息网络建设不全面，不能有效满足用户的个性化需求。二是基础设施落后。中国社会整体网络建设水平低，银行业整体网络建设也严重滞后，银行内部网络结构处于较低级的状态。各银行间在发展网络银行业务的过程中各司其职、缺乏相互协调、合作，也无相配套的用户系统接口标准，这些都极大地影响了金融网络的使用效率。外部环境中，网络银行缺乏网络安全系统、语音识别系统、智能卡识别系统等，缺乏与之相配套的完善的法律法规，使用者的权益得不到有效保障，网络世界的黑客事件严重威胁着网络银行的安全性问题，这决定着网络银行成败的关键。三是安全措施亟待完善。中国网络银行缺乏科学的管理体制，以及自主知识产权的一整套加密和解密算法系统，不能让客户放心消费，其发展必须是一项可持续发展。有关网络银行业务立法滞后，目前中国涉及计算机和网络领域的立法工作还相对滞后，有关金融法规更是少见网络银行这一新生事物，还缺乏与之相配套的法律法规。网络银行的信息跟踪、监测、信息报告交流制度和规则都还没有建立，防范性的技术规则指引尚未开展，这些都影响着网络银行的顺利发展。网上交易和结算的安全性包括三个方面，即确保银行身份的正确、确认客户身份的真实和保证数据的保密性、完整性、准确性。目前全国统一的权威 CA 认证中心还不完善。网络银行结算缺乏相关的法律保障。

（3）网络银行风险因素

网络银行又称在线银行、虚拟银行 E – Bank，是互联网上的电子银行。在发展网络银行的同时，也要一并做到防范与化解其存在的风险，保证国家金融运行安全。网络银行风险类型主要可归纳为以下几个方面。

一是网络银行的系统风险方面。网络银行是基于全球电子信息系统基础上运行的金融服务形式，因此，全球电子信息系统的技术性和管理性安全成为网络银行最为重要的系统风险。清算系统的国际化，提高了网络银行国际结算的系统风险。尽管不断出现有关网络银行安全性的解决方案及技术，但是，网络银行的安全系统仍然是网络银行服务业务中最薄弱的环节，即使目前网络银行已拥有先进的安全系统，但仍面临着安全隐患，如计算机网络病毒，它对电脑系统形成巨大威胁，全世界已知的计算机病毒达 19000 多种，尚有上百种待查明的计算机病毒在流传。随着国际互联网络的普及，银行的电子函件也沦为计算机病毒传播的主要渠道；电脑黑客，即指非法入侵电脑系统者，目前已有许多国家具有制造电子炸弹的能力，这对国家金融安全的潜在风险极大；电子扒手，专门窃取别人网络地址的银行偷窃者称为“电子扒手”，互联网服务在给银行和用户提供资源共享时，也为窃贼盗取银行或企业密码和核心机密提供了便利。据美国官方数据统计，银行每年在网络上被偷窃的资金高达 7000 亿美元不等，而企图电子盗窃作案的总数约 6 亿美元至 100 亿美元之间。对比持枪抢劫银行仅 7500 美元，电子扒手平均作案值竟达 27 万美元，电子扒手多为解读密码高手，作案手段隐蔽，极不易被查获。网络银行还面临着互联网外部的黑客攻击，也会因为网络银行的内部职员的越权、欺诈行为而承担操作风险。基于全球电子信息系统的技术性和管理性安全成为网络银行最为重要的系统风险。

二是网络银行的业务风险。网络银行的业务风险主要包括市场风险、操作风险、法律风险和信誉风险，其中，操作风险和信誉风险是网络银行中最常见的两种风险形式。市场风险。市场风险是指由于信息非对称导致的网络银行面临的不利选择和道德风险引发的业务风险。如由于网络银行无法在网上鉴别客户的风险水平而处于不利的选择地位，网上客户也可能会为自己一己之私而做出损害网络银行利益的行为。操作风险。最重大的操作风险在于内部控制及公司治理的失效，这种风险可能因为欺诈、越权、失误、反应迟缓、信息技术系统的重大失效而导致的潜在损失。法律风险。网络银行的法律风险来源于违反相关法律规定、规章和制度，以及在网络交易中没有遵守有关权利义务的规定。网络银行提供各种电子鉴证服务，如提供电子身份（CA）证书等，也可能使网络银行由于充当中介角色而被拖入各种法律纠纷中。信誉风险。信誉风险主要源自网络银行自身。一旦网络银行在操作上失误，违反有关法规或提供的虚拟金融服务产品达不到公众所预期的水平，就会引起社会上广泛的不良反应，这就形成了网络银行的信誉风险。非银行或客户的第三者导致的错误、渎职和欺诈等结果或行为也会迫使网络银行承担信誉风险，信誉风险对银行的损害极大，持续时间较久，影响范围广泛。除上述风险外，网络银行也具有传统商业银行经营过程中存在的信用风险、流动性风险、市场风险和利率风险等。

5.2.2 P2P 网络借贷的问题

1. P2P 网络借贷的认识

网络借贷是互联网技术与民间借贷相结合的金融服务体系，是人与人、点对点之间的关系，而网络借贷则是利用互联网作为平台，打破传统的民间借贷形式，而进行的创新式的借贷模式。网络借贷是资金借入者和资金借出者利用网络平台，实现借贷的“在线交易”，一切认证、记账、清算和交割等流程均通过网络完成。中国网络借贷呈现出以下三个特点：一是涉及面广。借注册网民资金短缺需解燃眉之急的心理，引起网友的广泛关注及参与的兴趣。二是传播速度快。通过 QQ、MSN 及各大网站添加广告链接或论坛发帖的形式，在短期内注册网站的人数迅速增加。三是隐蔽性强。会员完全不需面对面交流，只需通过虚拟的互联网站便可实施借款计划，获取资金。基于以上优势，网络借贷发展迅速，目前比较有名的网络信贷有拍拍贷、红岭创投、人人贷、哈哈贷、易贷 360、E 速贷等。

P2P 网络借贷在中国的兴起时间虽比国外略晚，但也可以说是同步，国外最早的借贷平台成立于 2005 年，而中国最早的借贷平台成立于 2007 年。网络借贷借助于信息化的平台，将民间借贷模式搬到了互联网上，让投资人和借款人打破了空间和时间的限制，开创了陌生人和陌生人之间借贷的时代。在这个创新的借贷形式之下，由于目前仍未有相关的监管，因此就其本身来说，更是增加了神秘色彩，从而导致了网络借贷在国内的迅猛发展。

不论是在国内还是国外，网络借贷的模式无外乎有三种，分别是单纯中介型，以 Prosper 和拍拍贷为代表；非营利服务型，以 Kiva 和宜农贷为代表；复合中介型，以 Zopa 和人人贷、红岭创投等为代表。虽然各大平台的运行模式有所差异，但是大体上的借贷流程又大同小异，具体操作可以从借款人、投资人和网贷平台三方面来考虑。

从借款人的角度来说，若要筹得所需资金，首先需要向网贷平台提交个人资料；其次在资料审核通过之后，将自己的个人信息、信用等级和借款列表发布到网站上；然后等待投标，若标的在规定期限内完成资金需求，则为借款成功，反之则为流标；最后获得借款，并每月按时还款，直至还清贷款。

从投资人的角度来说，若想让自己的空闲资金获取收益，首先要选择网贷平台，并进行注册，提交个人资料供平台进行审核；其次审核通过后可根据网站上所发布的借款人信息来选择自己的投资对象；最后将资金打给借款人，并享受收益。大致的流程如图 5－17 所示。

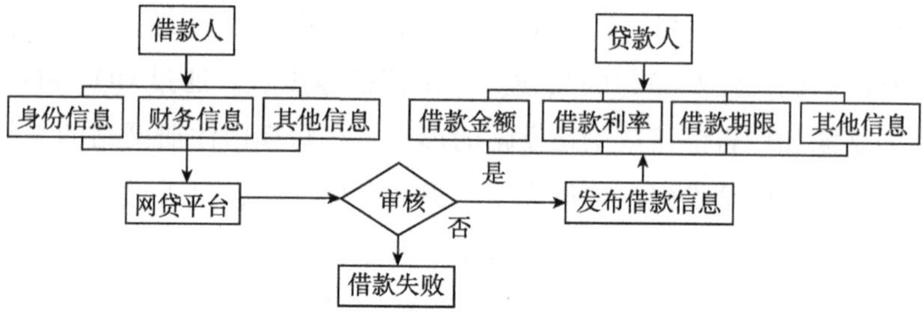

图 5－17　网贷平台业务操作流程

从网贷平台的角度来说，网络借贷的首要职责就是对借款人的个人信息进行审核，并根据平台自身所采用的评级方式对借款人所提交的资料来进行信用打分；其次就是负责促成借贷双方交易的达成，并从中收取相应的管理费和服务费；最后则是对贷款资金的后续监督工作，并督促借款人如约归还借款。从整个交易的流程来看，网贷平台犹如一架桥梁，为资金出借人和借款人牵线搭桥。

2. 网络借贷关联因素博弈分析

博弈论可以说存在于生活中的每一方面，不论是在职场还是在家庭中，都需要人们进行决策和选择，如何才能取得最大的收益且将损失降低到最少，这就需要人们进行一番博弈分析。同样在网络借贷中，作为博弈双方的借款人和投资者，如何才能获得最大利益，如何才能获得双赢，这不仅是一场较量，更是一场没有硝烟的战争。在研究借贷的初始阶段中，值得关注的问题有投资者会选择什么样的借款人，为何会选择这样的借款人，影响投资者进行投资的因素有哪些；同样在借贷的最终阶段里，前面的问题所折射出来的是借款人的借款列表是否完成，借贷交易是否成功，研究双方博弈的最终目的也体现在影响网络借贷的因素上面。

(1) 模型建立与理论假设

在研究投资者的投标意愿时，作为投资人来讲，其所关注的无非是收益和风险，但一般情况下高收益往往伴随着高风险，所以作为投资人来说，如何进行有效决策才能使得自己的收益最大化才是最重要的。投资者的收益主要体现在借款利率上面，而风险则主要体现在借款期限、借款金额和有无担保上面，风险和收益作为影响投资者进行投资的主要因素可建立模型，如图 5－18 所示。

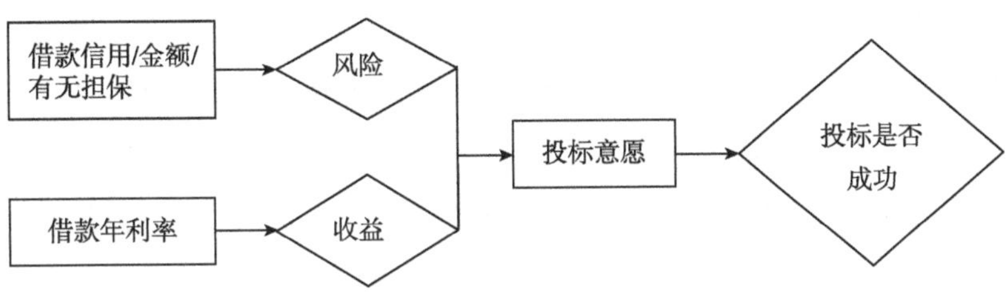

图 5－18 网络借贷模型

为了便于问题的分析，我们现做如下的假设：博弈双方的借款人和投资者均是完全理性的决策人；投资人有两种选择，出借资金和不出借资金，借款人同样也有两种选择，归还借款和不归还借款，当双方进行博弈时，假设投资人先行动；借贷双方的博弈是完全信息动态博弈，即双方在做出选择时是根据前者的选择而进行抉择的，是按照顺序依次进行的，并且彼此对于各自的收益情况都非常了解。

（2）投资人与借款人的博弈过程

假设投资人出借的金额为 m ，利率为 i ，出借资金的单位成本为 i^* ，借款人利用该资金所获得的收益率为 α ，借款人逾期归还借款的单位成本为 β 。博弈模型如图 5－19 所示。

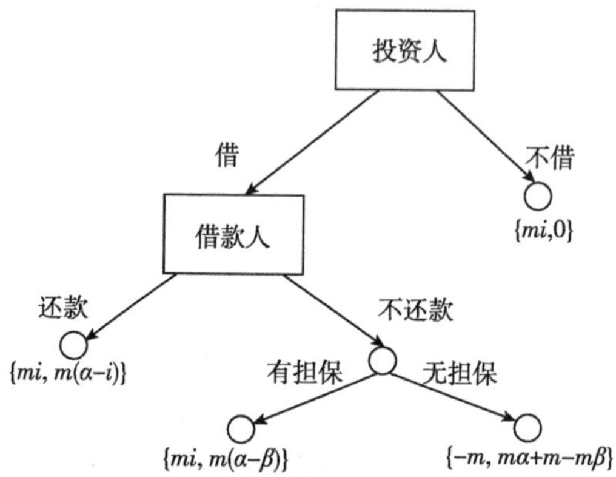

图 5－19　网络借贷博弈模型

其中括号前面的数据代表的是投资者的最大收益，后面的数据代表的是借款人的最大收益。作为投资者，如果不将资金借出的话自己将会有 mi^* 的隐性收益，而借款人的收益却是 0；若投资人将资金借出，在有担保的情况下无论借款人是否归还借款其所获的收益都是 mi ，而作为借款人其收益从结果中可以看出在不还款和无担保的情况下收益最高；在无担保的情况下如果借款人归还借款，投资人同样可以获得 mi 的收益，但如果借款人不归还借款的话，投资人将会血本无归。由于本文研究的是投资人的投标意愿，因此仅就投资人来说，采用逆推的方法从博弈的最后的阶段分析，可将该笔借款分为有担保和无担保两种情况进行讨论。

第一，在有担保的条件下，只要满足 $i > i^*$ ，即投资者的出借利率大于出借资金的单位成本时，无论借款人能否最终归还借款，投资人都可以将资金借出并获得最大的收益，所以在此种情况下投资人会选择将资金出借。

第二，在有担保的条件下，如果 $i < i^*$ 时，即使投资人达不到自己的最大收益，但由于有担保的存在，投资者如果选择借出的话仍然可以获得部分收益，借与不借要根据投资者的不同喜好而定，例如风险爱好者可能会选择借，而风险规避者可能会选择不借。

第三，在没有担保的情况下，如果假设借款人归还借款的概率为 p ，则只要满足 $mip - m(1-p) \geqslant mi^*$ ，即 $ip - (1-p) \geqslant i^* \Rightarrow p \geqslant (i^* + 1)/(i+1)$ 时，投资人可以将资金借出并能够获得收益，所以在此种情况下投资人会选择将资金出借。

从第一种和第二种情况来看，在有担保的情况下，借款利率是影响投资者是否将资金借出的主要因素，即在有担保情况下，利率越高，投资者将资金借出的可能性会越大。在第三种情况中，在没有担保的情况下，影响投资者是否将资金借出的最主要因素则是借款人是否违约，而在通常情况下信用度越高的借款人违约的可能性会越小，所以借款人归还借款的概率 p 与借款人的信用分成正比例关系，不妨假设借款人的信用分为 B ，则有 $p = kB$ ，k 为正常数，那么在第三种情况中，只有当 $ikB - (1 - kB) \geqslant i^* \Rightarrow B \geqslant (i^* + 1)/(i+1)k$ 时，即只有当网贷平台上所公布的借款人的信用分大于某个值时，投资者会选择将资金借出，并且借款人的信用分越高，投资者出借资金的概率就会越大。

但是就目前中国的发展来看，大多数的网贷平台采取的是无担保无抵押的信用贷款，这也是网络借贷区别于传统的金融机构的运行模式最突出的一点，也正因为如此才吸引了大多数的人在此平台上借款，也是该行业得以火热的原因之一。但是事物往往都具有两面性，虽然无担保无抵押这种低门槛吸引了众多的借款人，并为其发展起到了促进作用，但从以上的博弈分析来看，投资者是不愿意看到这种情况的，因为这样的话自己所获得的收益将无法保障，当借款人还款的概率低于出借资金的单位成本加1与借款利率加1的比时，或者借款人的信用度低于某个数值的时候，投资者将资金借出是有风险存在的，也许其将面临本金无法收回的风险。为了解决这一困境，目前许多的网络借贷平台随即采取了本金保障制度，即如果借款人拒绝还款的情况下，投资者仍然可以获得自己的本金，这部分金额有的是平台自身完全承担，而有的则采用“资金池”的方式，即平台建立一个资金库，这个资金库中的资金来源有两方面，一是来源于投资者，即从其收益中提取一部分，另一个来源则是借款人的违约还款的罚金，采用“资金池”的平台的代表主要有人人贷等。而如果违约金额完全由平台自身承担的话，则要求平台有非常厚实的资金链，对于企业来说经营风险非常大，而采用“资金池”的方式的话，虽然能为平台分担一部分的风险，由于互联网的虚拟性与不透明性，极易为恶性诈骗行为创造温床。本节的研究目的便是要探讨中国的网络借贷发展的影响因素及策略，就中国目前互联网的发展态势来看，大数据时代即将到来，并且随着网络借贷发展的日渐成熟，要不要去担保化将会成为是否真正成长的标准之一，所以在本文的第五部分中选取纯信用无担保模式，以成立时间最久的拍拍贷作为研究对象，目的在于研究在纯信用中介下影响投资者最终抉择的相关因素。

从本节博弈论的研究中可以得出影响网贷交易的相关因素大致有借款金额、借款利率、借款人信用分、有无担保，并且从博弈论大致研究的结果来看，在这几个因素中借款金额有无担保对于借贷交易的影响最大，其次是借款利率，再者是借入信用分（见图5－20）。

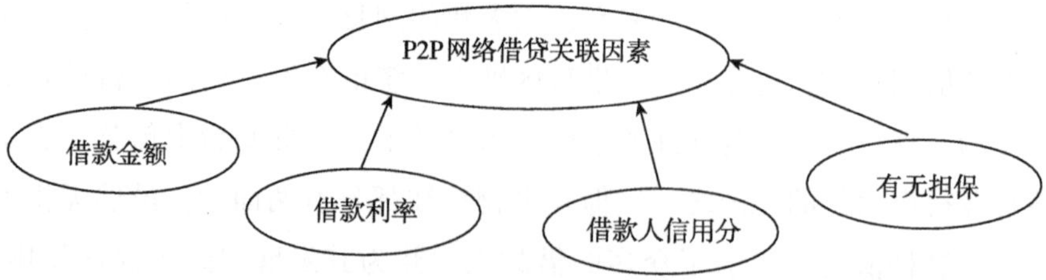

图5－20　网络借贷关联因素

博弈论分析目前也仅仅是理论上的分析，并且研究也比较粗略以至于说服力不强，所以在后面的实证研究中以具体的某个网站作为研究对象，并且以从其网站上采集的数据作为实证研究的依据，以此来寻找影响网络借贷的更多的相关因素，这样的话一方面可以检验博弈论研究的结论，另一方面还可以探寻出其他更多的因素，并且以实实在在的数据进行研究，说服性也更强。

3. 中国网络借贷的现状

（1）拍拍贷公司简介

拍拍贷于2007年8月成立于上海，是中国第一家成立的网络借贷平台，也是最具有典型性的网络借贷平台之一。它既不吸储，也不放贷，仅作为中介人的身份，为借贷双方提供桥梁和纽带作用，采用无担保纯线上模式，致力于打造一个方便快捷和透明化的平台。拍拍贷于2012年4月6日更名为“上海拍拍贷金融信息服务有限公司”，是业内第一家荣获金融信息服务资质的公司，并且在其经营模式方面也有了部分的创新和突破。2012年10月，拍拍贷获得红杉资本2500万美元的注资，使得该平台的资金池得到了更为有力的保障，同时也为日后的稳定发展奠定了基础。据有关资料显示，拍拍贷在2013年全年的累积交易量达到了7亿元人民币，而坏账控制率在1.5%左右。

拍拍贷采用的是网上竞标的模式，操作方法与Prosper平台相似，大致流程如下：首先是借款人的身份认证环节，由于拍拍贷采用的是无担保的纯信用借贷，因此在身份认证方面采用了线上认证和线下认证相结合的方式，线上认证有户口认证、学历认证和手机实名认证等；线下认证则包括了借款人的年龄、工作和收入方面的认证等。其次是借款人发布借款信息环节。在这一环节中，借款人将会公布自己的个人信息、借款金额和所能承受的最高利率，供投资者进行竞标。对于在规定期限内未筹得自己所需金额的标的将成为流标，而对于满标的标的，则将资金打到借款人的账户中去。再次是归还借款环节。拍拍贷平台的借款人采用的是按月还款的方式，借款人将钱打入拍拍贷账户，然后再由该账户将钱划拨给投资人，直至款项还清。最后是违约处理环节。在违约处理环节中，拍拍贷设立了违约曝光平台，如若违约时限超过 30 天且在 60 天以内的，平台将会公布借款人的真实姓名、公司电话、手机号等；60 天以上 90 天以下的，将公布借款人的家庭住址、公司名称和公司电话等；90 天以上的违约人，平台将会公布其个人照片、账单、劳动合同和户口本等（见表 5 -6）。

表 5 -6　拍拍贷平台的借款方式

标的名称	借款利率（%）	借款期限	投标时间	还款方式	特色之处
普通借款标	13.00 ~26.24	3 ~12 个月	1 ~15 天	等额本息按月还款	适合于初次借款的工薪族、私人业主和学生
网购达人标	13.00 ~26.24	3 ~12 个月	1 ~15 天	等额本息按月还款	适合于工薪族、私营业主、网店卖家、学生
应收款安全标	8.00 ~26.24	3 ~12 个月	1 ~3 天	等额本息按月还款	适合于拍拍贷借出者
网商用户标	16.00 ~26.24	3 ~12 个月	1 ~9 天	等额本息按月还款	适合于网店买家
莘莘学子标	23.00	7 个月	1 ~15 天	等额本息按月还款	适合于学生，且首次申请全额还款后拍拍贷将全额退还成交服务费

资料来源：拍拍贷网站（www. Ppdai. com）。

拍拍贷平台仅仅对借款人收取服务费，而对贷款人则是完全免费的，所以其对贷款人并不提供本金保障服务，所以违约情况，该平台也仅将所收取的成交服务费归还给投资人。在对借款人的收费方面，如果借款期限在 6 个月（含）以下的，收取本金的 2%；如果借款期限在 6 个月以上的，收取本金的 4%；同时还有首次借款信用服务费和二次增值服务费，分别收取 199 元和本金的 7%，以上收费仅针对借贷成功的情况。

对于借款人，拍拍贷设立了五种借款模式。拍拍贷上面对于借款利率在一定的范围之内根据借款人而定的，但是拍拍贷本身对利率也有一定的规定，首先平台会根据借款人所提供的认证资料等信息将借款人分成AA、A、B、C、D、E、HR七个从高往下排的等级，HR的借款人借款利率最低12%，E等级的借款利率最低10%，D等级最低8%，C等级（含）以上的借款人的借款利率则没有限制，也就是说，信用等级越高，融资成本就会越低。

（2）人人贷公司简介

人人贷商务有限公司于2010年成立于北京，是一家既有金融信息服务又兼具互联网技术应用的平台，并且其旗下的人人贷网站于2012年4月第一个入驻温州民间借贷金融服务中心。人人贷作为一家互联网金融服务公司，对于平台上的每一笔借款，采用了数据分析、实地辅助和人工考核相结合的方式进行审核，力图为有资金需求和投资需求的人们打造一个高效、透明和公平的平台。此外，人人贷凭借自身的审核经验和借款人的还款数据，同国外风险管理的先进经验相结合，初步建立了借款人行为预测和评分的模型，使审核的有效性和准确性得到了提高。据人人贷在2013年的年报中披露，2013年全年度人人贷网站的成交金额高达15亿元，与2012年相比，同比增长了342.00%，平均投标利率为13.07%。2013年10月，人人贷平台推出了债权转让功能，据2013年年报信息披露，截至2013年底，债权转让总成交额为1900万元，平均转让时间为4分25秒。2014年1月，人人贷平台对外宣布其已于2013年底完成了A轮融资，融资金额高达1.3亿美元。

人人贷平台的运作流程大致是借款人在注册成为人人贷用户之后，将个人资料提交到人人贷平台进行审核，并据此获得平台所计算得出的信用等级，之后网络借贷平台再将借款人的借款列表发布到网站上，投资者可根据平台上的借款人信息来选择自己的投资对象。在借贷交易完成之后，借款人需要按照规定每月还款付息，直至款项还清为止。

由于人人贷所推崇的是百分百本金保障计划，一旦出现逾期坏账，人人贷就会通过风险备用金先行垫付，以保证投资人的资金安全。这笔风险备用金的来源主要有两个，一个是投资者在交易完成后向平台所交的2% ~3% 的服务费，另一个则是在款项逾期后向借款人收取的本息和罚息。此外，人人贷还会根据借款人的等级不同而相应地收取1% ~5%的借款服务费，还有每月会向借款人收取其借款本金的0.3% 作为借款管理费。

对于借款人和投资人，人人贷设立了不同的融资模式和投资模式，对于借款人来说，人人贷推出的产品有工薪贷、生意贷和网商贷（见表5－7）。

表5－7　人人贷平台的借款方式

产品名称	借款额度（元）	借款年利率（%）	借款期限（月）	还款方式	适用对象
工薪贷	3000 ~ 500000	10 ~ 24	3、6、9、12、18、24	等额本息按月还款	工薪阶层
生意贷	3000 ~ 500000	10 ~ 24	3、6、9、12、18、24	等额本息按月还款	私营业主
网商贷	3000 ~ 300000	10 ~ 24	3、6、9、12、18、24	等额本息按月还款	淘宝网网店商户

资料来源：人人贷网站。

对于投资者来说，人人贷所推出的理财计划有优选理财计划、散标投资列表和债权转让列表。优选理财计划是人人贷推出的，以投资人人贷平台现有信贷产品（机构担保标、实地认证标等）为基础的稳健、安全、便捷性好，透明度高的投标计划。加入理财计划的资金将优先于平台普通用户的资金，根据计划设定的分散投资原则对人人贷平台产品进行优先投资。投资标的所产生的收益可以选择自动提取或随每月回款的本金部分用于再投资，资金利用率高。散标投资平台提供信用认证标、机构担保标、实地认证标等多类产品，用户可以根据借款人信用等级、利率、期限等信息，自选合适的借款标的，构建符合个人意愿的投资组合。债权转让指债权持有人通过人人贷债权转让平台将债权挂出且与购买人签订债权转让协议，将所持有的债权转让给购买人的操作。用户在需要流动资金时，可以通过出售其名下拥有的符合相应条件的债权给其他投资人，从而完成债权转让，获得流动资金。

人人贷的借款期限主要在1～36个月，人人贷2013年报显示，借款期限在13～36个月的借款所占比重为87.23%，几乎占到了交易的一多半，由此可以说明人人贷平台所涉及的交易款项大多侧重于中长期借款，但是借款期限越长，相应的债务风险也可能越大，所以为了降低债权人的风险，人人贷推出了债权转让计划，同时，人人贷还通过控制投资者的单笔投资金额来进行分散风险。人人贷还设立了实体门店来寻找线下借款人，以便贷后管理，所以，在人人贷中的借款人既可以是线上的，同时也包含了一大部分的线下客户群体。

(3) 宜信公司简介

宜信公司成立于2006年5月，创始人为唐宁，总部位于北京，是一家集信用风险评估与管理、财富管理、小额贷款行业投资、信用数据整合服务和公益理财助农平台服务等一体的综合性的现代企业。目前，宜信公司旗下有宜信普诚信用管理（北京）有限公司、宜信卓越财富投资管理（北京）有限公司和宜信普惠信息咨询（北京）有限公司等各专业公司，在国内20多个农村和100多个城市建立了协同服务网站，为客户提供个性化和全方位的服务。从2008年至2010年，宜信经历了高速扩张的时代，据有关资料显示，宜信每年的业务增长量在200%以上，因此，在高额回报率和前景的驱使下，宜信在2010年获得了凯鹏华盈的千万美元的投资，之后又在2011年获得IDG和摩根士丹利的二轮注资。

宜信采用的是保障金制度，从借款审核方面来看，宜信对借款人的审核比较严格，例如在对借款人审核时会要求面见，当然这也与宜信有多个城市网点有很大关系。宜信平台的投资人并没有与借款人签订直接的合同，宜信作为第三方担任了债务转移人，在挑选好借款人之后，最终的债权将会转移投资人手中，如此一来，投资人就要面临很大的风险，为了解决这一弊端，宜信专门设立了风险补偿金，这点与Zopa的模式非常相似。在借贷流程方面，主要是借款人先提交个人资料到宜信平台进行审核，并提出借款申请，在资料审核通过后由宜信平台将借款人推荐给投资人，以便投资者进行投资，对于投资人方面，宜信将投资者的钱分成多份，并做一份多人的借款合同给投资人。而对于宜信平台所推荐的借款人，投资者有权力决定是否将资金借给宜信组合的借款人。

在收入来源方面，宜信采用的是双向收费的方式，一方面向借款人收取一定额度的服务费；另一方面还要向投资者收取一定的账户管理费，对于不同的理财产品，收取的比例不同。对于平台所设立的标的模式，宜信对于借款人端和投资人端分别设立了不同的筹资方式和投资方式。投资人端的投资方式主要有宜信宝、月息通、月益通、月定投、季度丰、双季风、玖玖赢和年年鑫。由于宜信旗下公司众多且业务面广，因此，其运作模式受到了很多人的质疑，并有人称其为伪网络借贷。在宜信模式中，先由平台将钱借给借款人，然后再将获得债权进行拆分和重组，组合成固定收益的产品后再将产品推荐给投资人，与其他的平台相比，宜信拥有大量的线下销售人员，并且遍布全国各大地区。这也是宜信模式与其他平台模式的不同之处，在宜信平台之上，投资人不能选择投向，而是由宜信来进行配对。但是这种融资模式保证了宜信的坏账率一直维持在2%左右。借款人端的筹资模式主要有新薪贷、助学贷、精英贷、助业贷、学信通和宜农贷，产品具体的针对对象如表5－8、表5－9所示。

表5－8 宜信平台借款人的筹资方式

产品名称	资金用途及对象
新薪贷	针对有稳定工作和收入的在职人员
助学贷	针对教育培训所用
精英贷	针对高端优质客户
助业贷	针对经营所用
学信通	针对高等院校的在校大学生
宜农贷	针对贫困地区的农民

表 5－9 宜信平台投资者的投资方式

模式名称	收益水平（%）	最低出资额（元）	模式特点
宜信宝	年收益预期 10	50000	采用循环出借的方式获取收益
月息通	月收益预期 1	100000	每月收取利息，本金可持续出借
月定投	年收益预期 10	2000	小额投入，大额收益
季度丰	年收益预期 7	100000 的整数倍	投入期限为 3 个月
双季风	年收益预期 8	100000 的整数倍	投入期限为 6 个月
玖玖赢	年收益预期 9	100000 的整数倍	投入期限为 9 个月
年年鑫	年收益预期 10	100000 的整数倍	投入期限为 12 个月
月益通	由实际债权而定	50000	资金回笼快

资料来源：宜信网站。

（4）红岭创投公司简介

红岭创投电子商务有限公司成立于 2009 年初，并在深圳市工商局登记注册，主要从事网络借贷服务，其所服务的客户对象主要分布在深圳、广州、北京和上海等一些大中型城市。红岭创投通过挖掘互联网潜力和顺应电子商务的发展趋势，建立了一个高效、互助和诚信为主的平台，以帮助那些需要帮助的人们解决困难，同时也为那些需要投资盈利的人们提供了渠道，进而为电子商务在中国的进一步发展起到了推动作用。据有关资料显示，红岭创投从 2009 年至 2012 年，其平台的累计交易金额达到了 13.7 亿元。红岭创投平台开创了本金先行垫付的模式，并且对这种模式的优缺点把握得也比较清楚，在设计思路方面，一方面保护了投资人的利益，另一方面也提高了行业的竞争门槛。红岭创投依据着不断创新的交易模式和完善的内部控制模式保持着合理的盈利空间。

红岭创投平台的借贷流程主要是：首先是需要借款人的身份证，借款人在网站平台注册成功之后，需要根据其所提供的个人信息资料获取评级信用分；其次是发布借款信息，借款人需要将自己所需的借款金额、所能承受的借款利率、还款期限和还款方式等信息提交给红岭创投平台；最后是等待投资者竞标，借款人所设的标的若在 10 天之内竞标完成，经红岭创投工作人员审核之后最终将款项打入借款人的账户中去

（见图5-21）。

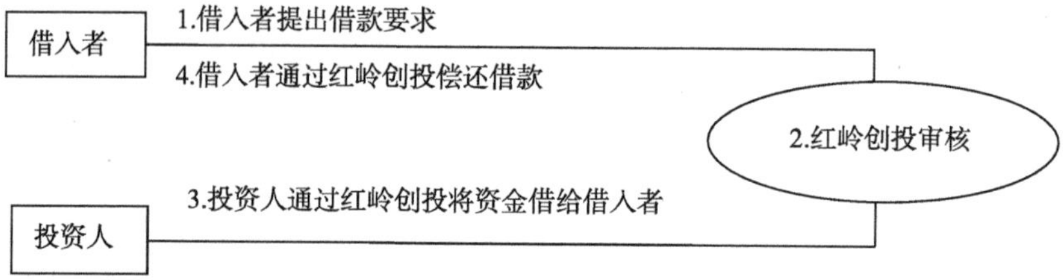

图5-21　红岭创投平台借贷流程

红岭创投作为本金垫付模式的开创者，公司所承受的运营成本较高，所以在收取管理费的方面，可能要收取的费用也较高。红岭创投平台对于那些有足额可抵押的借款项目收担保费、管理费、滞纳金和利息，然而对于不能够足额抵押的借款项目，要在足额抵押的基础之上每个月再多收取担保费的0.30%。对于投资人来说，本金收回后红岭创投要收取利息的10.00%作为管理费（见表5-10）。

表5-10　红岭创投平台收费表

	担保费（%）	管理费（%）	违约滞纳金（%）	利息（%）
足额抵押	0.50/月	0.50/月	0.80/天	1.20/月
足额抵押	0.80/月	0.50/月	0.80/天	1.20/月

资料来源：红岭创投网站。

红岭创投网络借贷平台中，对于借款人和贷款人分别设立了不同的标的类型，专门针对借款人的标的类型主要有公信贷、房易贷、股权贷、综合贷、开发贷和担保贷（见表5-11）。

表5-11　投资者投资方式

标的类型	标的说明	平均利率水平（%）	借款期限	自动投标比例（%）	本金保障	利息保障
信用标	通过用户上传资料取得信用借款	18.00	中短期	最高100.00	√	×
秒还标	借款完成后自动审核并还款的娱乐标	8.00	短期	最高100.00	√	√

续表

标的类型	标的说明	平均利率水平（%）	借款期限	自动投标比例（%）	本金保障	利息保障
净值标	用待收款、账户余额进行借款	12.00	短期	最高 100.00	√	√
担保标	向担保人申请担保获得临时额度	15.00	中短期	最高 100.00	√	√
重组标	周转困难时申请的债务重组借款	15.00	短期	无自动	√	√
推荐标	企业或个人足值抵押借款	15.00	中长期	最高 100	√	√
快借标	企业抵押快速借款标	18.00	中长期	最高 100	√	√
资产贷	资产评估借款	12.00	中短期	最高 100	√	√
阳光贷	较大额度的企业融资借款，可转让，可分红	18.00	中长期	最高 100	√	√
成长贷	较大额度的企业融资借款，可转让，可分红	15.00	长期	无自动	√	√

4. 中国网络借贷平台总体分析

2013 年，国内各大平台的成交量一直呈现递增的趋势，这与中国经济的迅猛发展有着直接的关系。特别是成立时间比较晚的人人贷，依靠其比较旺的人气，成交量更是突破了 2 亿元大关。

此外，还有 2013 年才新上线的有利网，也依靠其独特的运营模式成交量有了飞速的发展。拍拍贷作为中国首家成立的网络借贷平台，在 2013 年中，成交量也呈现了稳步上升。而红岭创投的成交量波动则稍显大了些，整体发展可能不如那些后来的平台（见图 5－22、图 5－23）。

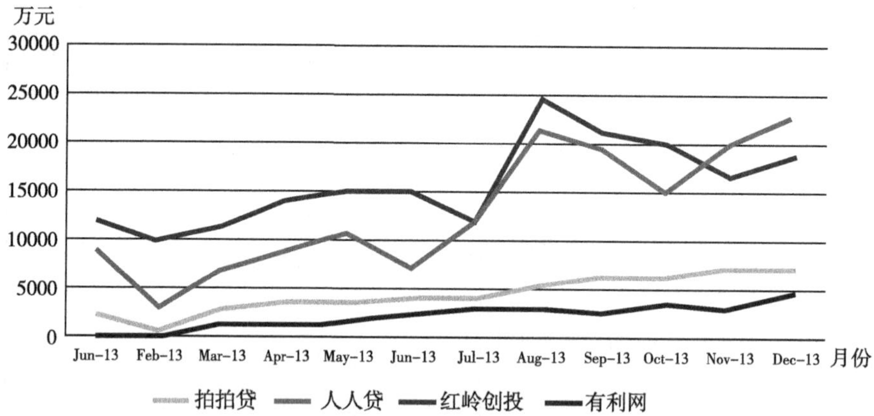

图 5-22　2013 年网络借贷代表平台成交量

（资料来源：网贷之家）

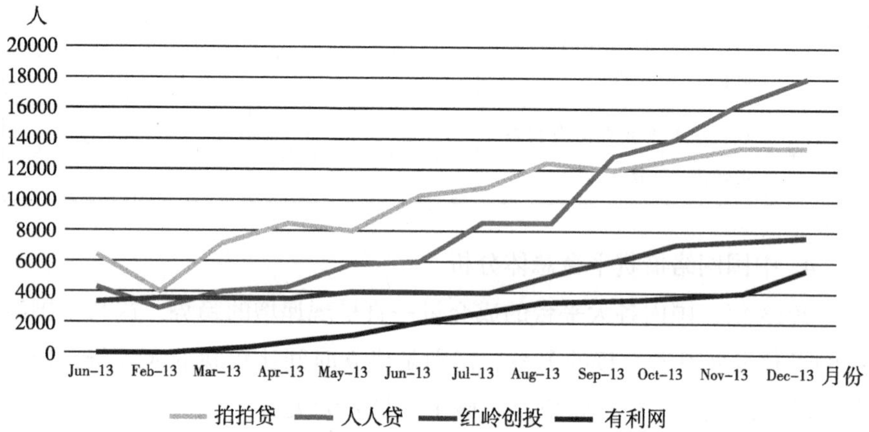

图 5-23　2013 年网络借贷代表平台出借人数

（资料来源：网贷之家）

从 2013 年出借人数的统计来看，人人贷平台的出借人数上升得最为迅速，从年初的不及 5000 人至年底的将近 18000 人，翻了近 4 倍，特别是在 10 月，出借人数更是超过了拍拍贷，这可能与人人贷在 10 月所推出的优选理财计划有关，吸引了大批的出借人，使得人人贷的投资人数上了新的台阶。有利网平台也依据其强大的营销能力，出借人数直逼红岭创投平台。

不管从一周的排名情况来看，还是一个月、三个月的排名，人气最旺的要数宜信，主要原因可能是宜信旗下的公司比较多，所涉及的业务范围也比较广，导致了宜信的网站点击量居这几个网站之首，但相比于前面一两个月宜信网站的点击量，其下降的幅度也比较大。其次点击量居第二位的是红岭创投，作为本金先付模式的开创者，红岭创投以其保护债权人的优势模式也取得了众人的信赖。而陆金所成立于2011年9月，虽成立时间比较晚，但由于其是平安旗下的成员之一，有平安保险公司作为有力保障，也吸引了不少人的青睐。拍拍贷因其成立时间比较早，且模式也比较单一，所以平台点击量相对来讲不是特别多，但以其这几年来所积攒的经验，拍拍贷也积累了不少自己的忠实客户。人人贷平台也属于后起之秀，但其独特的创作团队和经营模式也为其积攒了人气，平台每天的成交速度非常快。以上数据仅显示的是平台的点击量，但并不代表平台的真正的交易量，也不能表明平台的交易额（见表5-12）。

表5-12 网络借贷代表平台在Alex上的排名情况

平台名称	一周平均排名	排名变化趋势	一个月平均排名	排名变化趋势	三个月平均排名	排名变化趋势
拍拍贷	27281	↑831	33234	↑13008	43517	↓3467
人人贷	28259	↑2730	27601	↑1632	33456	↑5557
红岭创投	73536	↑4657	79907	↑11518	98783	↑66760
宜信	325169	↑1833416	738605	↓214911	584812	↓316343
陆金所	51012	↓12871	44091	↑20326	61291	↑23211

资料来源：2014年3月13日，Alex网站收集各大平台点击量。

不管是在国内还是国外，网络借贷的模式大致无外乎三大类，单纯中介型、复合中介型和非营利型，当然宜信是个例外，由于其发展的业务比较繁多，因此就其模式来说难以下确切的定论（见表5-13）。

表 5-13 国内外网络借贷平台一览表

平台名称	成立时间	总部	注册用户量（人）	贷款总额	坏账率（%）	运行模式	Alex 上排名
Zopa	2005 年 3 月	英国	85.4 万	2.2 亿英镑	0.19	复合中介型	58151
Prosper	2006 年 2 月	美国	190 万	24.2 亿美元	6.86	单纯中介型	16343
Kiva	2005 年 10 月	美国	166 万	5.4 亿美元	1.06	非营利型	10998
拍拍贷	2007 年 8 月	中国上海	100 万	7 亿元	1.5	单纯中介型	43517
人人贷	2010 年 5 月	中国北京	50 万	15 亿元	0.58	复合中介型	33456
红岭创投	2009 年 3 月	中国深圳	—	11 亿元	1.5	复合中介型	98783
宜信	2006 年	中国北京	—	12 亿元	<2	单一线下型	584812

从成立时间来看，国外的网贷平台成立的时间比较早，可以说中国的网络借贷模式是由国外传过来的，并且在国外的基础之上，人们又进行了拓展和延伸，在运行模式方面更是进行了大胆的创新，提出了与担保公司等一些第三方合作的方式来降低自身平台的运行风险和增加知名度。此外，与国外的巨头垄断市场不同，中国的网络借贷则呈现的是琳琅满目的现象，据统计资料显示，目前活跃在网络借贷平台的公司已经突破300家。

5. 网络借贷的缺陷

研究结果表明，投资者更青睐于投资利率高、期限短的标的，并且对借款人的信用情况不是太关注，由此投资者获得高收益的同时也暴露出了一些问题。从研究数据来看，随着借款人的信用分增加一分，投资者的借款意愿仅增加了4.4%，相对于借款利率对投资者的影响就显得更加微不足道了。所以，仅从拍拍贷平台自身来讲，其所出现的最大的问题会导致投资者对风险的把控不是太明确，如果仅仅是追求高利润而忽略借款人的信用质量的话，会造成投资的风险加大，借款人违约的可能性就会比较大。此外，投资者更青睐于借款期限比较短的标的，这对于借贷平台来说由于借贷双方的资金交易比较频繁，对资金流通链的顺畅性要求比较高。且在第五章博弈论模型的研究中得出了在没有抵押担保的情况下，一旦出现借款人违约，投资者将面临最大的损失的结论。但该模型的前提假设的是借款人和投资者之间的博弈是完全信息博弈，即双方对于彼此都比较了解，但在现实生活中，处于网络借贷的交易双方大多是未曾谋面的陌生人，所以导致信息不对称的问题特别严重。此外据网贷之家统计，截至2014年6月，中国网贷平台的数量已经达到了1275家，而仅在2014年1月至5月上线的220家平台中，跑路的已有45家，比重达到了20.45%。所以就以上所出现的问题现将影响网络借贷交易的负面影响因素归类为对网贷的外在风险，而将引发平台倒闭的原因归类为内在风险。

（1）倒闭频发

一是主动倒闭。网贷之家统计显示，在2013年中，网络借贷的倒闭潮就已出现，特别是在10月和11月倒闭的平台所占的比例超过全年倒闭量的50%。2013年除10月和11月以外，其余月份问题平台所占的比例均低于1%，但在10月、11月的时候问题平台的数量却陡然增多，究其原因可能与国庆期间交易量减少有关，但同时也暴露出一个问题，就是平台自身所做的筹备工作不足，从而导致自身资金链条的断裂，从而也影射出了自身经验缺乏，未做足功课便贸然挺进的一大弊端。就网贷平台的倒闭问题可以将其原因分为主动倒闭、引发倒闭和被迫倒闭三大类（见图5-24）。

纯诈骗性质的平台就只是恶意的骗取钱财，一旦资金到手，就会携款而逃，比如在2014年6月发生的一起海外诈骗跑路案，网贷名称为上海拜腾投资平台，该平台在成立之初便推出了一系列的活动来吸引投资者，如线下充值奖励活动、注册会员奖励活动和推荐新会员奖励活动等，之后网站便出现打不开、用户无法登录的情况，之后经调查发现法人的身份信息是伪造的，根本无处核实经营者的信息，而投资者的钱也就随之打了水漂，由此可见这是一个有组织有预谋的诈骗平台，其所涉及的金额高达2380万元，对中国的金融市场造成了巨大影响，并且还造成了投资者对网络借贷的质疑度的提高。这种诈骗平台之所以会成功，有以下两个原因：第一，信息不对称。由于网络借贷以互联网作为依托平台，在这个虚拟世界中借款人和投资者都来自未知的另一方，双方都不了解，所以在交易的过程中信息不对称问题就特别明显，从而导致道德风险。第二，准入门槛低。对于想要注册网贷的平台来讲，成立平台的流程非常简便，所以在造就了网络借贷的疯狂发展的同时，也引入了不少的性质动机不纯的平台。

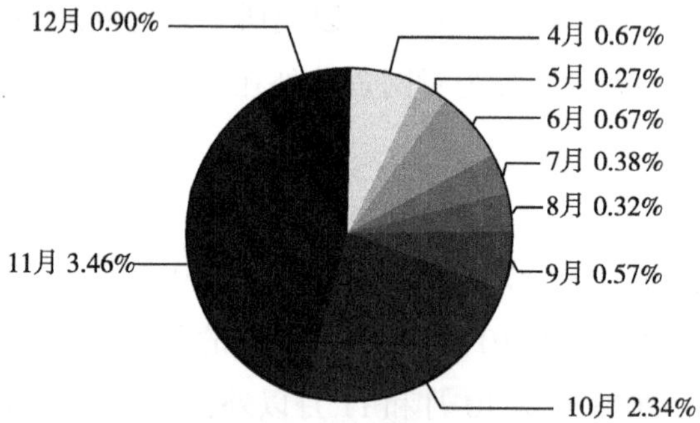

图5－24　2013年各月问题平台数量占比

（资料来源：网贷之家）

二是引发倒闭。自融性质的平台主要指的是那些实体企业，因自己难以在银行筹到款项，加上民间借贷的成本比较高，从而通过以一些虚假的借款人作为幌子，名为个人借款，实为企业融资，但他们的初衷也许并不是为了骗取钱财，但后期因管理不善或者前期太过于乐观等其他的一些原因导致公司破产，最终使得借款人的钱难以收回。平台自融所表现出来的问题主要体现在以下几点。第一，平台自融的资金去向问题导致资金存在风险。比如一些平台将自融的钱财购买那些周期长、风险高的理财产品，或者进行股票投资，而这些项目的风险往往都比较高，投资安全度比较低而导致的平台破产。第二，自融平台中庞氏问题凸显。中国的融资平台中，大多是借新债还旧债，新借入的资金需要融入旧债的本金和收入中，但是一旦出现平台的人气突减，就会出现资金链条断裂的情况，从而导致平台因一时的资金供应不足而破产。

三是被迫倒闭。真正属于中介性质的平台的倒闭最主要的原因可能是自身的管理经验不足或者风控实力不强。在这类倒闭的企业中，平台也许是真正想要做好做大，动机是比较单纯的，但不能仅仅因为进军这个行业的门槛低、利润诱人而贸然进入，自身前期也并没有做好相关的调研和准备工作从而导致企业破产的，这是一种对投资者和借款人不负责任的表现。拍拍贷 CEO 张俊指出，在这三大类出现问题的平台之中，中介性质的平台所占的比重最大。从这三大类有问题的平台的分析中可以看出，作为投资者怎样才能真正分清在虚拟世界中的交易内幕，需要擦亮双眼，仔细斟酌。

（2）利率过高

借贷平台的年化贷款利率非常高，从所采集的数据中来看，拍拍贷的平均年化利率为 17.45%，而有些平台的年化利率更是超过了 20%，远远超过了其他的一些正规金融机构的收益水平，对于投资者来说确实诱惑力不小。并且从本文的第五部分中模型假设二的结论中可以了解到大多数的投资者还是更青睐于投资回报率高的借款人，但一般高收益往往都要伴随着高风险，并且在投资者和借款人的博弈之战中还有可能会导致“逆向选择”的现象，如果借款人所放出的利率过低则筹不到资金，若利率高的话则会增加自身的成本，所以会有一些正规的借款人因不愿增加自身的利率而逐渐退出市场，时间久了的话，市场上可能只剩下那些高利率的不太正规的借款人了。除了拍拍贷以外，有些平台的利率甚至达到了 40%，最初面对如此高额的利率时，投资者也相应考虑到信息的不透明性，并持着迟疑的态度，但随着前面几次资金的顺利收回，便开始大胆地将资金放入平台中，但经历过 2013 年的倒闭潮后，不少的投资人也开始变得理性起来，就 2013 年的高息问题平台来看，大多数的平台在成立 3 ~4 月后便倒闭，而 2014 年的利率有所下降，可能平台倒闭所经历的周期会更长。所以就投资者来说，在进行投资的时候不要仅仅为了追求高利率而忘记其背后的风险，并且在选择平台时可以选择一些成立时间稍微久且口碑好的网贷平台，切不可一味地追求高利润而最终给自身造成太大的损失。以平台自身来讲，也不能仅仅为了吸引到投资者或者借款人而放松自己的审核条件，严格把关、理性管理、谨慎运行才能使得自身平台越做越大。

（3）立法不足

网络借贷自成立以来虽然一直从事的是金融业务，但却并没有获得金融许可证，目前大多数的网贷公司都以“网络信息服务公司”或者其他的咨询类公司而存在着，成立公司手续非常简便，建立网站后备案登记就可以了，成本最低可以控制在5万元以内，所以网络借贷也被大多数人认为是游离于金融监管之外的。正是由于没有正规的监管部门来进行监管，更没有相关的法律政策进行约束和管制，使得一些不法分子有机可乘，大肆骗取钱财，进而导致了该行业的风险不容易控制，相关责任难以追究。就目前的发展来看，有些平台已经自发建立了一些行业自律和监督的组织，但不管怎样对于规范和引导的正规发展也产生了一定的积极作用。特别在“两会”期间“网络金融”被提及，使得越来越多的人开始关注网贷，同时国家层面也开始有了一定的重视度，并且国务院已经决定由银保监会来承担对网络借贷的监管，但监管细则目前却仍未出台，但却也为众多的平台纳入正轨管理带来了希望。但就目前来看，正是由于监管细则的尚未出台，因此风险仍然是不容忽视的。

（4）信息不全

中国的网络借贷模式虽然是由国外传过来的，但众多的平台已经在此基础上进行了创新和延伸，但相比较而言，就征信系统方面的资料完善度，中国还远远不如欧美等国家。首先，中国的信用体系还处于起步阶段，央行征信系统中数据的全面性和普及性还不够充分，并且电子购物和线下收单等一些基础数据比较分散，难以系统化。其次，央行的贷款卡系统虽然包含了一些借款人的相关信息，但所包含的信息具有一定的局限性，并且范围狭小，比如该系统只对有车贷、房贷等的客户进行监督；此外，央行的征信管理系统并不是完全开放的，并且获得的数据资料和应用的程度与发达国家相比差距很大。正是由于这种双方借贷关系严重不对称性，才导致了借贷交易的不透明性和不公平性，虽然有些平台摒弃了传统的线上审核机制，而是由线下人员考察征信、获取信息资料，但是这种方式的审核往往会带有一定的主观色彩，并且所需要的成本也会比较高。但是如果仅仅依靠线上的资料考核的话则又会存在资料的不准确性，毕竟仅靠信用来进行贷款的风险还是比较大的。由于央行贷款数据的不完善性和开放程度的局限性，因此如果能够有效地利用一些大型的社交平台作为依托，则能够有效地降低风险，因为在一些大型的社交朋友圈里面，可能彼此都比较熟悉，所以不管是借款还是投资心里都比较有底，此外这些社交圈里面往往用户的个人资料也比较齐全，便于查证，并且用户群体也比较稳定，所以如果能将其有效利用的话也许可以有效地避免"暗箱操作"问题的存在。

5.3 农村金融机构的问题

5.3.1 农村信用社的不足

1. 农村信用社的发展历程

为了满足迅速发展的集体经济和个体经济的需要，城市信用社和农村信用社在城乡获得了迅猛发展。从 20 世纪 80 年代开始，农村信用合作社围绕着"如何办成真正的合作金融组织"这一命题进行了多次反复的改革。从管理体制上看，国家决定把信用社交给中国农业银行管理（1979 年）。其间，"农村信用社是集体金融组织，又是国家银行在农村的基层组织"，农村信用社逐渐失去了经营自主权，走上了"官办"的道路。此后，农村信用社大致经历了三个阶段的改革。

（1）国家银行管理下的改革阶段（1984—1995 年）

1984 年，党中央、国务院转发了《中国农业银行关于农村信用社管理体制改革的决定》，明确地指出把农村信用社办成自主经营、自负盈亏的群众性合作组织，重点要恢复农村信用社的“组织上的群众性、管理上的民主性、经营上的灵活性”。以后在中国农业银行的领导下，农村信用社在组织建设、业务管理以及民主管理等多方面进行了改革。但是，这次改革还是没有能够突破国家银行管理的模式，没有实现根本性的体制变革，总体而言，这是一次不够深入、不够彻底的改革。

（2）中国农村信用社与国家银行脱钩后改革尝试阶段（1996—2002年）

1996年8月，《国务院关于农村金融体制改革的决定》提出了改革中国农村金融体制的措施，首先解除农村信用社与中国农业银行的行政隶属关系，其次是对农村信用社进行规范管理，主要包括清股扩股、建立民主管理制度、调整服务方向等几个方面的内容，在此基础上把农村信用社办成农民入股、社员民主管理、主要为入股社员服务的真正的合作金融组织。到1996年底，全国农村信用社基本上完成了与中国农业银行的“脱钩”工作。1997年6月，党中央、国务院决定了在中国人民银行内设立农村合作金融监督管理局，把农村信用社改革、行业管理和监督这三项职责归由中国人民银行一身兼任。虽然农村信用社在改革期间遇到过很多挫折，但是其定位逐渐清晰，经营管理趋于规范，资产质量也逐步得到改善。但是这一阶段的改革依然存在着诸多的问题：所有者地位未能得到落实，没有理顺行业管理体制，以及政策扶持力度不够、内部管理偏松等，使得农村信用社的资产质量仍然处于较低水平、经营亏损严重、没能发现一些较大的潜在风险，这次改革还没有让农村信用社在经营机制和服务方式等方面适应农民和农村经济发展的需要。此次改革所取得的成效也是非常有限的，农村信用社的改革和发展道路依然很漫长。

（3）农村信用社改革的深化阶段（2003年至今）

2003年6月27日，《国务院关于印发深化农村信用社改革试点方案的通知》颁布，开始了农村信用社的产权制度和管理体制改革。2004年9月，《国务院办公厅关于进一步深化农村信用社改革试点的意见》发布，从而扩大了改革试点的范围，指出要按照“明晰产权关系、强化约束机制、增强服务功能、国家适当支持、地方政府负责”的总体要求，逐步推进完善管理体制以及产权制度的改革，从而促进农村信用社加强内部控制，转换经营机制，使中国农村信用社真正成为自主经营、自担风险、自主约束和自主发展的市场主体，使其真正成为服务农村服务农民服务农业经济的社区性的地方金融企业。

2. 农村信用社的短板

（1）股金构成不合理

农村信用社股金构成不合理，造成产权主体虚置，所有者缺失，经营者控制。目前中国的农村信用社股金主要由社会自然人股、法人股、内部职工股的存款性股金构成。在“入股自愿，退股自由”的原则下各股东变动频繁，每年都有较大的变动，其实收资本难以成为真正的法人资本金。而且占股金80%以上比重的是作为农村信用社自然人股东的农民个人，他们没有监督管理的积极性，一般都不愿意参与对农村信用社的监督管理。与此同时许多农村信用社疏于为入股的社员创造有效的行使监督管理权力的机会，这些就容易造成农村信用社的产权主体虚置。由于缺失真正意义上的所有权人，农村信用社的经营管理一直缺少来自财产所有者的监督。同样，由于剩余索取权不清晰，就无人真正关心农村信用社的盈亏状况。在此情况下，相当多的农村信用社经营者误认为农信社就是自己的，而经营者能否维护农信社利益则完全取决于其个人是否忠诚、廉洁、敬业，经营者主权至上在此背景下演化为内部人控制。管理者与经营者产生合谋，默许或纵容违规损害农村信用社整体的利益（见图5－25）。

（2）管理体制不完善

从外部监管的角度来看，目前明显存在两个方面的不完善。一是在行业管理方面。长期以来中国农村信用社的监管和行业管理由中国人民银行及其地方分支行、中国银监会及其地方监管局负责。这种监管模式，一方面导致监管当局独立性的丧失，在人民银行监管期间尤其明

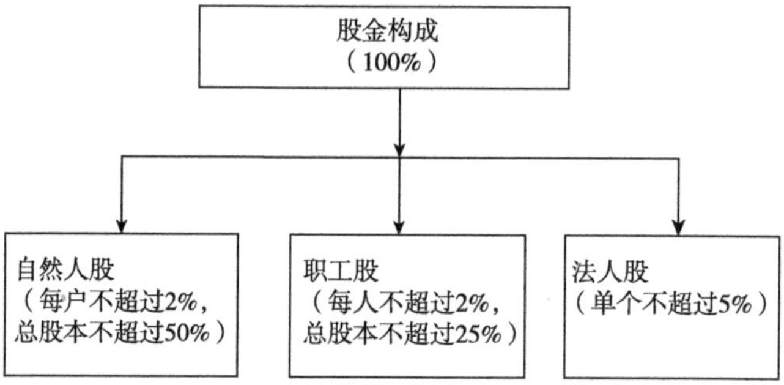

图 5－25　2003 年农村信用合作社改革后股金构成

显。另一方面也增加了农信社对中央银行资金的依赖性，特别是由于地方政府监管权力和责任的缺失更带来了一系列的问题。二是在财务监管方面。一般而言包括金融机构在内的各类经营机构的财务监管职能应该由各级政府的财政部门行使。这种职能长期以来一直是由国家税务部门代为行使，而国家税务部门更多的是关注税收和与税收相关的问题，对其他财务问题很少顾及，对农信社的财务监督几乎是处于空白的状态。

由农村信用社的产权障碍决定了其自身的管理体制也存在许多的问题，其突出表现在以下三个方面。一是农村信用社的管理架构上存在缺陷。缺乏对经营者的行为进行监督和制衡的董事会、监事会等机构。农信社本应是由社员民主管理的合作金融机构，但是现实中并没有所有者的权利体现。信用社及其联社设置了理事长和主任，这些负责人由上级或者监管部门任命，信用社法人地位和社员选举权事实上不受尊重。理事长和主任有独立行使经营管理权力，对机构的控制有着至高无上的权利。二是内部管理薄弱。据有关资料显示，全国信用社员工中大专以上学历的尚不足三成。人员素质相对较差，从而导致一部分农村信用信社累积性的组织管理能力欠缺，信息采集和市场分析技术与处理能力不高；管理基础工作薄弱，信贷决策或信贷行为存在不适应性风险控制力有欠缺。三是乡（镇）农村信用社和各县（市）联社各为独立法人，机构分散抗御风险能力较弱。县（市）联社作为农村信用社入股组成的联合组织，既行使对农村信用社的管理职能自身又经营业务，实际上也已成为农村信用社的基层管理机构，县（市）联社和农村信用社之间权责不清矛盾较多。

（3）信贷能力较弱

由于种种原因导致了农村信用社存在着不容忽视的经营困境，主要表现在以下方面：一是信贷资产质量低下，一逾两呆贷款率高蕴藏着较大的金融风险。二是相当一部分信用社处于亏损状态，财务风险高。另外，在相当多的地区，普遍存在的问题还有农村信用社占有中国人民银行数额不小的再贷款。根据农业部相关资料中披露的数据，全国农信社不良贷款比重达到44%。呆滞、呆账贷款分别占到31%（3713亿元）和8%（981亿元）。46%的信用社亏损，58%的信用社已经资不抵债，历年亏损挂账则为1.232亿元。该报告还指出全国农信社所有者权益966亿元，历年挂账亏损1.249亿元，在不计不良资产因素的情况下已经资不抵债。按此口径，全国约有53%的省份信用社净资产为负数，其中严重资不抵债的信用社有1万个，占总数的27%。农村信用社的经营困难已严重影响了其自身的健康发展和为“三农”服务的能力。

5.3.2 农村商业银行的不足

1. 农村商业银行的发展概况

农村整体经济发展水平的高低是衡量中国经济发展水平的重要指标。因此，随着中国金融体制变革和社会主义经济的发展，农村金融体制变革逐渐成为中国发展农村经济首要解决的问题。对于新型的金融体制农村商业银行来说，它在以往股份制和商业制的基础上，结合两者的优势，使用股份商业制。这项体制除了能够改进和完善管理模式之外，还有助于银行获取更好的经济效益。与农村信用社相比，农村商业银行的股权结构也发生了变化，不仅设置了法人股和自然人股，还设立了与之对应的投资股和资格股股权。资格股就是传统的农信社商业股份，对象主要是个体工商户、农户、银行员工等，它的原则主要是一人一票，主要就是以人为主；而投资股的原则是一股一票，简单来说就是持有的股本越多，越有发言权。而且投资股面向的对象以企业法人为主。农村商业银行的商业制特征，可以继续促进“三农”即农村、农业、农民的持续发展，同时也有助于提高当地人民的生活水平，加快了城乡一体化发展的进程。

中国在2003年时推行了农村商业银行改革政策，并采用试点方式对江苏、吉林、江西、浙江等省份的农村商业银行进行改革，同时还给出改革的具体方案，内容包括设立方式、地位、组织结构和性质等。政府在对这些农村商业银行进行改革时，并没有采取统一的改革方案，而是在保证改革方向的前提下，结合该银行的实际运营状况以及当地影响银行发展的各种因素，调整并完善改革方案。在进行改革过程中，除了江苏省以外，其余省份均采用农村商业银行的经营模式，改革效果最为明显的则是浙江省。而江苏省在改革时选择的是农村商业银行的经营模式。随后，国家通过研究分析试点地区农村信用社改革的状况，在全国全面推行改革政策。其中，对于经济较为发达的沿海地区来说，大部分地区均以农村商业银行为其经营的主要模式。

截至2008年，中国农村商业银行的数量已多达上百家。而近年来，仅浙江这一省份就已经有十多家，每个农村商业银行设立很多支行，支行最多的农村商业银行达35个，各处分布的网点就更不用说。可见农村商业银行有很好的发展前景。因此，目前农村的经济发展水平和人们的生活水平都得到了显著的提升。浙江省是国家推行农村商业银行改革的试点省份，而且除了它之外，还有江苏、吉林、江西等其他省份。在进行改革过程中，浙江省走在改革前沿，经过十年多的发展，浙江省现已有十多家农村商业银行，相应的农村生产总值增长率分别为11.9%、10.4%、4.28%、7.45%、10.6%、8.1%、13.57%、10.92%、6.71%、8.73%。其中2003年至2004年与2004年至2005年这两段增长趋势较明显，而浙江省从2003年开始成立农村商业银行，之后一直在增长，从2008年、2009年开始增长趋势更加明显，而浙江省在2008年和2009年又增加了6家农村商业银行。

由此可见，农村商业银行的发展对农业发展有一定的贡献，农村商业银行充分发挥了支持“三农”的作用。主要原因就是进行改革后的农村商业银行，经营模式与传统的经营模式相比，具有显著的优越性。主要表现在：银行的工作业务量加大，提高了银行的经济效益；经营业务范围得到扩大，因此提高了资产质量和资本充足程度。这就为农村商业银行发展提供充足的资金保障，同时也便于推动“三农”经济的发展。浙江省在实施农村商业银行经营模式时，服务的对象以城区居民、个体工商户和中小型民营企业为主。改革以前的主要任务就是服务“三农”，改革后，农村商业银行对此方面没有忽略，而是准备更好地为“三农”服务。

浙江省试点之一的某商业银行在开展日常工作时，注重“三农”服务。因此，随着改革工作的不断进行，该银行的信贷业务能力得到大幅度提升，同时也获取了较好的经济效益。它还重点扶持一些传统农业，包括粮食、瓜果菜蔬、花卉苗木等，在此方面每年安排3亿元的专项资金。这不仅为农业经济的发展提供了充足的资金保障，还在一定程度上提高了人们的生活水平。浙江省另一家农村商业银行结合周围的地理环境和人们的生活水平，主要面向山区的农民开展业务。同时还实行上门服务为当地百姓提供服务。这种服务方式不仅为百姓提供了充足的资金保障，还提高了银行的信用度和满意度。

随着农村商业银行的不断改革，银行的业务范围与之前相比也发生了巨大的变化。比如浙江省的某农村商业银行在进行改革过程中，也对自身的业务范围进行拓宽，增加了水电费、缴纳话费等中间业务。还推出了个人外汇业务等，极大地方便了农村归侨与家人之间的汇款操作。同时该银行还在农村各地添设服务网点，增加自动取款机的数量。这些方式不仅能够为人们的生活提供便利，还能够提高银行的信用度和满意度。而浙江省另一家农村商业银行在进行改革的过程中，从中小企业的风险程度、贷款用途和贷款期限的角度出发，制定符合当地小企业发展现状的利率。同时银行还考虑小企业的发展需求，开展与小企业发展有关的循环贷款、存贷挂钩等业务。

浙江省的农村商业银行不仅高级管理层素质比较高，其中管理层包括董事会、股东代表会、监事会，而且银行的工作人员都拥有专业素质和专业技能。银行还注重人才招聘，特别注重选择那些素质水平较高的应聘人员。除此之外，银行还健全和完善了员工的培训体制，注重培养银行员工的专业素质和专业技能；内部控制和风险管理加强。浙江农村商业银行注重债权人和股东的利益，同时还注重提高自身的服务能力和服务质量。由此可知，农村商业银行都比较注重自身的改革，在开展自身业务的同时还强调自身的发展规模、服务质量和经济效益。同时还注重提升自身的管理体制，建立健全风险预警机制，保障银行能够正常有序地运行。

2. 农村商业银行的短板

（1）内部治理效率不高

一是管理层持股比例太低，中国农村商业银行在人员的配备上沿用了原来农信社的模式，管理层也是原班人马，虽然公司已经改制为股份制有限公司，但是管理人员仍旧是由行政任免，没有摆脱原有计划经济模式，导致管理层激励不足，从而管理层也就没有强烈的动机将公司经营好，甚至会出现寻租的情况。二是运作机制不健全。农村商业银行均按照现代企业制度设立了董事会、监事会等机构，对公司的日常运营进行决策和监督。但是农村商业银行高级管理层均由原农村信用社领导班子产生，传统操作习惯及决策模式仍被沿袭，“三长”（董事长、行长、监事长）职责不清，分工不明，不同程度地存在“几套班子，一班人马”、沿用一个人说了算的管理方式。因而也就出现了对高级管理人员的制约机制不健全。虽然建立了股东大会、董事会、监事会组织，但“三会”作用还未真正发挥。三是管理层注重眼前利益而忽视长远发展，为了企业所谓的形象及内部职工的利益，在仍存在一定包袱及资本充足率达不到法定标准的情况下，进行高额分红，长此以往可能损害存款人的利益。四是农村商业银行还没有建立先进的企业文化，甚至还对企业文化建设不够重视。农村商业银行由具有明显计划经济特征的农信社改制过来，制度不完善，文化也相对落后，表现出的“大锅饭”思想、平均主义思想较重，加上论资排辈，用人机制不合理，员工的工作积极性不高，组织纪律观念、集体主义观念较差，没有共同的价值观，人浮于事，团队精神不足；不愿付出，只想索取，安于现状，不思进取，改革创新精神不足。这些观念，对企业长远发展是不利的，同时也不利于激发企业员工斗志，提升企业竞争力。

（2）产品服务功能不全

农村商业银行基本上以传统的存贷业务为主，产品和服务较为单一，金融产品和服务存在同质化的倾向，利润的增加主要依靠的是存贷款规模的增长，还处于粗放式增长阶段。中间业务仅仅局限在代理保险、代收代付、代签汇票等简单的业务范畴内，且总量较小，基本上没有承诺或担保类中间业务，个人金融产品严重匮乏。尤其是银行卡业务，由于受区域、结算速度、品牌因素的影响，发展前景不明。未采用统一信用卡品牌的农村商业银行银行卡存在明显的规模瓶颈，无法满足现代社会条件下客户的全方面多层次的需求。农村商业银行的产品和服务较为单一的首要原因是目前农村商业银行的商业银行规模普遍偏小，经营区域狭窄，新产品的开发成本较高，没有规模经济，制约了其产品开发和对客户的服务水平，其次是农村商业银行高层次的人才的缺乏，无法进行金融产品的设计和风险防范。而一旦宏观环境发生变化，经济增长速度下降，可持续发展能力不足。

（3）盈利能力薄弱

一是资本规模仍然偏小，与当地发达的实体经济的金融服务需求不匹配，使得农村商业银行失去了一部分优质客户。由于自身规模过小，前几年有的农村商业银行出现了单一客户贷款比例远远超过标准值 10% 的情况，这给农村商业银行的运营带来了很大的风险。二是经营观念落后，盈利渠道单一。基层农村商业银行的业务经营与其前身农村信用社一样仅限于存贷的旧模式，服务的观念还比较狭隘、认识还不到位，即使有一些改进和提升，也只限于改进窗口服务、厅堂服务等，以客户为中心、以创新谋发展、以市场求生存的思想不能贯穿业务经营、产品创新、科技发展、人员管理等各个方面，经营观念和服务手段远远落后于当地实体经济的发展步伐。由于中国的存贷款利率由央行规定，且近年来存贷款利差很高，因而农村商业银行可以直接享受国家规定的高利差带来的收益。但是，一旦以后利率市场化，利差缩小，对于其他中间业务开发不足的地区农村商业银行来说，其盈利能力将会面临巨大挑战。三是农村商业银行的品牌形象相对于大银行来说还是比较弱小，信誉度明显不如大型商业银行，企业和民众难免心存疑虑，业务拓展受到影响。一些国家部委明令禁止下属单位资金存放到信用社等金融机构，只能存放在四大国有商业银行。因此，农村商业银行需要在经营过程中逐渐树立和完善自身形象，在当地形成品牌影响力，才能真正立足市场，为以后做大做强夯实根基。

（4）金融创新能力不足

由于经营观念落后，优秀专业人才的缺乏，以及信息技术落后等方面的原因，中国农村商业银行的金融创新能力非常有限。随着外资银行、国内大银行在当地业务的逐渐展开，农村商业银行如果不能积极开拓新业务，跟上社会需求，则其生存空间也将会受到挤压。另外，由于缺少管理层的激励机制，以及用人制度沿用原有的“大锅饭”模式，导致从管理层到基层员工都缺乏创新的动力。

（5）营运存在风险

农村商业银行立足县市域，其所有金融资产主要针对该县市的产业和行业进行配置，而一个县市的产业结构与行业结构有其局限性，造成农村商业银行的贷款对象往往存在行业集中，这样就导致农村商业银行不能分散行业风险，所以农村商业银行面临的产业风险要远远高于其他的商业银行。一旦服务于县市域经济的农村商业银行支持主导行业过大，行业的波动足以将县市域的农村商业银行拖垮。因此，农村商业银行的金融资产必须足够分散，而县市域经济为分散金融资产提供的条件又是有局限的。

5.3.3 农村合作银行的不足

1. 农村合作银行的发展概况

农村合作银行在是农村信用社的基础上组建起来的。2001 年，中国才开始第一次在实践层面尝试组建农村合作银行。2001 年 11 月，经中国人民银行总行批准，农村合作银行试点首先在宁波鄞州农村信用社开始实施组建。宁波鄞州农村合作银行简称鄞州银行，是依据国家有关金融政策和法律规范，由其前身鄞县农村信用合作联社改制组建起来的依法享有独立法人资格的农村合作金融企业。鄞州银行的发起人包括了原鄞县农村信用合作联社社员、辖内其他农户、企业法人和其他自然人、法人。在地方党委、政府以及人民银行的指导和帮助下，鄞州联社开始实施体制改革工作，在两年内对体制改革的方案进行论证和修改，并进行了大量资产核实、清理股金以及增资扩股等前期准备工作。2003 年鄞州银行全面完成筹建任务，召开第一届股东代表大会，选举产生第一届经营和管理领导，经人民银行总行批复同意后，鄞州银行正式挂牌成立。

2003 年 5 月，中国开始对八省市的农村信用社实施试点改革，国务院将以股份合作制为原则成立的农村合作银行确定为农村信用社深化改革的推荐模式之一。同年，中央政府下发了《深化农村信用社改革试点实施方案》，这份文件提出将吉林等八省市作为改革的试点地区，启动新一轮的改革来解决农村信用社的发展问题。这份文件同时指出，明晰产权关系、强化约束机制、增强服务功能是对农信社改革的基本要求。为了加快农信社产权管理方面问题的改革，文件强调要求地方政府负责改革，中央政府则会适度予以支持。

这轮发起于《深化农村信用社改革试点实施方案》的农村金融改革，首先是强调变革农信社的产权制度，并在此基础上建立与之相匹配的法人治理结构，将农信社的产权关系更加确定。依照各地的不同特点，制定与之匹配的产权机构，依照各地的经济发展实际，规划与之匹配的发展模式。其次是改革农村信用社管理体系，建立各地的农村信用社省（市）级联社，并由同级地方政府负责监督管理。试点方案提供了股份制、合作制、股份合作制三种可选择的农信社产权结构。在试点八个省（市）中，浙江省和江苏省作为相对发达的两个省份，分别采用了不同模式的产权结构，即浙江省全部采用合作银行模式、江苏省全部采用商业银行模式，除此之外的其他省（市）依照自身发展状况和条件均选择了合作银行模式。2003 年 9 月银监会颁布了《农村合作银行管理暂行规定》，第一次在政策上明确了农村合作银行的合法性。其中，文件规定了农村信用社改制为农村合作银行的必要条件，包括组建资本金不低于 2000 万元，不良贷款比例在 15% 以下，发起人不少于 1000 人，核心资本充足率达到 4% 等。

2004 年 8 月，国务院出台《国务院办公厅关于进一步深化农村信用社改革试点的意见》（以下简称《意见》）。《意见》对八省（市）农村信用社的改革试点工作的进一步开展提出了相应的要求，对改革试点范围的扩大和相应的工作制度安排都做出了明确的规定。改革方案没有大的变动，基本上按照八省（市）的农信社改革试点的方案实施。随着农村信用社改革的大力推行，新一批的农村合作银行逐渐挂牌成立。

2. 农村合作银行的短板

（1）经营模式陈旧

在一国经济发展过程中，农村的经济发展水平是影响国家整体经济水平的关键因素。因此，改进和完善农村金融体制已经逐渐成为一国农村经济发展的一种重要方式。农村合作银行就属于金融体制改革的内容。而随着社会主义经济的发展和市场经济体制的变革，政府为了统筹城乡经济，推行了农村信用社改革政策，农村合作银行也随之应运而生。然而，在进行改革过程中，大部分银行仅仅对表层进行了改革，并未深层次地实现银行内部经营模式和管理模式的变革，因此，改革工作并不彻底，取得成效也不太显著。同时，在其经营发展目标上，由于进行了制度改革，使得经营目标不明确，经营发展思路依然采取原来的方法，没有推陈出新。而且，在进行改革过程中，并没有综合全面地对银行的风险预警机制、管理和经营模式进行健全和完善，也没有考虑市场需求，制约了农村合作银行改革工作的顺利进行。与其他银行相比，市场拓展力不强，没有自己的核心竞争力，在市场竞争中就没有优势。

（2）股权过于分散

农村合作银行实行股权和法人制度相结合。对于股权来说，它包含自然股和法人股，而自然股的份额远远低于法人股。现在，大部分农村合作银行的股权结构并不合理，其中法人股比例偏低，单个股东持股比例小，在改革实践中，有关这方面的规定对持股比例进行了限定，即不管是对股东还是自然人来说，投资的金额均有所限制。这样的限定导致自然人股东人数众多、股权结构高度分散化，造成所有者缺位，管理难度大。同时，也对银行的管理和监管工作增加了难度。而银行股权结构中股权分散也是制约银行发展的重要因素。由于银行中占有重要地位的管理人员所持股份偏少，使得他们在制定管理决策时，缺乏对风险的判断，一定程度上增加了银行经营和管理的风险。

（3）法人治理结构不完善

一是缺乏完善的法律依据。由于中国股份合作制发展起步较晚，各种与之有关的体制和功能并不健全。同时也没有完善的监管机制对其进行监督管理。那么农村合作银行在发展过程中缺乏健全的管理和监管机制，因此，政府应加强银行管理的规范性和法制性。二是股东代表大会监管力度较弱。农村合作银行的股权结构不合理且股权分散，使得银行的经济效益与股东之间的关联性较弱。同时，由于自然人和法人的权利不同，因此在制定银行的管理决策时，大部分均是由银行的管理人员决定的。这种形式下，使得股东代表大会并未发挥其监管功能，严重损害股东利益。三是没有实现实质性的民主管理，其在民主管理中，形式重于实质。银行在进行管理过程中，采取股权自由的政策，银行的股东流动性大，而且权利模糊，缺乏相应的监管机制。同时由于普通员工没有相应的监督权利，因此，缺乏一定的工作积极性和主动性。而且农村合作银行的股权结构并不合理，这也使得银行的管理和监管部门并没有最大限度地发挥各自的功能，影响了银行的正常有序运行。四是监事会和独立董事的监管力度较弱。在农村合作银行管理过程中，由于高层领导缺乏一定的监管意识，因此关于银行的监管体制并不健全。而独立董事在行使职能时，则是以银行所提供的材料为基础，因此，缺乏对银行发展方向的正确判断，一定程度上影响了银行的健康运行。

（4）金融产品缺乏创新性

中国大部分农村合作银行的金融产品缺乏竞争力，主要原因就是产品缺乏创新。在这方面中国大部分农村合作银行比较滞后。即使有新的产品出现，有的也只能算是新名旧品，把产品进行了简单的包装而已。在改革发展过程中，由于缺乏对市场需求和当地周围经济发展水平程度的了解，不能够制定符合客户需求的金融产品，也就是说仍旧无法满足广大客户对金融产品差异化、个性化的需求，从而制约了银行的发展。

（5）个性服务产品偏少

银行要想相对于其他银行有自己的竞争力，就必须有符合自身特色的金融产品。而农村合作银行却没有自己具有优势和个性的产品。在农村合作银行发展过程中，应结合当地的市场需求，制定符合客户需求的金融产品，并推出个性化服务，提升银行的市场竞争力、信誉度和满意度。特色产品是银行个性化的体现，是与其他银行进行区别的重要标志。而农村合作银行在目前看来，没有自己的银行产品品牌。在金融产品竞争的时代，银行没有自己特色的产品品牌就没有银行形象，就没有竞争力。

（6）中间业务能力较低

发展中间业务是很有必要的，它可以提高银行自身的综合竞争力，改善银行的经营状况，减少资金成本。随着市场经济的发展和金融行业体制的不断变革，市场竞争力成为衡量银行经济效益是否良好的重要指标，因此，银行应提高自身的市场竞争力，否则可能会遭到市场的淘汰。然而由于现在农村合作银行的业务范围较窄，涉及的中间业务也较少。同时大部分农村合作银行仍然采用以往的金融业务，并没有结合当地的市场需求拓展银行的业务，尤其是中间业务。特别是在农村合作银行的体制下，员工的素质高低不齐，总体水平不高，缺乏对这方面的认识，掌握面窄，专业复合型人才不多，业务水平还不能满足中间业务发展的需求。

（7）风险管理能力不高

由于农村合作银行内部控制机制功能并不完善，管理机制也缺乏规范性，同时银行的管理人员在制定管理决策时，由于透明度和公平性欠缺，一定程度上也影响了银行的正常发展。而且，由于银行缺乏相对健全的经营和管理机制，比如风险预警、财务管理、信贷管理等，尤其信贷管理制度缺乏规范性和法制性，因此经常会出现不符合制度的操作。因为一些行政命令直接决定贷款决策，会存在一些不合法、合理的贷款，常见的有“关系人情”贷款，不合理的贷款比例等。这些违规操作不仅制约了银行的健康有序运行，影响了银行的经济效益，还违背了银行的盈利性、流动性和安全性等规则，加大了银行经营的风险。政府在推行农村金融体制改革过程中，农村合作银行在一定程度上也对风险管理机制进行了健全和完善。但是由于中国农村经济发展水平较低，银行在发展过程中处理风险的能力较弱。而且银行遇到的风险有操作风险、信用风险和市场风险。同时由于银行风险预警机制功能并不健全，这也增加了银行遇到风险的概率。

（8）企业文化建设欠缺

农村合作银行在进行管理过程中，并未设置完善的人力资源管理机制，在人才招聘和培训方面的功能也不健全。这就造成员工在工作过程中不能够发挥自身的优势，也导致银行员工整体的专业素质和专业水平较低。因此，为了保障银行的有序运行，应加强和健全人力资源管理机制的各项功能，并增加员工培训，注重提升员工的专业素质和技能，进而提高银行的服务质量。

与其他合作银行相比，农村合作银行的企业文化比如服务意识、团队合作、员工工作态度、奉献、敬业等方面仍然存在着诸多不足之处。

而且员工的综合素质水平较低，所以为了农村合作银行的长久发展，应注重培养和提高员工的素质水平和服务质量，只有这样才能够提高银行的信誉度，获取较高的经济效益。

5.3.4 村镇银行的不足

1. 村镇银行的产生

(1) 村镇银行的界定

根据原银监会出台的《村镇银行管理暂行规定》（以下简称《规定》）的定义，村镇银行是依据有关法律、法规经中国银行业监督管理委员会批准，由境内外金融机构、境内非金融机构企业法人、境内自然人出资，在农村地区设立的主要为当地农民、农业和农村经济发展提供金融服务的银行业金融机构。村镇银行的设立地点是指中西部、东北和海南省县（市）及县（市）以下地区以及其他省（区、市）的国定贫困县和省定贫困县及县以下地区。

在资本方面，村镇银行可面向境内各种资本以及境外金融机构开放。在发起人方面，村镇银行的发起人或出资人中至少有 1 家银行业金融机构且最大股东或唯一股东必须是银行业金融机构，最大银行业金融机构持股比例不低于股本总额的 20%。在组织形式方面，其主要的形式是有限责任公司或股份有限公司。银行业金融机构作为唯一发起人并持有村镇银行 100% 出资的，采取一人有限责任公司的组织形式。在规模方面，村镇银行是商业性质的小银行。在经营范围方面，村镇银行可以吸收公众存款，发放短、中、长期贷款，办理国内结算，办理票据承兑与贴现，从事同业拆借、银行卡业务，代理发行、兑付、承销政府债券，代理收付款项及保险业务和银监会批准的其他业务。村镇银行不同于银行的分支机构，属一级法人机构，是独立法人，区别于商业银行的分支机构，村镇银行信贷措施灵活、决策快。

(2) 村镇银行的性质

中国的村镇银行是在借鉴西方国家社区银行理论基础上建立起来的，理论界将村镇银行的属性定位于社区银行。按照国际上所定义的概念，“社区银行”是指在一定地区的社区范围内按照市场化原则自主设立、独立按照市场化原则经营、主要服务于中小企业和个人客户的中小银行。美国在银行业监管和统计口径上，通常把资产规模在1000万美元和数十亿美元之间不等的小商业银行及其他储蓄机构称为社区银行。社区银行具有以下一些基本特征：

第一，经营规模比较小。这是社区银行的最基本特征，社区银行以本社区客户为服务对象，少有分支机构，社区银行之间没有交集。

第二，组织形式比较单一。社区银行规模小、分支机构少，营业场所建立在所服务的社区，以服务社区为初衷，一个银行一个营业网点，在社区以外的地区没有分支机构。

第三，资金存贷限于社区。社区银行最独特的特点是吸收该社区的存款并且将存款投入到所服务的社区，为当地经济发展服务，防止资金外流。

第四，市场定位弱势化。社区银行关注群体主要是小的工商个体户、中小企业、低收入群体。这是社区银行在银行设计制度上一个创新，关注弱势群体，服务弱势群体。社区银行将市场定位在大型银行市场空缺的地方，填补金融市场的空缺。社区银行将营业网点建立在大银行无意发展的农村，避免与大银行争夺市场、客户、资源等，在金融市场的夹缝中成长。

第五，经营决策比较迅速。社区银行组织结构比较简单，审核程序比较少，有利于银行快速地做出决策并得到反馈。

第六，经营特色个性化。社区银行主要对象是社区的个人、工商户和中小企业，根据客户的特点，推出不同的个性化的服务，满足客户的资金需求。

村镇银行作为新型农村金融机构，其社区银行属性主要表现在：

第一，村镇银行是在农村地区设立的，其服务对象主要为当地农民、农业和农村经济，其初衷是服务“三农”，促进农村经济和农村金融的全面发展，为构建和谐新农村努力。

第二，规模较小。最低注册资本要求为100万~300万元人民币。

第三，村镇银行定位于服务中小企业和一般农户，能够利用其独特的信息优势，有效避免融资过程中的信息不对称问题。

第四，贷款资金主要来源于当地的存款，且资金主要投向于本地，满足本地客户的资金需求。其资金全部用于当地农村经济建设，不得发放异地贷款。

第五，委托管理层次少，资金自主支配权大，决策机制灵活。

（3）设立村镇银行的条件

按照规定，在中国设立村镇银行应当具备下列条件：

第一，有符合规定的章程。

第二，发起人或出资人应符合规定的条件，且发起人或出资人中应至少有1家银行业金融机构。

第三，在县（市）设立的村镇银行，其注册资本不得低于300万元人民币；在乡（镇）设立的村镇银行，其注册资本不得低于100万元人民币。

第四，注册资本为实收货币资本，且由发起人或出资人一次性缴足。

第五，有符合任职资格条件的董事和高级管理人员。

第六，有具备相应专业知识和从业经验的工作人员。

第七，有必需的组织机构和管理制度。

第八，有符合要求的营业场所、安全防范措施和与业务有关的其他设施。

第九，中国银行业监督管理委员会规定的其他审慎性条件。

（4）设立村镇银行的程序

设立村镇银行应当经过筹建和开业两个阶段。村镇银行的筹建主要有以下工作：

第一，确定组建地点。

第二，履行法律手续。签订发起人（出资人）协议书，确定拟组建乡村银行的组织形式、出资方式和股本结构，明确发起人（出资人）的权利和义务。

第三，制订筹建方案。

第四，预先核准名称，筹建工作小组应向有名称核准管辖权的工商行政管理部门提交企业名称预先核准申请书。

第五，申请筹建。在各项筹建准备工作完成后，筹建工作小组向银监局提出筹建申请。

筹建期内达到开业条件的，申请人可提交开业申请。村镇银行的申请开业主要有以下工作：

第一，验资。

第二，起草章程草案及各项规章制度。

第三，召开创立大会（股东会）。

第四，申请开业，村镇银行申请开业，申请人应提交相关文件和材料。

村镇银行筹建、开业的审核，均由银监局（分局）受理并初步审查、银监局审核决定。包括筹建审核与开业审核。

筹建工作小组在收到核准开业的批复文件后，应在规定时间内到银监分局或银监局领取金融许可证，并凭该金融许可证到工商行政管理部门办理登记，领取营业执照。在金融许可证、营业执照、凭证、印章、牌匾等所有工作准备就绪后依照有关规定开业。

（5）村镇银行的产权结构与治理结构

第一，产权结构。村镇银行是股份制银行，具有明晰性、多元化的产权结构。村镇银行采取发起人方式设立，应有 1 家以上（含 1 家）境内银行业金融机构作为发起人，单一境内银行业金融机构持股比例不得低于 20%，单一自然人、单一其他非银行企业法人及其关联方合计持股比例不得超过 10%。

第二，治理结构。村镇银行是扁平化的治理结构，这种简洁灵活的治理结构决策链条短，反应迅速，能够根据当时农业和农村经济发展的实际创新金融产品，按照市场化开展经营，形成贴近农村实际的业务流程。

2. 村镇银行的盈利原理

收益与利润相互作用，影响着村镇银行的发展，村镇银行属于商业性质的农村金融机构，盈利是其发展的保障，也是其生存的重要目标。所以作为以盈利为目标的村镇银行在经营过程中会规避风险、寻找高利润的空间。I 和 L 分别表示市场利率与村镇银行的利润，D 和 S 分别表示资金需求曲线和资金供给曲线，E 表示资金供求均衡点（见图 5－26）。

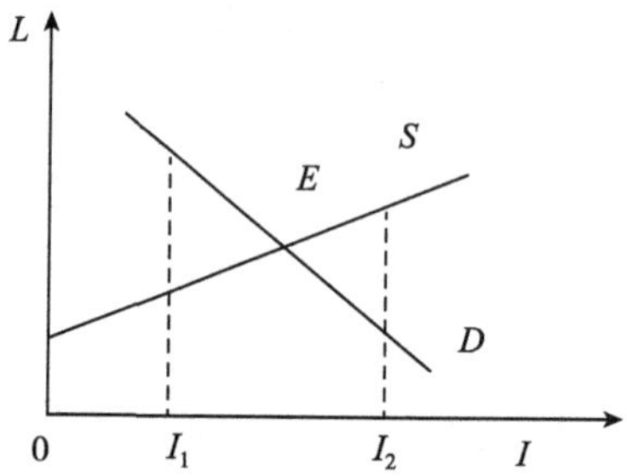

图 5－26　村镇银行盈利原理

当利息提高时，资金供给就会增加，银行的盈利增加，与此同时，资金需求就会下降，资金只会流到可以付得起高额利息的中小企业和较大的工商个体户手中，农户的需求就会减少，从而抑制农村经济的发展。长时间下去，以农村为市场的村镇银行的市场也会紧缩，不利于村镇银行的持续性经营。但利息降低时，资金的需求量就会增加，农户、小型养殖户、个体工商户和中小企业就会增加贷款进行经营活动，提高了农村的经济水平。与此同时，资金的供给量就会减少，这种情况下，资金也只会流入信誉比较好并且与银行关系比较好的中小企业和较大的工商个体户手中，而农户拿到的很少，同样抑制农村经济的发展。长时间下去，以农村为市场的村镇银行的市场也会紧缩，不利于村镇银行的持续性经营。

村镇银行如果只利用低息来扶持农村，这不仅不会服务“三农”也会影响到村镇银行的可持续发展，村镇银行的盈利目的和扶贫初衷相互作用会使其陷入两难境地，结果出现的情况会有两种：一是村镇银行停滞不前或经营困难；二是背离服务“三农”的初衷。农村金融的落后不仅仅是因为农村金融机构的问题，它的原因是方方面面的，其主要原因是农村经济和文化的落后。农村经济的落后制约着人们的思想意识，影响着农村的生活水平，从而影响着农村金融的发展。然而，农村的落后并不是改善农村金融这一手段所能解决的，农村问题是中国经济高速发展下遗留下的经济政治问题，是综合性很高的社会问题。所以，单纯地靠经济手段难以达到预想效果。

3. 中国村镇银行的现状

(1) 村镇银行的数量

为了发展农村金融，建设社会主义新农村，2006 年 12 月 20 日，银监会出台的《关于调整放宽农村地区银行业金融机构准入政策，更好支持社会主义新农村建设的若干意见》放宽了对农村地区银行业金融机构准入门槛。2007 年 1 月 22 日，银监会制定并发布的《规定》为村镇银行进入农村金融市场提供了制度保障。

据银监会年报，截至 2013 年 10 月，中国村镇银行数量达到了 1000 家。其主要分布在农业占比高于全国平均水平的县域、中西部地区、金融机构网点覆盖率低的县域、贫困县和中小企业网络比较密集的城镇。截至 2013 年 8 月 26 日，从各个区域的具体情况来看，每个省都有支撑这个数据的“大户”。其中，东部区域前三甲为山东 65 家、辽宁 61 家、江苏 61 家，东部村镇银行占比为 43.2%；中部区域前三为内蒙古 61 家、河南 58 家，中部村镇银行占比为 37.0%；西部区域的前三则为四川 45 家、山西 32 家，贵州 31 家，西部村镇银行占比为 19.7%。从村镇银行总体经营情况来看，村镇银行发展势头良好，经营规模发展渐渐进入农村金融市场并在农村金融市场成气候，发展前景值得期待（见图 5－27）。

(2) 村镇银行的模式

这里选取四川仪陇惠民村镇银行、广东中山小榄村镇银行、曾都汇丰村镇银行这三家银行为研究对象。仪陇惠民村镇银行是中国设立的第一家村镇银行，在经济发展比较贫困的县设立由当地商业银行筹建的。小榄村镇银行是在中国经济比较发达城市设立也是由当地商业银行筹建。而曾都汇丰村镇银行是由汇丰银行建立的外资独资银行，建立在经济发展比较落后的城镇。三家银行在地域、资本、经营模式等各有各的特点，基本上能代表中国村镇银行的几种生存模式。

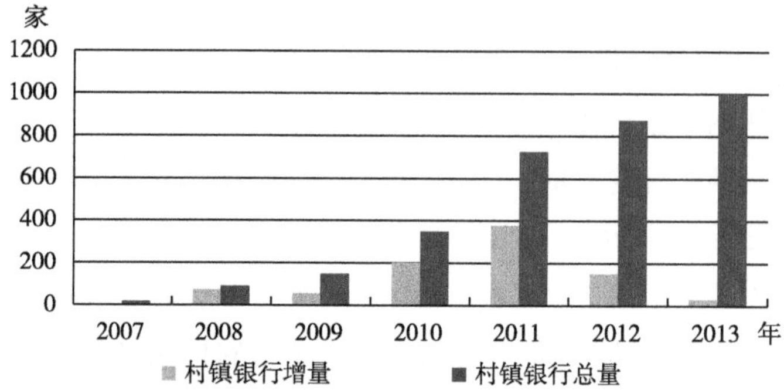

图5-27　中国设立村镇银行的状况

第一，四川仪陇惠民村镇银行经营模式。四川仪陇惠民村镇银行是2007年3月1日开业，由南充市商业银行发起设立的，其注册资本为200万元，南充市商业银行持有其50%股权，其余股份由5家民营企业持有。

目前惠民村镇银行主要工作人员有10人，其主要工作人员来源于南充市商业银行，包括1名行长，1名风险主管，1名财务，1名客户主管和6名柜员。当年5月底，该行个人存款余额为394.1万元，累计发放贷款162.5万元，累计办理贷款业务53笔，已收回贷款18.5万元，贷款余额为144万元。从贷款方式看，抵押贷款余额为47.5万元，占贷款总量的32.99%；信用贷款余额59.5万元，占贷款总量的41.32%；联保贷款余额37万元，占贷款总量的25.69%。从四川仪陇惠民村镇银行发放贷款的情况看，农村客户贷款的金额主要集中在1万~5万元，可以将贷款客户分为六类，贷款需求额细分为三个区域（5000~1万元、1万~3万元以及3万~5万元），1万元以下占比最高，有48笔，占比为72.73%，表明小额农户的贷款金额最集中的是在1万元以内（见表

5－14）。

表 5－14　村镇银行各类型贷款客户的笔数与金额

客户类型	贷款笔数	贷款金额（万元）					
		0.1～0.5	0.5～1	1～3	3～5	5～10	10以上
个人经营	53	0	2	14	16	16	5
个人消费	15	0	1	8	3	3	0
公务消费	1	0	0	0	1	0	0
农业贷款	4	0	0	1	3	0	0
小额农户	66	20	28	17	1	0	0
专业农户	18	0	1	4	5	8	0
总计	157	20	32	44	29	27	5
占比（%）	100	12.74	20.38	28.03	18.47	17.2	3.18

四川仪陇惠民村镇银行运作特点：

一是参股资金互助社。仪陇惠民村镇银行参股资金互助社，把资金批发给资金互助社，扩大资助范围增加农户受益面积，使其零售业务进行批量经营，减少了费用支出，降低了经营成本。开业一年后同仪陇惠民村镇银行合作的资金互助社有13个，并累计发放小额农户贷款100余万元，贷款人数达200多人次。

二是“三位一体”分工合作。仪陇县南充商业银行、惠民村镇银行、惠民贷款公司三家分工合作，形成分层次的、多样化的银行服务链，又称作“三位一体”。四川仪陇惠民村镇银行“三位一体”运行模式最主要是将仪陇县金融系统重新整合，分工合作。针对于大型农产品企业、县城龙头企业、种养大户以及个体工商户的大额的中长期的信贷资金需求村镇银行无法满足其需求，则由南充市商业银行与村镇银行、贷款公司共同为其提供，将从企业中获得的存款贷给农村农户，为其提供更多的金融服务；同一产业链上的金融供应分工化，南充商业银行与村镇银行、贷款公司共同为同一产业链的不同主体提供信贷服务，分工合作。南充市商业银行为大型农产品收购企业提供融资，在农产品收购企业担保的情况下，村镇银行、贷款公司为生产性农业企业、专业户、种养大户及农资供给企业提供信贷资金支持。四川仪陇惠民村镇银行“三位一体”模式如图5－28所示。

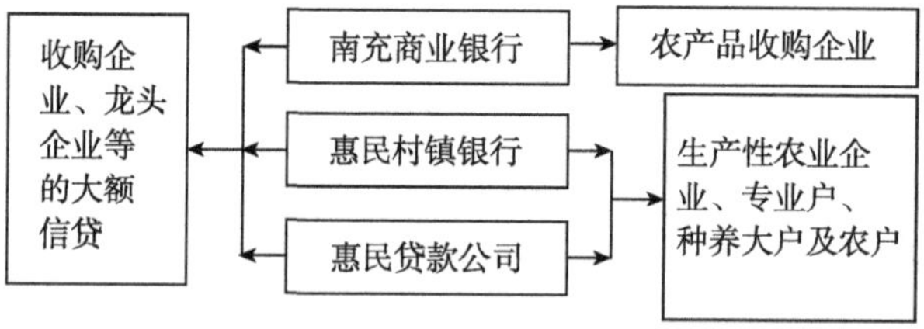

图5－28　四川仪陇惠民村镇银行“三位一体”模式

三是与政府合作参与新农村建设。除了为农户提供信贷服务外，仪陇惠民村镇银行与当地政府合作，也参与当地的新农村建设。努力使农村产业更专业化、规模化和标准化。农村金融机构利用自身的人才优势和信息优势，科学有效地规划了新农村建设，在建设过程中节省了很多建设成本。

四是多种信贷模式相结合。四川仪陇惠民村镇银行根据农村发展形势和优势，针对大型企业、中小企业、个体工商户，有特色的提供相关的金融服务，实行“企业＋农户”“企业＋协会＋农户”等信贷模式。这种模式通过大型企业为农户提供担保，增加了农户小额信贷的信用，降低了银行的信贷风险，降低了管理成本，达成村镇银行、企业、农户三方共赢的局面。

五是建立业务联络员联保制度。为了最大化地降低不对称信息现象，村镇银行引入第三方管理，外聘农村有威信，有一定担保能力的村民或村干部为业务联络员，并且为所介绍贷款提供保证担保。并将信贷成员和联络员组成联保小组。通过建立业务联络员联保制度，形成了相互制衡机制，降低信用风险。

六是引进农业保险。四川仪陇惠民村镇银行与人寿保险公司合作，开发了“贷款人无忧”保险产品，降低因人身意外伤害而丧失还款能力所带来的贷款损失，同时降低了村镇银行的信贷风险。

第二，广东中山小榄村镇银行经营模式。小榄村镇银行由九江银行股份有限公司作为主发起人，与中山市小榄镇城镇建设发展总公司等9家非金融机构企业法人共同出资设立，设立在中山市经济比较发达的小榄镇和商贸中心，最初的注册资本为2.5亿元，居全国村镇银行之首。广东中山小榄村镇银行的市场定位于小榄镇，所有的业务全是针对小榄镇。更具体地说其主要服务对象是小榄镇的中小企业。南方都市报刊登资料显示，截至2009年3月末，广东小榄村镇银行贷款余额已破亿元，达1.47亿元，其中中小企业贷款余额8200万元，占各项贷款余额的55.4%；涉农贷款余额3684万元，占各项贷款余额的24.92%，而涉农贷款中农户贷款余额290万元，仅占各项贷款余额的1.96%，农村社区贷款余额2350万元，农民投资办企业贷款余额1044万元；个人贷款余额为2896万元，占各项贷款余额的19.5%，其中个人创业贷款余额2725万元，个人消费贷款余额171万元。根据2009年3月末的统计数据，广东小榄村镇银行的存款余额已突破2.4亿元，存贷比达60%。

小榄村镇银行为种植业、养殖业的农民专门开发了“农家乐”“易得金”“三户联保”等贷款品种，在社区建设、涉农贷款投放上给予全额保证和最优惠的利率价格，以支持社区发展经济。对无法提供合法抵押物的贷款，主要以担保公司担保或联保的方式进行，最大限度地满足农户的贷款需求。为中小企业专门设计了“添新机”“存货抵押”“应收账款质押”“保兑仓”等授信品种，拓宽中小企业的融资途径。为个体工商户设计“微贷通”业务，具有“免抵押、专业、快捷”的特点。截至2009年10月末，小榄村镇银行的中小企业贷款余额为16332万元，占贷款总额的57.22%。小榄村镇银行通过多种措施与手段针对客户的特点设置了不同的金融服务产品，满足各个层次的农村经济发展需求，促进农村经济的协调发展。至2009年10月末，小榄村镇银行各项资产总额7.39亿元，较年初增长142%。不良贷款率为零，贷款收息率100%，实现净利润194万元。

第三，汇丰村镇银行经营模式。从2007年12月开始，汇丰银行分别在湖北随州、重庆大足、福建永安、北京密云、广东恩平、重庆丰都、大连普兰店开设了7家村镇银行。汇丰一直倡导"全球金融，地方智慧"品牌理念，创新建立村镇银行的商业模式，以适应中国农村多元化的金融需求。

一是团队"本地化"。汇丰村镇银行建立了本地化的工作团队，将熟悉当地金融市场、人文风貌的人才召集起来与汇丰的管理文化、经营理念相结合，从而发展出具有地方特色的现代化村镇银行的商业经营模式。

二是"公司+农户/中间商"供应链的贷款模式。汇丰村镇银行贷款主要根据农村客户的现金流和偿还能力，而不是强求资产抵押。基于这种思想，汇丰村镇银行将农村客户群大体分为农村中小（乡镇）企业、大农户、村镇居民和普通农户等。

针对农业产业链上的农村中小企业和大农户，汇丰村镇银行采用"公司+农户/中间商"的融资模式。该模式主要是通过与当地农业龙头企业合作，并依靠这些龙头企业与农户或经销商的长期合作关系为担保，向农户和经销商提供贷款。贷款到期，还本付息方式灵活多变，可根据借款人生产经营情况、资金回笼状况，确定还本方式。贷户选择到期一次性还本付息，或按季、月、半年分期还款都可。贷户可选择自己去银行还款，或者由龙头企业与农户、经销商货款结算时，由龙头企业直接扣收贷款本息，代为还款。

三是合作社社员联保贷款。针对农村经济独特的特点，汇丰村镇银行将有信贷需求的社员组成联保小组，要求联保小组缴纳联保保证金，根据联保小组缴存联保保证金数倍来计算向联保小组发放贷款，以此作为发放依据。一般此项单笔贷款数额是20万元左右。合作社社员联保贷款是建立在农村产业群体信用的基础之上。

四是普通农户的无抵押小额贷款。由于中国农村经济体制的特点，农村收入具有季节性、高风险性，农村土地属于集体所有，农户没有抵押物进行抵押贷款。2009年10月13日，汇丰银行向农户与农村个体工商户推出了个人无抵押小额贷款产品“贷得乐”。单笔贷款金额在1万~10万元。申请条件是：贷款者为农民且通过汇丰村镇银行的审核。“贷得乐”是对“公司+农户/中间商”贷款模式的延伸，将信贷政策由中小企业转移到了没有借贷能力的农户和个体小工商户中，扩大了农村金融的覆盖面，弥补了一部分金融市场的空白。从2009年6月30日发放第一笔贷款至2009年11月，该行共发放无抵押小额贷款640万元。汇丰村镇银行用现金流分析的方法来审核农村贷户的贷款资质，突破了中国农村小额信贷缺乏资产抵押、贷款难的瓶颈，意义重大。

五是与当地金融机构的合作。随着村镇银行落户随州，曾都汇丰村镇银行在直面竞争的同时，致力于与当地金融机构建立合作伙伴关系。由于曾都汇丰村镇银行暂时不能加入外汇交易中心和人民银行的大小额汇兑系统，因此与当地金融机构在同业拆借、金库管理、押运等方面进行了广泛且深入的合作，在互补中共同构建更加优质的农村金融业务平台。

4. 中国村镇银行的短板

村镇银行的可持续发展在第一个层面上包括村镇银行内部的良性循环和永续发展，在第二个层面上表现为与其周围环境内外交互的一个复杂过程。影响村镇银行可持续发展的内外因素交互的短板表现在以下几个方面：

(1) 资产受限

资产资源是村镇银行资源的一个重要组成部分，是指被银行所拥有或控制的与银行获取财务收益相关的各类资源。具体包括信贷资源、资本资源等，是村镇银行实现自身壮大的源泉。村镇银行的成立，对于非银行企业和个人投资的参股比例限制严格，规定应由1家以上（含1家）的境内银行业金融机构作为发起人。持股比例不得低于20%，任何单位或个人持有村镇银行股份总额5%以上的，应事先经监管机构批准，单一自然人持股比例、单一其他非银行企业法人及其关联方合计持股比例不得超过10%。如果严格按此规定，发起行的影响力将过于强大。村镇银行的独立法人自主决策权将无法体现出来，甚至走向发起行分支机构的管理模式。此外。由于发起行的控股权过大，会减少股东对村镇银行经营管理等方面的关心，因而不能体现公司治理结构的股份制银行优势。

（2）政策不足

村镇银行的政策是指村镇银行的组织结构、内部职能以及政府的相关优惠政策，也包括制度改革、组织结构变动以及由此带来的能动效益。如“其存款利率实行上限管理，最高不得超过中国人民银行公布的同期同档次存款基准利率。贷款利率实行下限管理，利率下限为中国人民银行公布的同期同档次贷款基准利率的0.9倍”。村镇银行作为农村金融市场的新生事物，亟须有税收减免、贷款利差补贴、存款准备金率等方面的制度化和长期化的扶持政策。如果缺乏扶持，出于商业性股份制银行的趋利避害性，村镇银行将很可能走农村信用社的老路，追逐大客户及富裕人群，使金融资金流向安全性更高、营利性更大的城市地区，从而偏离服务“三农”、建设新农村的宗旨。另外，政府的扶持具有不可持续性，政策对村镇银行的保驾护航会使其形成依赖性，缺乏竞争力和抵抗力，而且长期的扶持会给其他农村金融机构的发展带来不公平因素，对建立竞争性、多元化的农村金融市场带来负面影响。

（3）获利受阻

获利能力也就是获取利润的能力，村镇银行作为自负盈亏的市场主体，稳定的盈利能力是其可持续的根本基础和内在动力，也是其实现企业价值、实现发展目标的根本保证。村镇银行主要的竞争对手是邮政储蓄和农信社。银行经营规模大，资本实力雄厚，网点众多，最主要是深入到农村生活中，得到了农户的信赖。相比之下，村镇银行难以在村、县地区赢得客户的口碑与信任，规模化发展受阻；村镇银行成立的时间较短，农村居民对其缺乏了解，与国有商业银行、邮政储蓄银行、农村信用社相比，农村居民对村镇银行的认可程度大打折扣；村镇银行网点少，现代化手段缺乏，缺乏对绝大多数农村居民的吸引力，部分居民将钱存到村镇银行，其初衷主要是获得村镇银行的优惠贷款。村镇银行设立于中国广大的农村贫困地，服务对象为“三农”。由于受人口、资源、经济等限制，居民收入水平不高，农民和乡镇企业闲置资金有限，客观上制约了村镇银行储蓄存款的增长；村镇银行电子银行、银行卡业务、外汇业务等还无法办理，电话银行、投资理财、担保咨询等广受客户欢迎的新型业务受条件限制无法开办，通存通兑业务难以展开。跨行支付和异地结算都是通过他行代理或控股金融机构委托他行代理，是以间接者的身份加入人民银行支付系统。目前村镇银行因无业务库，日常现金调拨和缴库皆由当地农村信用社代理，这种通过他人间接代理和结算的模式，导致支付环节增多、结算速度缓慢。

（4）成长乏力

成长能力反映村镇银行在未来一定时期内的经营水平、业务拓展情况以及长期的发展潜力。可持续发展更注重现实和未来的联系，因为成长潜力是反映村镇银行可持续发展的重要因素。村镇银行设立于中国广大的县城，虽然是农民自己的银行，是“穷人的银行”，具有一定的本土优势，但由于这些地区受地域自然条件和开放程度等限制，居民收入水平不高，农民和乡镇企业闲置资金有限，客观上制约了村镇银行储蓄存款的增长；改革开放以来中国农村虽然发生了历史性的深刻变化，但总的来说，农村面貌依然落后，生产力较低，经济不活跃，有效金融需求不足，普遍缺乏具有借款意愿、合理用途和还款能力的资金需求，广大农民也缺乏脱贫致富的有效渠道。而且现阶段，很多农村地区的信用环境较差，借款人欠账不还、签字不认、逃废、赖债之风不同程度地存在，一些借款企业甚至借兼并、破产、重组等方式逃债和废债。这些也是制约村镇银行持续发展的外部原因。村镇银行成立较晚，资金实力不够雄厚、网点覆盖率不足，绝大多数机构只有一家网点，造成其在广大农户心中的品牌地位不高，客户自动上门存款几乎为零。目前市场准入门槛高，例如，银联对村镇银行缺乏差别性的支持政策，高达300万元的入会费，致使村镇银行的卡业务办理缓慢；大部分村镇银行开办的业务品种仍局限于传统的存贷款业务。其他金融产品也是照搬照抄农行或农信社的，缺乏特色和创新，自然也不具有吸引力。大部分村镇银行突出的“简便、灵活、高效”的特点也并不是对手学不会的优势。因此，村镇银行若缺乏核心竞争力，将很难在竞争的市场中生存和发展；银行要实现可持续发展就必须达到一定的规模，而村镇银行是设立在县或县以下的小型农村金融机构，规定不得发放异地贷款，这就决定了其业务范围很窄。而且银行监管部门对于村镇银行能否运用一定比例的富余资金开办债券投资业务、能否兼并重组农村存量机构或者接管其部分分支机构的业务、能否跨邻近区域设立分支机构等问题，尚未做出明确规定，因而限制了村镇银行的成长壮大。

(5) 风控能力偏弱

制约村镇银行可持续发展的关键是村镇银行抵御风险与管理风险的能力。银行具有与生俱来的风险脆弱性，提高银行全面风险管理能力，是其可持续发展的一项重要能力。从目前情况看，村镇银行的风险主要表现在农村金融环境的不成熟、农民收入不稳定，以及一些中小企业发展后劲不足，如遇到自然灾害严重的年份，贷出去的款项有可能血本无归，这些都将严重阻碍村镇银行的可持续发展。

村镇银行是“草根银行”，是“穷人的银行”，其信贷支持的主要对象为弱势产业——农业，弱势群体——农民，农业和农民对自然条件的依赖性很强，抵御自然灾害的能力弱，在农业保险体系不健全的情况下，村镇银行的信贷资金存在严重的风险隐患。如碰到自然灾害，农作物减产、农业歉收，就直接影响到贷款的归还，这也是所有农村金融机构共同面临的风险。改革开放以来，为支持“三农”经济的发展，国家出台了一系列惠农政策，农民得到了很多实惠，因而也使一些农民对政策产生了很强的依赖心理，凡是国家在涉农方面的政策举动都被认为是对农民的“救助”。以村镇银行来说，他们认为在村镇银行获得了贷款就等于在财政部门拿到了补贴，可不用考虑归还。加之村镇银行发放的贷款多以信用贷款为主，极易形成信贷的道德风险。在中国经济欠发达的农村地区，金融生态环境还有不尽如人意之处。一些借款户信用意识、法律意识淡薄，欠账不还，签字不认，逃、废、赖债之风不同程度存在，信贷资金安全面临很大挑战。相对农业银行、农村信用社等农村金融机构，村镇银行内控和安防能力相对薄弱，应对农村市场错综复杂的社会治安形势能力不够。由于缺失担保方面的相应机制，村镇银行信贷资金的有效运作主要依赖农村地区信贷担保体系的完善，然而农村地区可用担保资源稀少。但就担保物而言，农民手中最大的财产就是土地，而目前由于土地属于国有，农民仅有使用权，即使《中共中央关于推进农村改革发展若干重大问题的决定》中指出，按照依法自愿有偿原则，允许农民以转包、出租、股份合作等形式流转土地承包经营权，发展多种形式的适度规模经营，土地也只能在农产之间流转，尚不能成为贷款抵押品，并且村镇银行一旦出现支付危机，人民银行基层行何时介入、以何种方式介入并化解危机都没有明确规定。

5.3.5 小额信贷的不足

1. 小额信贷简介

小额信贷是指在一定区域内面向低收入人群的小额贷款形式，其目标群体为无法在正规金融渠道获取资金的弱势人群。小额信贷具有两方面的含义：一是为大量贫困人口提供金融服务，二是保证小额信贷机构自身的持续发展。小额信贷源于英文“Micmcredit”，1997 年美国华盛顿峰会后，“Micmnance”一词被创造出来。这一概念属金融范畴，以盈利为目标，发挥金融中介功能，贷款资金最初依靠外部援助，之后通过自主融资实现可持续发展。小额信贷经营目标主要表现在三个方面：缓解贫困、提高妇女地位及实现小额信贷平衡发展。小额信贷的基本要素如表 5 – 15 所示。

表 5－15　小额信贷的基本要素

目标群体		信贷运作		组织机构		持续性
收入差别	性别	区域差别	业务差别	客户类型	机构类型	财务状况
贫困阶层	只限妇女	农村	贷款条件	团结小组	非政府组织	补助阶段
中低收入	妇女为主	城镇	贷款额度	乡村银行	信贷联盟	运作持续
	不限性别	城市	贷款期限	个人	小额信贷	金融持续
			贷款利率	混合	金融中介	
			贷款偿还		商业银行	

小额信贷公司是专门向低收入阶层提供无抵押、小额度信贷服务的金融机构，实行市场化运作、自主经营、自负盈亏、“只贷不存”，它发放的贷款要坚持立足农村、服务“三农”的原则和方向。2008 年5 月中国银监会与中国人民银行联合发布了《关于小额贷款公司试点的指导意见》，对小额贷款公司的性质、设立、资金来源和运用、监督管理等做了具体要求，2009 年6 月银监会发布《小额贷款公司改制设立村镇银行暂行规定》之后，小额贷款公司的融资由内源融资转向多元融资，业务范围由贷款业务转向类银行业务。

小额信贷是减轻贫困的重要的金融手段之一，具有高到户率和高还贷率的特点。目前，中国约有2.4 亿农户，约有一半的农户是从正规金融机构（如农村信用社）中借款，而另一半是靠民间融资。因此，农村金融市场缺乏竞争，使农村金融支农后劲不足，制约了农村经济的发展和农民的增收。小额信贷不同于正规商业银行，也不同于传统政策性金融，使得它在为低收入和贫困阶层提供金融服务的同时，可以实现某种程度上的可持续发展。小额信贷要求市场化利率，从而可能探索一条体制上与商业性金融融合、目标上与政策性金融融合的特殊发展道路，克服传统的政策性金融存在的诸多弊端。小额贷款业务流程如图 5－29 所示。

小额信贷的类型以其规模、服务范围、资金来源、借贷目标、客户特征、贷款程序以及正式化程度等不同而千差万别，它们试图结合和复制非正式借贷中的合理部分，为己所用。普遍认为小额信贷的特征可归纳为以下几个方面：使借款人易于接近并使其交易成本最小化；方便客户根据自己的现金流程按时归还贷款；较低的管理成本和交易成本；利息不至于过高，但要足以弥补包括资金成本、交易成本以及风险成本在内的所有成本项目；通过宣传分享参与权（贷款将在小组成员间轮流发放）促进还款动机的发育；充分掌握贷款发放人及其业务活动、所在社区一般状况等信息，对贷款进行全程、同步监测、管理；运用特殊的融资技术，如小组集体借款、小组共同责任和小组作为共同债务人的身份，提高还款率；小额信贷机构鼓励小组成员储蓄，并鼓励这些成员相互进行储蓄动员，使其从单一的放款行为转变为真正意义上的金融中介；提供金融服务时，对资金用途不进行过多限制，这种较大资金应用弹性可保证借来的资金根据需要得到更合理配置。

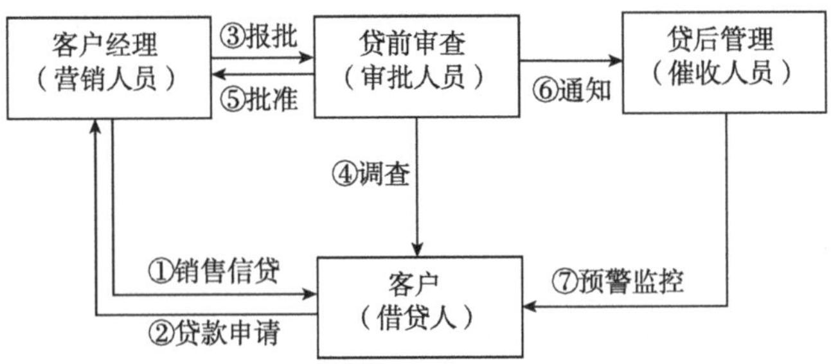

图 5－29　小额贷款业务流程

2. 中国小额信贷的现状

中国小额信贷发展已有十多年的历史，到目前为止，中国小额信贷大体上可以分为四个阶段。

一是小额信贷项目初期试点阶段（1993 年至 1996 年 9 月）。主要依靠国际捐助和软贷款，重点探索的是孟加拉国银行 GB 模式在中国的可行性，以半官方和民间机构进行探索。1993 年，中国社会科学院农村发展研究所首先将与国际规范接轨的孟加拉国“乡村银行（GB）”小额信贷模式引入了中国，成立了“扶贫经济合作社”，先后在 6 个县开展了小额信贷。另一个有代表性的小额信贷项目，是由联合国计划开发署援助、并由中国商务部国际经济技术交流中心项目办公室从1995年开始运行的。该项目已先后在中国16个省（区）的48个县（市）执行，后来还推广到天津和河南的部分城市地区开展针对下岗职工的微型融资服务。该项目在技术上仍然借鉴GB的团体贷款模式，但组织结构则适应中国政府组织系统，通过与不同的地方政府部门合作成立专门的“乡村发展协会”来管理和实施。此外，还有澳大利亚国际开发署援助的青海海东农行小额信贷项目，以及由中国扶贫基金会承办的陕西安康和四川阆中的世界银行项目等。这一时期小额信贷的特点是，在资金来源方面，主要依靠国际捐助和软贷款，基本上没有政府资金介入。这些小额信贷由国内的非（半）政府组织操作，在技术上绝大多数借鉴孟加拉国乡村银行传统模式下的“团体联保贷款”形式。

二是项目扩展阶段（1996年9月至2000年）。在继续借助国际援助的同时，利用国家财政资金和扶贫贴息贷款，使用小额信贷服务金融工具，由政府机构和金融机构实施政策性小额贷款扶贫项目，20世纪90年代中后期认可小额信贷是扶贫到户和缓贫、脱贫的有效手段要求予以推广。

为实现千年扶贫攻坚计划和新世纪扶贫任务，借鉴国外小额信贷的技术和经验，这一时期主要采用孟加拉国乡村银行的传统小组联保模式，以国家财政资金和扶贫贴息贷款为资金来源，中国政府机构和农业银行（中国农业发展银行）主导的“政策性小额信贷扶贫项目”开始发展起来。随着国家扶贫政策的演进，“政策性小额信贷扶贫项目”在一些有小额信贷经验的省份如山西、四川、云南、河北、广西、贵州等地区迅速发展起来，国务院扶贫办系统、民政部门、社会保障部门、残疾人联合会、妇联和工会等先后参与其中，这些政策性小额信贷项目大多数分布在农村地区。但随着国有企业改革提速和城镇中下岗再就业任务日益严重，依托政府再就业基金、工会“送温暖基金”和妇联网络，由政府部门自行设计和执行，面向下岗失业人员和城镇低收入人口的一些城市小额信贷项目，也在这一时期开始运行。另外，占中国扶贫资金大部分的扶贫信贷资金，由农业银行管理并直接以“扶贫贴息贷款”的形式发放到户，这也是中国政策性小额信贷的重要组成部分。这阶段小额信贷发展的显著特点是，在继续借助国际援助资金的同时，中国政府利用小额信贷服务这一金融工具，以实现2000年扶贫攻坚和新世纪扶贫任务为宗旨，以国家财政资金和扶贫贴息贷款为资金来源，以政府机构和金融机构（农业发展银行/农业银行）为运作机构实施政策性小额贷款扶贫项目。

三是农村正规金融机构全面介入和各类项目进入制度化建设阶段（2000—2005年）。正规金融机构借助中国人民银行再贷款的支持推广小额信用贷款活动，从2002年开始，又针对国有企业下岗职工再就业发放自主创业贷款，全面试行并推广小额信用贷款活动。2000年至2005年6月，在促进“农业、农村、农民”发展的战略背景下，为了解决“农户贷款难”问题，中国农村合作金融机构（农村信用社、农村商业银行和农村合作银行）在中央银行支农再贷款的支持下，开始发放“小额信用贷款”和“农户联保贷款”。自2000年开始，作为正规金融机构的农村信用社，在中国人民银行的推动下，全面试行并推广小额信用贷款活动。到2001年已经有32000家农村信用社开展小额信贷服务，几乎占到整个信用社的80%，约有25%的农耕户获得了这种贷款。这阶段的明显特征是农村信用社借助中央银行再贷款的支持，在加强信用户、信用村镇建设的基础上开展农户小额信用放款。从2002年开始，借鉴农村信用社的经验，中国政府开始针对国有企业下岗失业职工再就业发放自主创业贷款。这标志着中国正规农村金融机构开始大规模介入小额信贷领域，而小额信贷的目标也从“扶贫”领域扩展到“为一般农户以及微小企业服务”的广阔空间。自此，小额信贷的总量规模也大为扩张。

四是中央管理部门鼓励民营和海外资本进入，试行商业性小额信贷机构活动（2005年至今）。2005年6月以后，中国小额信贷进入探索“商业性小额信贷”的全新阶段。中国人民银行、银监会与财政部、商务部、农业部、国务院扶贫办等部门就开展小额贷款组织试点问题多次进行专题政策调研和研讨，并在山西、四川、贵州、内蒙古、陕西5省

（自治区）进行小额贷款公司试点，成立 7 家小额贷款公司，按照公司法有关规定设立和运作，2008 年 5 月开始在全国范围内试点。

此外，在农村金融总体改革框架之下，也适应农村金融市场开放的政策取向，由私人资本投资的商业性小额信贷机构开始在试点地区出现。德国技术合作公司帮助中国人民银行总行在全国 5 省（自治区）开展商业化、可持续的小额信贷试点。同时，在促进小企业发展和增加就业的背景下，在中国银监会的推动下，许多商业银行开始通过专门的信贷窗口推进小企业贷款。截至 2012 年末，中国小额信贷机构已发展到 6080 家，贷款余额 5921 亿元。

3. 中国小额信贷的类型与规模

中国小额信贷组织形式按机构可分为四类：一是政府（包括具有政府职能的社团组织，例如扶贫会、妇联和工会等）开办的小额信贷项目，具有比较明确的社会发展目标，强调扶贫功能，管理粗放，没有独立操作机构。

二是依靠国际组织或国内公益组织援助的非政府形式的小额信贷机构，它们的历史最长，强调扶贫的社会目标，管理比较严格，没有合法的信贷经营权，规模很小，没有持续的资金来源，缺少专业的管理人员。这类小额信贷机构约有 300 家，其中现在存在的约有 100 家，能够经营的约有 50 家，能够可持续经营的不足 10 家。它们经营状况不理想，而且市场份额很小，仅有 10 亿元人民币。

三是正规金融机构开办的小额信贷机构。如信用社的小额信用贷款和农户联户贷款、城市商业银行与政府合作的担保贷款等。该类机构可用于投放的信贷资金雄厚，规模大，内控制度健全，人力资源丰富，以盈利为目的，从资金量来看是小额信贷业务的主体。但它们缺少有效的瞄准贫困人口的机制，主要靠政府提供补贴或担保来推动开展业务，没有形成自觉的信贷业务，虽然在服务的广度上具备了一定的规模，但在扶贫的深度和财务自负盈亏能力方面还存在一些问题。

四是专业小额信贷机构。主要是民间资本和社会资本投资的商业性小额贷款公司。该类机构自负盈亏，自主经营，以盈利为目的，遵循小额、分散、灵活的贷款原则，但不能吸收存款。主要是通过试点，总结经验教训，探索发展完善。截至2011年第三季度中国小额信贷公司的分布状况如图5－30所示。

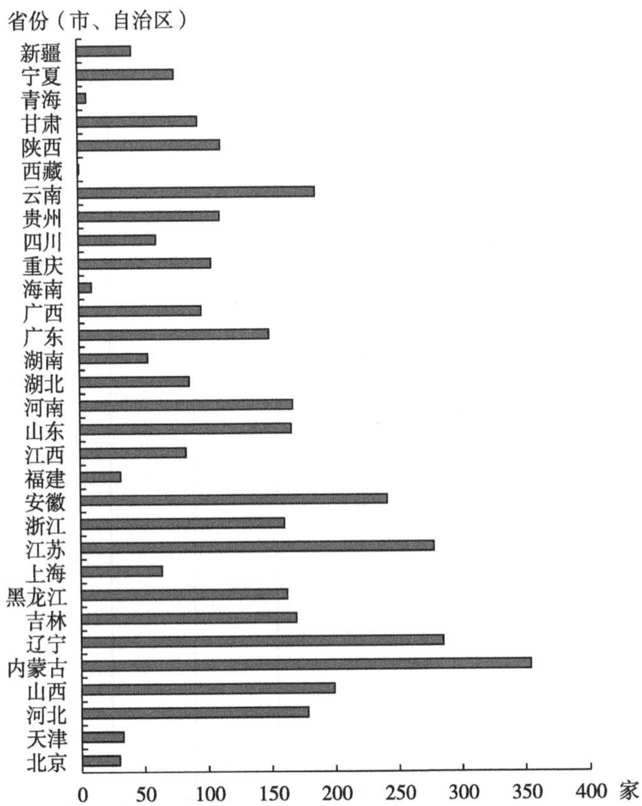

图5－30　截至2011年第三季度中国小额信贷公司的分布状况

（资料来源：中国人民银行、中国商务部、中国担保网）

2005年12月，两家由私人资本投资的小额贷款公司获准在山西平遥成立并开始发放贷款。2006年4月，四川广元市市中区全力小额贷款公司成立。2006年8月，贵州省江口县华地小额贷款公司成立。2006年9月，陕西户县的大洋汇鑫贷款公司和信昌小额贷款公司成立。2006年10月，内蒙古自治区鄂尔多斯市东胜区融丰小额信贷公司挂牌成立。

近几年，中国小额信贷发展取得一定成效，截至2011年12月末，全国共有小额贷款公司4282家，贷款余额3915亿元，全年累计新增贷款1935亿元。2012年中国各省（自治区、直辖市）小额信贷实收资本情况如图5-31所示。

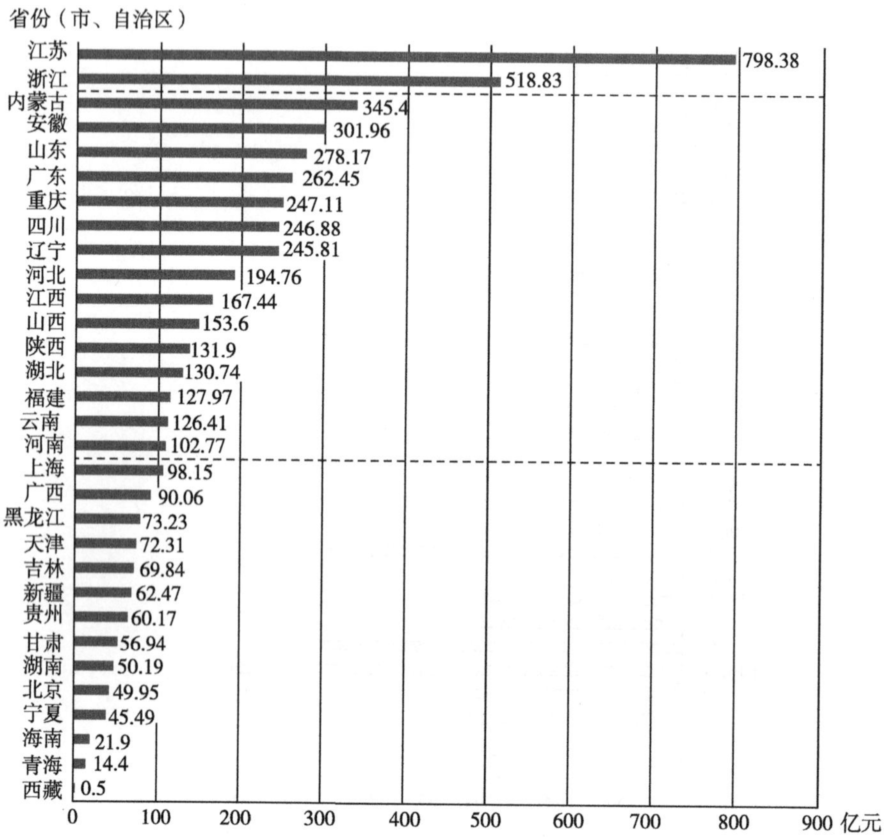

图5-31 2012年中国各省（自治区、直辖市）小额信贷实收资本情况

4. 中国小额信贷的短板

（1）发展相对缓慢

如果以人口数量作为市场容量的参照，则中国小额信贷对市场的满足程度落后于其他金砖国家。尤努斯曾说中国小额信贷比印度落后20年。虽然说中国目前已经成立了近4000家小额贷款公司，贷款余额已达3000亿元人民币。但从这些小额贷款公司的实际业务情况看，为低端微型企业和普通农户提供的小额信贷服务是凤毛麟角。据中国小额信贷联盟统计，其小贷公司会员机构的微型企业小额信贷余额只有5亿元人民币。中国现在有几百个从事小额信贷的机构，此外，还有30多个相关的国际组织活跃在中国的100多个地区（见图5－32）。

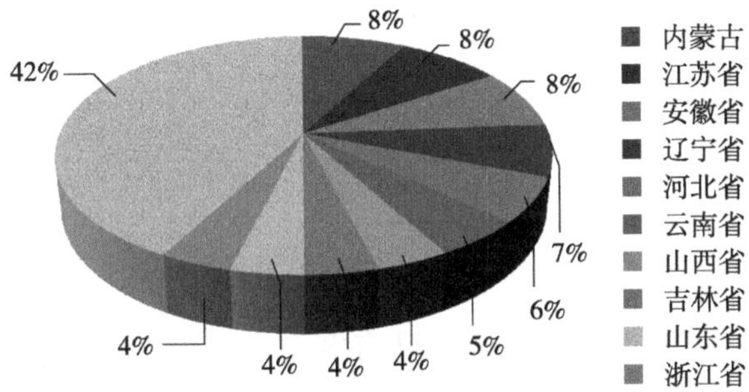

图5－32　2012年中国小额信贷公司数量地区占比分布

这些数据都是监管机构统计的数据，但在中国没有被监管的民间信贷规模则无法估量。据人民银行温州市中心支行的保守统计，温州民间借贷的市场规模约1100亿元，占当地银行贷款的20%。而另一项调查显示，鄂尔多斯民间借贷市场规模约有2000亿元，远远超过当地金融机构的信贷规模。国家开发银行为开展微贷业务，曾对微型企业信用贷款市场做过调研，保守的估计是至少5万亿元。可以判断，这个市场大部分是通过民间借贷实现的。民间金融虽然满足了市场需要，但因风险大、成本高，无论对出资人还是借款人来说都是极其不利的，中国小额信贷发展任重道远。

与周边国家对比，1993年，中国社科院农发所杜晓山从孟加拉国引进了“穷人银行”经验，在河北易县等地正式开展扶贫小额信贷的制度化试点。随后，联合国开发计划署、世界银行等国际组织也纷纷加入试点工作，微型金融在中国开始发展。目前，通过国际组织援助或国内基金会资助成立的扶贫性小额信贷机构还有120余家，其中包括商务部交流中心管理的联合国开发计划署援助的40余家，以及扶贫基金会建立的50余家（见图5－33）。

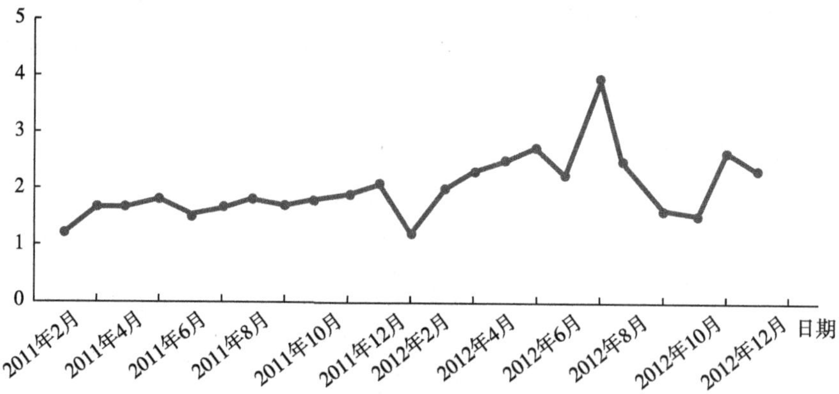

图 5－33　中国小额信贷搜索量月度数据序列

如今，孟加拉国格莱珉银行已有客户 820 万户，贷款总余额达 9.7 亿美元。如果把其他扶贫小额信贷机构统计在内，孟加拉国小额信贷机构的客户数超过 2000 万户，贷款总余额达 23 亿美元。而有着 2 亿多贫困人口的中国，即使把扶贫办推动的贫困乡村互助基金项目算在内，目前扶贫小额信贷总的客户数量仅 100 万户，贷款余额 6 亿美元。1997 年，联合国开发计划署的资本发展基金（UNCDF）成立了专门推动微型金融发展的部门，选择了包括中国、蒙古国和柬埔寨在内的 25 个国家开展名为“MICRO－START”的项目。1998 年，由 UNDP 资助的小额信贷试点项目先后在蒙古国、柬埔寨和中国内蒙古自治区赤峰市启动，UNDP 为三个项目分别提供了 20 万美元到 50 万美元的信贷资金。今天，蒙古国的项目已经改制为一家小额信贷银行（XACBANK），是蒙古国三大全国性商业银行之一，贷款总余额达到 3.6 亿美元。由于蒙古国内信贷市场有限，趋于饱和，XACBANK 开始对外扩张，目前已经在中国新疆维吾尔自治区投资 1 亿元人民币开办小额贷款公司。在柬埔寨，UNDP 项目也已经改制为该国最大的小额信贷银行（ACLEDA BANK），其贷款余额达 8.2 亿美元，客户 26 万户。内蒙古赤峰市的 UNDP 目前还是一个由妇联管理的地方协会组织，2010 年底的贷款余额只有 1200 万元人民币（不足 200 万美元），客户只有几千户。

（2）融资渠道狭窄

中国小额信贷资金来源依靠非市场化渠道，包括外界捐助和政府补贴贷款。但外界捐助资金是有限的而且是不可持续的，捐助资金或作启蒙之用，或解燃眉之急，不可能永久存续，也不能充分满足资金需求。而政府补贴贷款实际上是政府扶贫资金的一部分，并非严格意义上的小额信贷。通常这些贷款在农村地区设有网点的正规金融机构发放（比如农业银行或农村信用社），由于贷款发放不到位和贷款回收率低等原因，补贴贷款在实践过程中始终难以取得令人满意的成效，反而加剧了不发达地区金融市场的扭曲和金融资源配置的无效率。

中国小额信贷一直带有浓厚的官方色彩，而且主要在农村开展，城市小额信贷是近些年来才慢慢发展起来的。在运作方法上，以效仿 GB 模式为主，根据其资金来源和组织机构，当前，中国的小额信贷项目可分为三大类型：外援项目、政府项目、信用社项目。

从当前的实践成果来看，中国的小额贷款虽然在一定程度上对扶持贫困人口和改善低收入群体生活上提供了有力的支持，但是因为体制方面的原因，中国小额信贷发展还面临不少问题。从宏观上看有对小额信贷认识和定位的偏差、小额信贷的法律地位问题、信用环境建设问题；从微观上看主要有小额信贷机构产权配置不明晰、资金来源问题、贷款利率问题。与亚洲和世界其他地区相比，中国的小额信贷依然举步维艰。

中国小额信贷是以扶贫为目标，这种单一的扶贫目标使中国政府推动的小额信贷失去追求自负盈亏和自主发展的动力，加大了小额信贷的操作成本，浪费了扶贫资源，降低了小额信贷的偿还率，增加了金融风险，最终无法实现可持续发展的目标。而中国一些非政府小额信贷机构，由于国内对利率等诸多因素的控制，也未能实现其自身的持续性。例如，中国扶贫基金会于 1996 年在国内开始施行 SSCOP 小额信贷扶贫项目，先后在 10 个县进行试验，目前机构累计亏损 134 万元，占项目本金的 4.2%。考虑项目的经营风险，该项目与可持续发展相距甚远。另外，尽管有人提出了小额信贷完全市场化运作的思路，然而盲目提高利率以提高机构利息收入或者偏离服务贫困的方向不符合政府扶贫目标，更不能解决小额信贷其他深层次的问题。

（3）经营业务单一

根据调查，中国小额信贷机构经批准的办理票据承兑贴现、同业拆借、银行卡业务、代理发行（兑付、承销）政府债券、代理收付款项及代理保险业务、信用证及担保业务等均未开展。可供客户选择的支付工具也只有现金支票一种，结算方式也仅有汇兑一种，个人支票、银行本票、商业汇票、银行卡、网上银行、电话银行、手机银行等新兴电子支付工具均未开办，业务单一大大制约了小额信贷的可持续发展。从监管职能角度和非吸收公众存款的机构性质看，银监会不需对“只贷不存”的小额信贷机构进行监管。然而银监会促进和发展小额信贷机构的做法不仅能够引导民间金融浮出水面，同时又能消除洗钱、非法集资等金融非法行为的生存基础。

第一，小额信贷实行的贷款模式比较单一。主要是乡村银行模式，没有根据不同地区的情况采取不同的机构和贷款模式（少数项目采取了乡村银行模式）。而中国各地自然条件、经济发展水平以及社会宗教文化等条件千差万别，照搬一种模式难免出现水土不服，事实上，孟加拉国与中国情况相差很大。不少小额信贷机构和项目在选点时也没有考虑财务可持续性的要求。模式确定后，很难进行改变。在乡村银行模式下，在中国执行的一般是在县级设办公室，在乡设分支，下有信贷员的三级的操作模式，这就造成机构的固定成本高。加上每个县的资金规模小，形成单笔贷款的成本高，直接影响到机构的财务可持续性。另外，中国的小额信贷机构把小组贷款转为个人贷款，以及小组担保并不太成功，使小额信贷项目和机构不能把一部分成本转移给贷款户，也加大了贷款的成本。

第二，中国小额信贷平均贷款余额的规模非常小。尽管多数小额信贷项目用户最高可申请 3000 元的贷款，项目用户平均贷款余额介于

500～800 元。这样小的规模贷款主要与贷款的使用有关。由于多数贷款是借给边远贫穷地区的农户满足农业生产之需，但在受耕地资源限制和缺乏创收经济活动情况下，农户的贷款规模受到限制。

第三，各小额贷款机构收取的有效利率差别很大。其中，政府小额信贷按贴息贷款利率放款。农村信用社小额信贷执行的是信用社正常贷款利率，但因采取按周或按月分期还款的方式，致使其实际利率略高于正常利率。多数非政府组织小额信贷计划的利率远高于中央银行规定的基准利率，不过仍低于私人高利贷利率。

第四，强制储蓄在多数非政府组织小额信贷项目中都存在。尽管这实际上是小额信贷用户支出的一项成本，但它对非政府组织增加小额信贷机构信贷资金作出了重要贡献。在一些非政府组织小额信贷机构里，用户储蓄部分甚至占到借贷资金的 20%。政府和农村信用社开展的小额信贷则对用户提出强制储蓄要求。

第五，除了向用户提供金融服务以外，政府和多数非政府组织操作的小额信贷计划还提供技术培训服务。它们在帮助小额信贷所支持的创收活动取得成功和获得更高的还款率方面起到了一定的作用，但与此同时，它增加了小额信贷机构的操作成本。因此，提供技术培训服务并不是小额信贷机构一项良好和持续的举措，只是权宜之计。

（4）专业人才匮乏

中国小额信贷机构的服务规模不管就总体还是以单个机构而言都是非常小的。除了政府小额信贷通常能覆盖所有的贫困乡镇外，多数其他的小额信贷项目每项最多只能服务 10 个乡镇、约 5000 名用户。多数非政府组织小额信贷项目对目标群体做出了进一步的限定，譬如仅限妇女。政府小额信贷尽管也提供给一些经济状况较好的农户，但在到达最穷的农户方面较其他机构做得更好。而农村信用社，在经济较发达地区资金实力相对雄厚，工商企业贷款市场和城市金融市场的竞争较为激烈，农村信用社主要针对农村领域开展业务，因而农户小额信用贷款的开展较为深入。传统农区和欠发达地区，虽然存在对小额信贷的巨大需求，但农村信用社资金实力有限，难以深入开展该项业务。由此可见，小额信贷计划的服务区域和用户规模主要受其资金动员和管理能力等多方面因素的限制。

其原因在于小额信贷机构在人才方面存在很大不足，一方面是存量人才少，员工素质普遍较低，受过系统高等教育的人数更少，大多数员工的可塑性差，人才储备不足，尤其缺乏既精通现代计算机网络通信技术，又精通金融业务的复合型人才和高素质的管理人才。另一方面是增量人才来源不足。同城市的大银行相比，小额信贷属于微型金融机构，所能提供的发展空间十分有限，缺乏真正的吸引力，难以吸引真正的高尖端人才。

（5）生态环境缺损

当前，小额信贷生态环境不理想，主要表现在农村地区缺乏高效益项目。小额信贷公司多数处于经济欠发达的农村地区，这些地区基本以传统农业为主，产业弱势化导致农村地区经济不发达，无高效益项目支持，盈利空间较小。用户的信用观念较弱。小额信贷的归还是建立在用户诚实守信基础上的，如果他们以为小额信贷的贷款只是国家扶持农民的一种方式，所以只管贷款，不管归还，这就给贷款回收带来了困难。小额信贷的认知程度尚需提高。农村合作基金会的产生、发展和失败的负面影响，导致农户对小额信贷这一新型金融机构抱怀疑和观望态度。

中国缺乏针对小额信贷业的审计、评级机构、转账及交付系统、信息技术、培训机构、技术服务提供商、征信机构等中介组织。社会信用体系不健全，贷款机构难以真实、全面、客观地评估中小企业资信。全国层面尚未建立统一的小企业信用评估体系，信用担保体系不健全，担保机构实力规模偏小，缺乏风险分散与补偿制度，限制了担保资金的放大功能和信用能力。而且，由于信用担保机构的业务运行环境不规范，小额信贷的担保业务运行成本较高。另外，针对信用担保机构的信用评级机制缺失，小额信贷中企业、担保中介、贷款机构之间的信用关系不健全，未能做到整合各方面信用信息，预防担保中介失信带来的金融风险；也没有借鉴国际经验，探索建立信用担保保险体系。

中国关于小额信贷发展方面的政策法规制定滞后，相关的法律法规亟待创新。中国的小额信贷政策法规经历了一个先滞后、再缓慢、逐步放开的反复过程，以及加速制定和仍需改善的过程。这个过程主要经历了这样一些阶段：从不认同或持观望态度，到承认小额信贷扶贫到户的有效作用，到支持试点和确认小额信贷对满足低收入群体和小型企业融资需求的积极作用，到中央要求建立多种所有制形式的小额信贷机构，再到中央明确小额信贷是农村金融体系的有机组成部分。与小额信贷政策相比，中国的相关法规建设显得相当缓慢。中国小额信贷行业的发展缺乏独立的监管法律、法规，仅仅依靠行政性文件和部门规章，缺乏长期的战略规划和可持续的目标设计，这种制度安排使得监管的稳定性差。

（6）外部竞争加剧，监管滞后

从竞争对手上看，中国农业银行、农村信用社、农村合作银行、邮政储蓄银行等现有的金融机构与小额信贷公司同处一个市场，其经营管理正在不断发展与改进之中，小额信贷公司因此面临强大竞争压力；贷款缺乏担保，小额信贷公司承担着较大信贷风险。规模小的小额信贷公司因股本金较少只能将贷款投向普通农户，而无法对贷款金额需求较大的中小企业提供金融支持。

中国的小额信贷参与主体面临着较高的准入限制。一方面，商业银行面临小额信贷较高运营成本与偏低运营收益之间的冲突，利益矛盾使得该项业务开展缓慢滞后；另一方面，金融机构严格的准入政策人为阻塞了小额信贷机构成为正常金融机构的制度途径。此外，中央层面对小额信贷的监管主体并不明确，未能形成有效的监管制度。国内不少地区确定由政府金融工作办公室作为小额信贷的主管部门，由县（市）级工商管理部门承担日常监管职能，但工商管理部门缺乏监管小额信贷必要的经验和技术，监管效率低下。

（7）利率市场化的影响

随着中国社会主义市场经济的逐步推进，金融市场化改革必然导致利率的市场化。利率市场化后，利率的频繁波动将会增加小额信贷公司的经营风险和资金运作风险，如对于以原利率取得的存款，可能由于利率大幅度下调，带来负债方面的风险，或者由于利率的迅速攀升而增大银行资金运用方面的风险；利率市场化将加剧金融机构间的自由竞争，使小额信贷公司面临更加残酷的竞争环境。金融机构进入完全市场化的自由竞争后，社会上的资金将流向信誉高、效益好、实力雄厚的大型国有商业银行和外资银行，而资信低、网点少、规模小的小额信贷公司必须以高利率为代价来筹集资金，筹资成本将会大大提高，直接影响到自身的经营效益。

（8）生存能力不足

按照国际上的测算，小额贷款机构状况做得比较好的占10%，能实现可持续发展的为5%。这5%是真正意义上的完全自负盈亏，不依靠外部捐助，收益能够覆盖成本，还有利润，实现自主循环和发展。中国的情况大体差不多，中国社科院管理的5个点，其中4个已经基本实现自负盈亏。从全国范围看，中国300个小额信贷机构中有30个左右做得不错，十几个基本实现自负盈亏。

小额信贷机构能否生存，首先看还款能力。政府小额信贷的逾期90天的拖欠率在50%～70%。这主要是由三个原因造成的：第一，政府在小额信贷发放和使用上的行政干预有时导致了贷款支持项目的失败；第二，小额信贷用户的还款意愿同当时政府在其他事务而非小额信贷活动上的行为表现紧密相联；第三，农业银行或其他小额信贷机构缺乏紧密监督贷款使用和按时回收到期贷款的动力。农村信用社小额信贷的还款业绩比其正常贷款要好，这源于其在小额信贷业务中实行了更加严密的监控措施。

其次看贷款资产的回报率。与其他国家成熟的小额信贷机构相比，中国小额信贷机构的比率较低。在中国运行得最好的小额信贷机构只能获得7% ~9%的资产回报率，而这个比率对于使用商业性资金的贷款来说是很难接受的。政府小额信贷项目的贷款资产回报率更低只有2%。理论上说，贷款资产回报率与贷款实际有效利率有关。然而比较小额信贷机构的实际有效利率和贷款资产回报率，两者之间存在很大的差距。这就表明中国小额信贷机构的资金还没有得到有效的利用。

最后看操作可持续性水平和财务可持续性水平。对中国小额信贷机构操作和财务持续性水平产生影响的主要因素是用户规模、有效利率、管理和操作成本，以及拖欠率。

中国小额信贷历时不久，由于中国金融体系和制度尚不完善、国家信贷扶贫政策又存在明显的缺陷，小额信贷通过建立特殊的信贷传递系统，帮助低收入群体来获得金融服务，为中国的扶贫工作作出了重要贡献。但是中国小额信贷大多由政府或国有银行主持，没有形成完整的小额信贷金融机构，能够提供的金融产品也比较单一，因此中国的小额信贷更像是行政行为而不是市场行为。到目前为止，中国小额信贷发展注重的主要是扶贫功效和操作方法，而没有十分注重金融服务功能，只有数量不多的小额信贷项目注意到项目自身持续性发展的问题。因此中国小额信贷首先应确立扶贫和可持续发展的双重目标，切实加强管理，着重解决发展过程中存在的问题，使小额信贷这一有效的金融形式发挥更大的作用和功能。

5.3.6 样本省的不足

样本省供给侧结构性改革虽取得显著成效，但仍存在提升的空间，因此找准金融支持供给侧结构性改革存在的问题对今后样本省供给侧结构性改革的顺利进展尤为重要。结合样本省经济发展现状、金融发展现状以及金融支持供给侧结构性改革的现状，本节从样本省资本市场发展、金融支持力度、金融业发展与经济发展的协调性、信贷增速四个方面分析了金融在支持样本省供给侧结构性改革中存在的主要问题及成因。

1. 资本市场发展不完善

在样本省经济飞速发展的带动下，该省的资本市场也取得了较大程度的发展，规模日益壮大，上市公司如雨后春笋般迅速发展，其融资规模和数额与日俱增，各种信托担保公司也越来越多，资本市场体系逐渐完善，非金融企业直接融资比重得到较大幅度提升，资本市场机构建设逐步完善，很大程度上助推了样本省的经济发展。但总体来看，样本省资本市场发展水平仍低于全国水平，间接融资比重偏大、直接融资比重不足的现状仍然存在，我国金融体系的突出特点依然是以间接融资为主。从样本省具体情况分析来看，2001 年至 2016 年间样本省间接融资规模以平均 23. 62% 的速度增长，直接融资规模平均以 19. 35% 的速度增长，直接融资较间接融资的增速平均慢 4. 27 个百分点。随着经济发展步入新常态，“去杠杆”作为金融业的主要改革目标之一，与之相应的是样本省的直接融资规模与间接融资规模增速的下滑，而且直接融资规模的增速降为了负值。2014 年至 2016 年间，样本省间接融资平均以 11. 06% 的速度增长，而直接融资规模平均以 -0. 64% 的速度下降。直接融资与间接融资规模发展的差距与不平衡在一定程度上更加剧了样本省金融结构的失衡。

2001 年至 2016 年间，全国社会融资规模平均以 21. 57% 的速度增长，样本省社会融资规模平均以 23. 89% 的速度增长，较全国社会融资规模增速高 2. 32 个百分点；全国间接融资增速为 20. 25%，而样本省为 23. 62%，较全国间接融资增速高 3. 37 个百分点；全国的直接融资增速为 30. 42%，而样本省为 19. 35%，较全国低 11. 07 个百分点，可以看出全国和样本省历年来金融支持实体经济的能力在不断增强，然而样本省间接融资增长速度明显高于全国水平，但是直接融资规模增速远低于全国水平，说明样本省融资规模主要来源于间接融资，而且样本省的资本市场发展仍落后于全国。从 2017 年全年来看，样本省社会融资规模为 6801. 67 亿元，其中银行信贷融资 5237. 43 亿元，占比为 77%，较 2016 年提高 3%，企业债券融资 81. 93 亿元，占比为 1%，比 2016 年下降 5%；非金融企业在境内的股票融资 250. 75 亿元，占比为 4%，较 2016 年下降 2%。由此可以看出，样本省社会融资仍以银行信贷为主，债券市场和中长期信贷市场发展不足，占全国比重偏低，对股票市场结构的调整未能起到应有的作用，多层次、多元化的交易体系仍待形成。由于间接融资偏好低风险企业，而使发展前景较好但风险较大的科技行业、服务业、新兴产业难以得到金融机构的支持，成为创新型企业发展壮大的绊脚石。

2. 金融支持力度不足

近年来，样本省金融规模虽然有所扩大，金融发展增速迅猛，对经济发展起到了一定的促进作用，然而从金融支持的具体情况来看，金融发展对技术、资本、劳动力的支持力度仍然有限。

从金融对技术进步的支持情况来看，样本省公共财政支出中的技术支出在财政总支出中所占的比例依旧较小，虽然支持金额逐年增加，但与财政支出总金额的增速相比有所下降，基本维持在 1.3% 左右，低于北京、上海等发达城市 5% 左右的比例。其次是银行信贷对科技创新的支持不足，由于科技创新伴随着较大的不确定性，收益变现期较长，具有一定的风险性，金融机构往往基于自身利益考量，进行有选择性的投贷，将更多的资金投入风险低、收益稳定的项目，而对技术创新的支持力度不足。从金融支持劳动力的现状来看，近年来样本省金融机构规模不断扩大，就业人员比重逐渐加大，但是与发达城市相比仍存在较大差距，而且金融机构从业人员受教育水平普遍较低，业务综合素质较差，金融机构缺乏创新型的专业人才，挫伤了金融机构的创新积极性，并进一步影响其可持续发展。由于样本省金融机构仍以大型商业银行为主导，而商业银行的逐利性以及对低风险的偏好，使得其资金大量外流，导致对本地经济发展的支持不足，从而影响了供给侧结构性改革的进展。

3. 金融业发展与经济发展水平不协调

从国家层面来看，经过近三十年的发展，资本市场体系经过了优胜劣汰的筛选机制和实践的检验，日益趋向完善，多层次多样化的融资模式日渐形成，以主板、创业板、新三板、区域股权交易市场以及券商柜台市场等为主的融资体系逐渐满足市场多样化的融资需求，其中，中小板和创业板发展尤为迅速，为中小企业融资难问题带来了破解之道。据统计，截至 2016 年 12 月，我国上市公司数量已达到 3052 家，但样本省上市公司的总量仅为 108 家，占全国上市公司总量的 3.54%，此状况与样本省总体经济水平近年来一直处于全国第五的现状呈现出不协调的现象。样本省总体经济发展水平位于全国平均水平之上，而金融业发展水平却远落后于全国平均水平，因此样本省需重视金融业的发展，构建完善的金融体系，开展普惠金融建设，从数量上满足融资需求。从经济发展总量与金融发展总量来看，2012—2017 年的六年间样本省生产总值占全国生产总值的份额分别是 5.48%、5.41%、5.43%、5.37%、5.44% 和 5.44%，但相同期间内样本省的贷款总额、股票融资总额以及保费收入总额在全国层面上所占比重远低于样本省的生产总值占全国的比重，而且金融业占全国的比重与生产总值占全国的比重差距正在不断拉大，金融发展落后于经济增长进而制约了样本省经济发展速度，而且样本省的保费收入也普遍低于全国保费收入的平均水平，在一定程度上降低了供给侧结构性改革的成效。由此可见，样本省金融业与经济发展不仅在总量上存在不相匹配现象，而且在人均水平上与全国的差距更为显著（见图 5-34）。

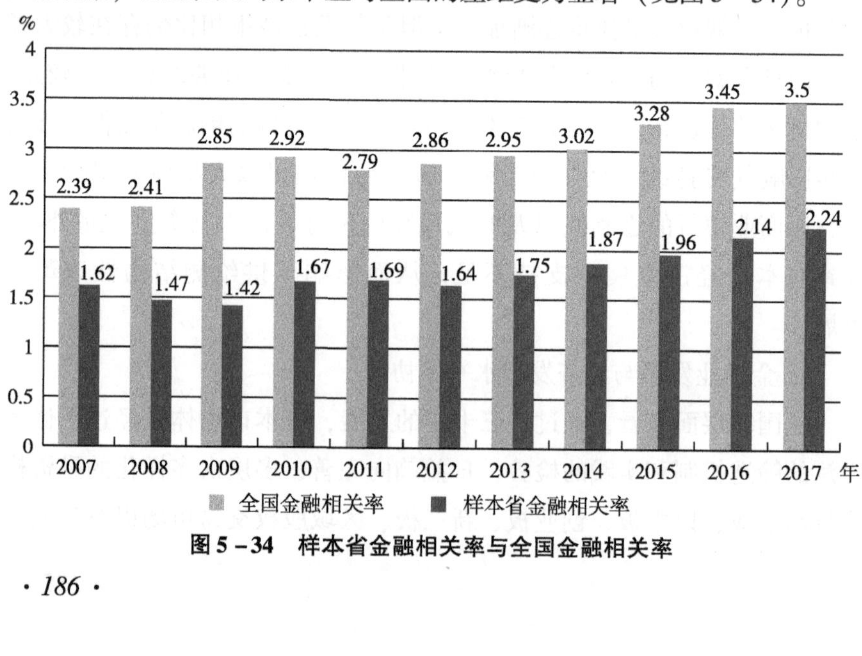

图 5-34　样本省金融相关率与全国金融相关率

整体而言，样本省的存贷款余额、金融业增加值、财政支出等虽取得了较大幅度的增长，但总体来看金融贡献程度较低，相比金融发达地区仍存在较大差距，金融业并未能最大限度地发挥对经济增长的推动作用。从金融相关比率（FIR）来看样本省的金融相关比率普遍低于全国水平，而且与全国的金融相关比率之间的差距逐渐扩大，可见与全国相比样本省的经济货币化程度和金融化程度发展不足，存在较大的提升空间。

4. 贷款增速变缓，信贷结构不合理

样本省金融业不断发展，规模不断壮大，存贷款余额逐渐增加，金融服务实体经济的能力进一步增强，但信贷增速却趋于变缓，信贷结构不合理问题凸显。从存贷款余额来看，2017 年广东、江苏、浙江和山东四省的各项存款余额分别为 194535.75 亿元、129942.90 亿元、107321.00 亿元和 91018.70 亿元，贷款余额分别为 126031.95 亿元、102113.30 亿元、90233.00 亿元和 70873.90 亿元，样本省存贷款余额分别为 59068.70 亿元和 41743.30 亿元，广东省作为我国经济的的第一大省，其存款量高达十九万亿元，增幅达 8.2%。相比较而言，样本省在存贷款余额方面远低于上述四省，且与之差距较大，其中各项存款余额不足浙江省的一半和广东省的三分之一，各项贷款余额不足广东省的三分之一、江苏省和浙江省的二分之一。由此可见，样本省金融业仍待进一步发展。

从社会融资规模来看，2017 年全国社会融资规模增量 19.44 万亿元，其中企业债券融资所占比例为 2.3%、股票融资占比为 4.5%、银行信贷占比为 71.2%，样本省社会融资规模为 6801.67 亿元，其中银行信贷融资占比为 77%，高于全国平均水平；企业债券融资所占比为例为 1%，较全国平均水平相比低 1.3 个百分点；股票融资 4%，较全国平均水平相比低 0.5 个百分点，说明样本省银行信贷占比较高，信贷结构不合理，资本市场发展仍落后于全国平均水平。

6

供给侧改革主体融资趋向分析

6.1 演化博弈模型构建

供给侧改革主体（以下简称“主体”）在有限理性条件下，所选择的融资策略是在不断调整变化之中，是一个动态的演化过程。供给侧改革主体的金融需求是覆盖各产业全过程的“链条式”综合性服务，而不是银行“片段式”的金融服务。因此，在一个忽略其他约束的自然状态下，主体出于自身利益的考虑，首先会选择互联网融资，但在其他主体参与和外在条件变化时，主体会做出两种行为反应：一是坚持互联网融资，二是选择银行融资。这里把整个主体群体分成有限理性下两个不同的博弈方，即主体 X 群体和主体 Y 群体，并随机地从两个不同群体中各抽取一个成员配对并反复进行博弈。

假定在经济发展过程中有某个项目，该项目的固定成本为 I ，所带来的总收益为 R 。从不同群体选出的两个主体同时做出融资策略，每一个主体都有两种策略方案可供选择：互联网融资或银行融资，博弈双方的各自的收益状况如下。

（1）当主体 X 与主体 Y 都做出互联网融资策略时，此时双方进行了平等互利合作，如果双方从项目中获得的收益进行了均分，则主体 X 与主体 Y 均得到了如下收益：

$$\frac{1}{2}(R - I)$$

（2）当主体 X 采取互联网融资策略而主体 Y 采取银行融资策略时，

该种策略经常发生在主体 X 为进取型而主体 Y 为保守型，主体 Y 独立承担项目的固定成本，主体 X 采取互联网融资策略获取的收益为 W，同时也需要投入相应的变动成本 C，在这里 C 会随着 W 的增加而增加。在此博弈中，主体 X 最终收益为 $W-C$，主体最 Y 终收益为 $R-W-I$。

(3) 当主体 X 采用银行融资策略而主体 Y 采用互联网融资策略时，与第二种情形类似，主体 X 的收益为 $R-W-I$，主体 Y 的收益为 $W-C$。

(4) 当主体 X 与主体 Y 都选择银行融资策略时，该种情况下主体 X 与主体 Y 都属于保守型，此时双方均分了项目的总收益，却分别承担了项目的固定成本，双方获得的收益要低于双方相互合作所得收益，其收益均为：

$$\frac{1}{2}R-I$$

假设在博弈的最初状态，主体 X 群体中采用互联网融资策略的占比为 p（采用银行融资策略的占比为 $1-p$），主体 Y 群体中采用互联网融资策略的占比为 q（采用银行融资策略的占比为 $1-q$），那么主体 X 与主体 Y 获得的收益见表 6-1。

表 6-1 主体 X 与主体 Y 融资模式博弈的支付矩阵

		主体 Y	
		互联网融资（q）	银行融资（$1-q$）
主体 X	互联网融资（p）	$\frac{1}{2}(R-I)$，$\frac{1}{2}(R-I)$	$W-C$，$R-W-I$
	银行融资（$1-p$）	$R-W-I$，$W-C$	$\frac{1}{2}R-I$，$\frac{1}{2}R-I$

依据 Malthusian 动态方程，即策略的增长率等同于它的相对适应度，当所采用的这个策略的个体适应度高于群体的平均适应度，则这个策略就是增长的，其方程表示如下：

$$\begin{cases} \frac{\mathrm{d}p}{\mathrm{d}t} = P[\varepsilon D_1 Q^T - P D_1 Q^T] \\ \frac{\mathrm{d}q}{\mathrm{d}t} = Q[\varepsilon D_2 P^T - Q D_2 P^T] \end{cases}$$

$$D_1 = \begin{bmatrix} \frac{1}{2}(R-I) & W-C \\ R-W-I & \frac{1}{2}R-I \end{bmatrix}, D_2 = \begin{bmatrix} \frac{1}{2}(R-I) & R-W-I \\ W-C & \frac{1}{2}R-I \end{bmatrix}$$

D_1 为 X 群体中主体的支付矩阵，D_2 为 Y 群体中主体的支付矩阵，$\varepsilon=\{1,0\}$ 为单位向量。$P=\{p,1-p\}$ 为 X 群体互联网融资和银行融资的混合策略，$Q=\{q,1-q\}$ 为 Y 群体互联网融资和银行融资的混合策略，那么 $U_1=\varepsilon D_1 Q^T$ 和 $\overline{U}=PD_1Q^T$ 分别表示采用互联网融资策略的主体 X 的适应度以及 X 群体的平均适度，$V_1=\varepsilon D_2 P^T$ 和 $\overline{V}=QD_2P^T$ 分别表示采用互联网融资策略的主体 Y 的适应度以及 Y 群体的平均适应度。据此，得出供给侧改革主体融资策略选择的动力学方程：

$$\begin{cases} \frac{dp}{dt}=p(1-p)\left\{q\left[\frac{1}{2}(R-I)-(R-W-I)\right]+(1-q)\left[(W-C)-\left(\frac{1}{2}R-I\right)\right]\right\} \\ \frac{dq}{dt}=q(1-q)\left\{p\left[\frac{1}{2}(R-I)-(R-W-I)\right]+(1-p)\left[(W-C)-\left(\frac{1}{2}R-I\right)\right]\right\} \end{cases}$$

6.2 模型分析

（1）均衡点的稳定性分析

令 $\frac{dp}{dt}=0$，$\frac{dq}{dt}=0$，在平面 $M=\{(p,q)\mid 0\leqslant p,q\leqslant 1\}$ 上可得演化博弈的 5 个均衡点：(0,0)、(0,1)、(1,0)、(1,1) 以及 $\left(\frac{W-C-\frac{1}{2}R-I}{\frac{1}{2}I-C},\frac{W-C-\frac{1}{2}R+I}{\frac{1}{2}I-C}\right)$。

为使得博弈双方的收益更接近现实，增加约束条件：

$$\frac{1}{2}R-I>R-W-I$$

$$\frac{1}{2}R-I>W-C$$

同时要求 $W-C<R-I$，因此 $\dfrac{W-C-\frac{1}{2}R+I}{\frac{1}{2}I-C}>0$，各均衡点雅克比矩阵行列式与迹的符号见表6－2、表6－3。

表6－2 局部稳定分析结果

均衡点	DetJ	
$p=0,q=0$	$\left(W-C-\frac{1}{2}R+I\right)\left(W-C-\frac{1}{2}R+I\right)$	+
$p=0,q=1$	$-\left(W+\frac{1}{2}I-\frac{1}{2}R\right)\left(W-C-\frac{1}{2}R+I\right)$	+
$p=1,q=0$	$-\left(W+\frac{1}{2}I-\frac{1}{2}R\right)\left(W-C-\frac{1}{2}R+I\right)$	+
$p=1,q=1$	$\left(W+\frac{1}{2}I-\frac{1}{2}R\right)\left(W+\frac{1}{2}I-\frac{1}{2}R\right)$	+
$p=\dfrac{W-C-\frac{1}{2}R-I}{\frac{1}{2}I-C},q=\dfrac{W-C-\frac{1}{2}R+I}{\frac{1}{2}I-C}$	$\dfrac{\left(W+\frac{1}{2}I-\frac{1}{2}R\right)^2\left(W-C-\frac{1}{2}R+I\right)^2}{\left(\frac{1}{2}I-C\right)^2}$	−

表6－3 局部稳定分析结果

均衡点	Tr		结果
$p=0,q=0$	$2\left(W-C-\frac{1}{2}R+I\right)$	−	ESS
$p=0,q=1$	$\left(W+\frac{1}{2}I-\frac{1}{2}R\right)-\left(W-C-\frac{1}{2}R+I\right)$	+	不稳定
$p=1,q=0$	$\left(W+\frac{1}{2}I-\frac{1}{2}R\right)-\left(W-C-\frac{1}{2}R+I\right)$	+	不稳定
$p=1,q=1$	$-2\left(W+\frac{1}{2}I-\frac{1}{2}R\right)$	−	ESS

续表

均衡点	Tr		结果
$p=\dfrac{W-C-\frac{1}{2}R-I}{\frac{1}{2}I-C},q=\dfrac{W-C-\frac{1}{2}R+I}{\frac{1}{2}I-C}$	0		鞍点

由均衡点的雅克比矩阵的特征值可以判断：$\left(\dfrac{W-C-\frac{1}{2}R-I}{\frac{1}{2}I-C},\dfrac{W-C-\frac{1}{2}R+I}{\frac{1}{2}I-C}\right)$ 为鞍点，$W(0,1)$ 、$U(1,0)$ 为不稳定点，$O(0,0)$ 、$V(1,1)$ 为演化稳定点，是演化稳定战略（ESS）。X 银行和 Y 银行交往的动态过程如图 6－1 所示。

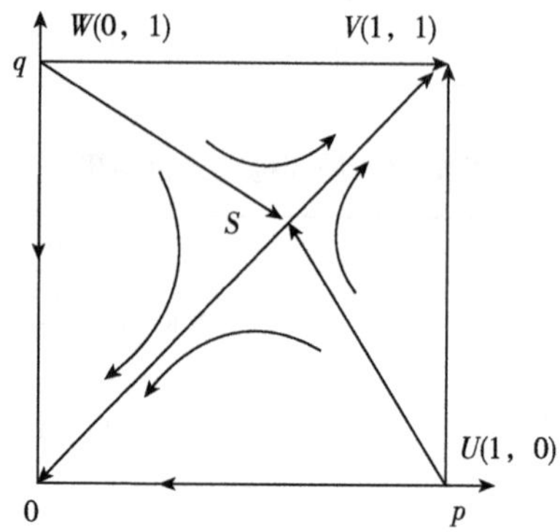

图 6－1　均衡的相位

图 6－1 中由两个不平衡点 W、U 和鞍点 S 连成的折线可以看作是系统收敛于不同模式的临界线，初始状态在 $OWSUO$ 区域时，系统都将收敛到模式（银行理财，银行理财），即两个银行均选择银行理财模式是一种不良“锁定”状态。而当处于区域 $WSUVW$ 时，系统都将收敛到模式（网络理财，网络理财），即两个银行均选择网络理财，这是一种理想状态。这两种状态都是进化稳定状态，在任何一种状态下，采用另一

种行为策略的参与者都将在进化中消失。

(2) 参数变化对收敛速度的影响

参与博弈的群体成员具有近视的最优反应动态性质，初始状态将以惯例性的方式影响到博弈参与者的行为模式，并最终决定群体均衡策略移动的方向。具体分析如下：

当 C 增加时，W (C) 也增加，也就是采取网络理财策略的银行的净收益增加，鞍点 $S(\frac{W-C-\frac{1}{2}R-I}{\frac{1}{2}I-C},\frac{W-C-\frac{1}{2}R+I}{\frac{1}{2}I-C})$ 在直线 OV 上向 O 点靠近平移，区域 $WSUVW$ 的面积增大，收敛于模式（网络理财，网络理财）概率增加而收敛于模式（银行理财，银行理财）概率减小，从而双方都采取网络理财策略的概率增加。反之，收敛于模式（网络理财，网络理财）概率减小而收敛于模式（银行理财，银行理财）概率增加。如图 6－2 所示：

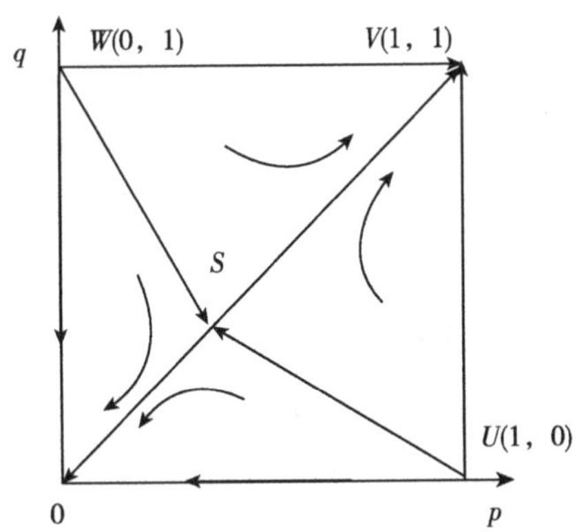

图 6－2　参数 C 的变化对收敛速度的影响

反之，当 I 增加时，该项目的投资成本增加，鞍点 $S(\frac{W-C-\frac{1}{2}R-I}{\frac{1}{2}I-C},\frac{W-C-\frac{1}{2}R+I}{\frac{1}{2}I-C})$ 在直线 OV 上向 V 点平移靠近，区

域 *WSUVW* 的面积减小，收敛于模式（网络理财，网络理财）概率减小而收敛于模式（银行理财，银行理财）概率增加。反之，收敛于模式（网络理财，网络理财）概率增加而收敛于模式（银行理财，银行理财）概率减小（见图 6－3）。

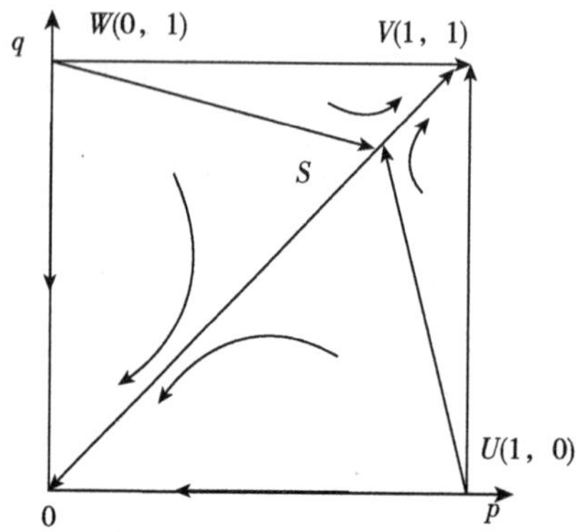

图 6－3　参数 I 的变化对收敛速度的影响

6.3　数值试验

下面将利用 MATLAB7.0 软件，对主体融资策略选择的动力学方程进行数值试验，来分析各参数的变化对演化结果的影响。其中，横坐标表示主体融资的收益或成本，纵坐标代表主体选择互联网融资的比例。在数值试验中，主体 X 和主体 Y 选择互联网融资的初始比例分别取值为 $p_0 = 0.8$，$q_0 = 0.2$，其他参数取值为 $R = 8$，$I = 2$，$W = 4$，$C = 3$。

（1）项目总收益 R 变化对演化结果的影响

图 6－4 给出了数值试验结果，当项目总收益不变时，主体 X 和主体 Y 选择互联网融资的比例分别由 $p_0 = 0.8$，$q_0 = 0.2$ 演化到 $p_0 = 0.5$，$q_0 = 0.5$，表明主体 X 和主体 Y 最终选择互联网融资的比例和选择银行融资的比例相等。而当项目总收益由 $R = 8$ 提高到 $R = 10$ 时，对比图 6－4 的两个子图（左图 $R = 8$，右图 $R = 10$），可以看出当项目总收益进一步增加时，两条曲线均逐渐收敛到互联网融资的比例为 0，也就

是说主体 *X* 和主体 *Y* 选择银行融资的比例均为 1，表明主体的融资行为演化到（银行融资，银行融资）策略。

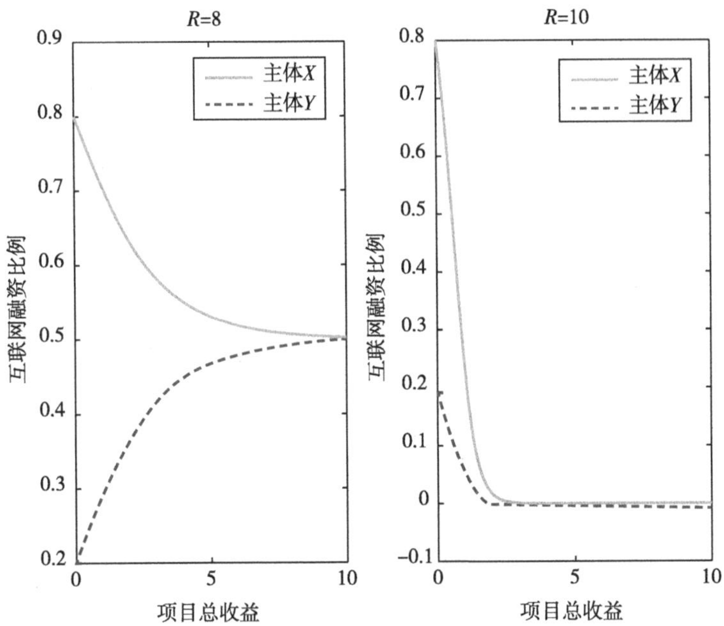

图 6－4　项目总收益 *R* 变化对演化结果的影响

（2）互联网融资收益 *W* 变化对演化结果的影响

图 6－5 出了数值试验结果，当互联网融资收益由 $W=4$ 提高到 $W=6$ 时，对比图 6－5 的两个子图（左图 $W=4$，右图 $W=6$），可以看出当主体选择互联网融资策略的收益进一步增加时，两条曲线均逐渐收敛到互联网融资的比例为 1，也就是说主体 *X* 和主体 *Y* 选择银行融资的比例均为 0，表明主体的融资行为演化到（互联网融资，互联网融资）策略。

（3）项目固定成本 *I* 变化对演化结果的影响

图 6－6 给出了数值试验结果，当融资项目固定成本由 $I=2$ 提高到 $I=3$ 时，对比图 6－6 中的两个子图（左图 $I=2$，右图 $I=3$），可以看出当融资项目固定成本进一步提高时，两条曲线均逐渐收敛到互联网融资的比例为 1，也就是说主体 *X* 和主体 *Y* 选择银行融资的比例均为 0，表明主体的融资行为演化到互联网融资，互联网融资策略。

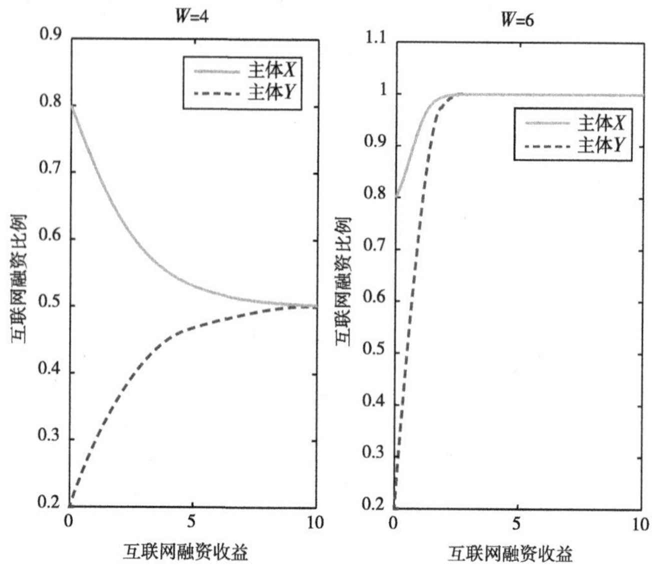

图 6-5　互联网融资收益 W 变化对演化结果的影响

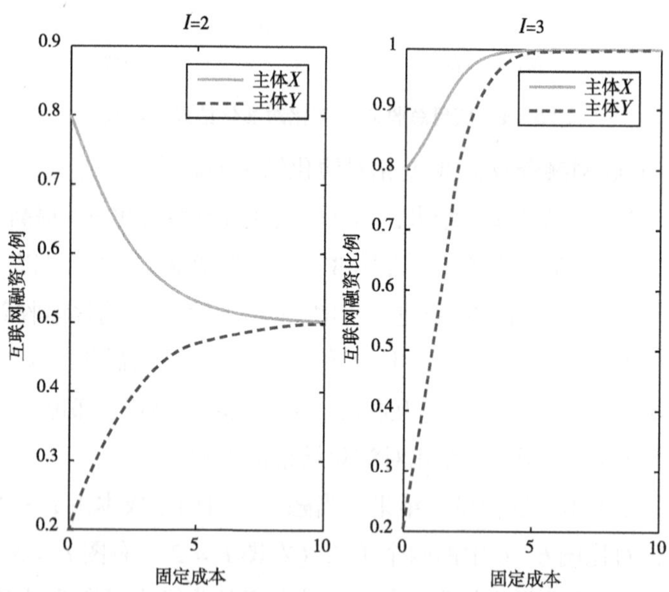

图 6-6　项目固定成本 I 变化对演化结果的影响

（4）互联网融资成本 C 变化对演化结果的影响

图 6－7 给出了数值试验结果，当主体单独互联网融资的变动成本由 $C=3$ 提高到 $C=4$ 时，对比图 6－7 的两个子图（左图 $C=3$，右图 $C=4$），可以看出当主体单独互联网融资的变动成本进一步增加时，两条曲线均逐渐收敛到互联网融资的比例为 0，也就是说主体 X 和主体 Y 选择银行融资的比例均为 1，表明主体的融资行为演化到（银行融资，银行融资）策略。

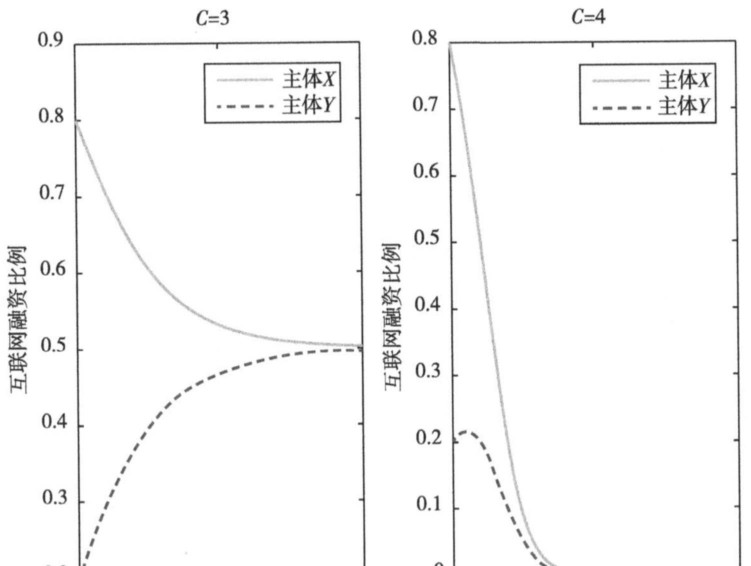

图 6－7　互联网融资变动成本 C 变化对演化结果的影响

通过构建演化博弈模型和数值试验，分析了供给侧改革主体的融资选择趋向，得到如下结论。

一是在项目总收益增加的情况下，主体最终均会选择银行融资模式。原因是项目总收益的增加，使得供给侧改革主体失去了融资业务创新的动力，纷纷选择银行融资模式而无意进行互联网融资。

二是当互联网融资的收益逐渐增加时，主体最终均会选择互联网融资模式。原因在于项目投资者融资的初衷是获得收益，当互联网融资的收益逐渐增加时，基于自身利益考虑供给侧改革主体必然选择互联网融资。

三是当项目固定成本进一步提高时，主体最终均会选择互联网融资模式。项目固定成本提高，投资者需要短时间内筹集更大规模的资金，而银行融资模式贷款门槛较高，贷款审批流程较长、手续较为复杂，增加了主体借款难度；银行融资模式大规模贷款一般需要抵押物品，这正是供给侧改革主体缺乏的；在项目总收益不变的条件下，固定成本提高意味着投资者净收益的下降，银行融资模式利率较高，压缩了主体的利润空间。相比之下，互联网融资不受时间和空间的限制，办理贷款效率高，不需要抵押物品，利率灵活，因此，当项目固定成本提高时，供给侧改革主体纷纷选择互联网融资模式。

四是当互联网融资成本逐渐提高时，主体最终均选择银行融资模式。由于互联网融资成本是投资者的变动成本，变动成本的提高表明项目的收益下降，为了获得更高的投资收益，供给侧改革主体必然会转向银行融资模式。

7

金融支持供给侧改革的实证检验

从样本省金融发展现状以及金融对供给侧结构性改革的支持状况来看，目前样本省金融机构发展尚不完善，金融对供给侧结构性改革的支持效果并不理想，金融在支持供给侧结构性改革的进程中仍存在一些障碍性因素。为了进一步研究样本省金融支持与供给侧结构性改革之间的关系，本章以金融支持供给侧要素为研究的切入点，采用实证分析方法，首先对金融支持要素和供给侧要素进行了测度，通过单位根检验，构建 VAR 模型，进行了格兰杰因果关系检验、脉冲响应函数分析和方差分解分析，以此来研究金融支持要素与供给侧要素之间的动态影响机制，并就相关结论进行了阐述。

7.1 指标的选取

为了研究金融对供给侧结构性改革的作用机制，本章尝试从金融支持供给侧要素角度着手来研究金融对供给侧结构性改革的支持作用，为此本章选取金融发展水平作为自变量，供给侧要素作为因变量进行实证研究。而学术界有关金融对供给侧结构性改革的支持较多从理论层面进行描述性分析，较少将其量化并进行实证研究，但学术界有关金融对资本、技术、劳动力这三方面的实证研究较多，而资本、技术、劳动力作为供给侧三要素从而将其与金融支持联系起来，基于此，本章尝试从金融对供给侧三要素（资本、技术、劳动力）的支持着手，来研究金融对供给侧结构性改革的影响。

7.1.1 金融支持指标选取

考虑到数据的可获得性以及变量选取的代表性，通过对比金融机构规模、金融发展水平以及金融发展效率，发现将金融发展水平作为自变量效果更为显著，因此本文将自变量设定为金融发展水平，参考马亚明和苏昱冰（2017）运用的有关指标，具体指标及含义如下。

1. 金融支持广度

由于金融业增加值所占比重，很大程度上体现出一个地区的金融发展状况，同时也反映了一个地区的金融业对周边地区所能产生的影响以及金融深化的程度，以金融业增加值衡量金融支持广度具有一定的代表性，因此本文选用金融业增加值度量金融对供给侧结构性改革的支持广度，用 fgdp 表示。

2. 金融支持强度

间接融资是借助金融中介机构进行资金的融通，由于间接融资规模体现了一个国家或一个地区金融机构规模的大小，从而在一定程度上反映了金融支持的强度，因此本文选取间接融资规模作为自变量，用人民币贷款余额来度量，以此来反映金融对供给侧结构性改革的支持强度，用 idf 表示。

3. 金融支持效率

直接融资是在没有金融机构介入的情况下进行的资金融通，直接反映了金融的支持效率，本文将直接融资规模作为自变量，以此来反映金融对供给侧结构性改革的支持效率。由于样本省证券市场发展起步晚、较不成熟，若选取股票筹资额和债券发行量来反映直接融资规模，由于早期的数据缺失较多，给研究带来一定的难度，考虑到样本省财政支出规模较大，数据选取具有代表性，因此本文选取样本省地方公共财政支出衡量直接融资规模，用 df 表示。

7.1.2 供给侧指标选取

1. 资本存量

由于目前相关统计年鉴等统计资料并未直接给出资本存量的值，因此本文关于资本存量的数据采用戈德史密斯在1951年开创的永续盘存法计算获得，具体计量方程式为：

$$K_t = \frac{I_t}{K_t} + K_{t-1}(1 - \delta_t)$$

其中 K_t 、K_{t-1} 分别为第 t 年和上一年的资本存量，δ_t 是第 t 年的固定资产折旧率，I_t 表示第 t 年的名义投资，用资本形成总额表示，P_t 表示第 t 年固定资产投资价格指数。1990年样本省的资本存量和经济折旧率采用《中国省际物质资本存量估算：1952—2000》中的研究成果。1990年样本省的资本存量为859亿元，经济折旧率是9.60%，本文的资本存量用k来表示。

2. 技术进步

关于技术创新，目前国内外学者大多从两个角度来衡量：一是技术创新能力，二是技术创新产出。从技术创新能力视角度量技术创新存在一定的主观性，并且运用此方法度量的指标较多，不同指标计量的技术创新水平会出现不一致的情况。因此，本章基于技术创新产出的视角，以技术创新结果来衡量科技进步，目前学术界较多用的指标有专利申请量、专利授权量、高技术产品产值、新产品销售收入等，而专利作为科技创新成果的一大重要反映，其数量的多少体现企业获得自主知识产权的技术成果能力的大小，其中发明专利的授权数被认为是国际上通用的指标以反映企业所拥有的自主知识产权的多少，更是技术创新能力的重要衡量指标。在参考相关文献的基础上并结合样本省实际发展状况，考虑相关数据的可获得性，本文选择专利申请授权数来衡量科技进步，用a表示。

3. 劳动力

劳动力即劳动投入，是在实际生产过程中投入的劳动量，一般用标准劳动强度所耗费的劳动时间来衡量。在市场经济国家，劳动的质量、劳动时间以及劳动强度等可以由收入水平来反映，在市场机制的作用下，劳动投入量的变化能通过劳动报酬得到较为合理的体现。在我国，由于经济体制正处于由计划形式向市场形式的体制过渡阶段，收入分配体制与市场调节机制尚不完善，存在一定的不合理之处，而且我国目前尚未形成与之相关的针对性的统计资料。样本省作为人口大省，就业情况参差不齐，收入分配差距较大，因此，本章采用样本省就业人员作为劳动力指标，能够较为合理地反映出样本省劳动力供给状况，用 lab 表示。

以上六个指标变量共同构成了本章的实证研究模型，在此基础上对样本省金融支持水平与供给侧结构性改革之间的关系进行实证研究。

7.2 变量与数据来源说明

研究使用指标的名称、指标符号以及指标的测度方法见表 7－1。

表 7－1 指标解释

指标类别		指标名称	指标符号	指标测度方法
金融支持指标	金融支持广度	金融业增加值	fgdp	第三产业增加值（金融业）
	金融支持强度	直接融资	df	公共财政支出（一般预算支出）
	金融支持效率	间接融资	idf	人民币贷款余额
供给侧要素指标		资本存量	k	永续盘存法
		科技进步	a	专利申请授权数
		劳动力	lab	就业人员

本章所有相关实证数据都选自样本省 1993—2017 年度的统计资料，相关数据主要来源于 Wind 数据库、《样本省统计年鉴》《中国金融年鉴》《样本省统计局》《样本省国民经济和社会发展统计公报》。此外，考虑到数据中异方差存在的可能性，而取对数化后的时间序列不会改变原序列的性质，因此本文取各变量的对数形式进行模型的构建及运算。金融业增加值（fgdp）、直接融资（df）、间接融资（idf）以及科技进步（a）由统计资料直接获得，资本存量（k）依据公式计算获得，研究所

有实证操作均使用 EViews6.0 软件辅助完成。

7.3 实证模型

向量自回归（Vector Autoregression，VAR）模型是以数据的统计特征为基础而建立的，并不严格依据经济理论，而是使用非结构性的一种方法来探究变量相互间的关系，VAR 模型是将系统中的各个内生变量当作所有内生变量滞后值的函数来构建模型，以此把单变量的自回归模型应用到多元时间序列变量组成的向量自回归模型。

1980 年，西姆斯（C. A. Sims）在经济管理领域创造性地应用了 VAR 模型，很大程度上助推了经济系统动态性的分析。在相互关联的时间序列中，可用 VAR 模型分析随机扰动项对系统的动态冲击，并对经济变量形成过程中由于各种冲击因素产生的影响进行阐释。

滞后 p 阶的 VAR（p）模型的数学表达式如下：

$$\varphi_t = A_1 \varphi_{t-1} + \cdots + A_p \varphi_{t-p} + B_1 x_t + \cdots + B_r x_{t-r} + \varepsilon_t \tag{1}$$

$$t = 1,2,\cdots,T$$

其中：φ_t 为 k 维的内生变量向量，x_t 为 d 维的外生变量向量，p 和 r 表示内生变量和外生变量各自的滞后阶数，T 表示样本的数量。k×k 维矩阵 $A_1,\cdots,A_p$ 和 k×d 维矩阵 $B_1,\cdots,B$ 是需要估计的系数矩阵。ε_t 表示 k 维误差向量，它们之间能够同期相关，但不能自相关，即不与等式右边的变量相关。式（1）可表示为下列矩阵形式：

$$\begin{pmatrix} \varphi_{1t} \\ \varphi_{2t} \\ \vdots \\ \varphi_{kt} \end{pmatrix} = A_1 \begin{pmatrix} \varphi_{1t-1} \\ \varphi_{2t-1} \\ \vdots \\ \varphi_{kt-1} \end{pmatrix} + \cdots + A_p \begin{pmatrix} \varphi_{1t-p} \\ \varphi_{2t-p} \\ \vdots \\ \varphi_{kt-p} \end{pmatrix} + B_1 \begin{pmatrix} x_{1t} \\ x_{2t} \\ \vdots \\ x_{kt} \end{pmatrix} + \cdots + B_r \begin{pmatrix} x_{1t-r} \\ x_{2t-r} \\ \vdots \\ x_{k-rt} \end{pmatrix} + \begin{pmatrix} \varepsilon_{1t} \\ \varepsilon_{2t} \\ \vdots \\ \varepsilon_{kt} \end{pmatrix}$$

$$t = 1,2,\cdots,T$$

因此，对于拥有 k 个时间序列变量的 VAR（p）模型是由 k 个方程所组成的。

对于不含外生变量的非限制向量自回归模型，表示方程式如下所示：

$$\varphi_t = A_1\varphi_{t-1} + \cdots + A_p\varphi_{t-p} + \varepsilon_t \tag{2}$$

$$\varphi_t = A(L)\varphi_{t-1} + \varepsilon_t \tag{3}$$

式（3）中$A(L)$是一个以滞后算符$L(L\varphi_t = \varphi_{t-1})$表示的具有P个项的多项式矩阵，$A(L) = A_1(L) + A_2(L) + \cdots + A_p(L)$，$\varepsilon_t$表示误差项。在$\varphi_t$向量集中，可以通过对矩阵$A$进行合理的设置以确定第一个变量对其他变量的非因果关系的原假设，使得所有A_i矩阵中的第一行的元素必须等于零。φ_{1t}表示φ_t向量集中的第一个变量，φ_{2t}表示φ_t向量集中的其他变量，则相关的向量和矩阵可由如下形式表示：

$$\varphi_t = \begin{pmatrix}\varphi_{1t}\\ \varphi_{2t}\end{pmatrix}, A_i = \begin{pmatrix}A_{i1}\\ A_{i2}\end{pmatrix}, i = 1,2,\cdots,p, \varepsilon_t = \begin{pmatrix}\varepsilon_{1t}\\ \varepsilon_{2t}\end{pmatrix}$$

来自φ_{1t}对φ_{2t}的因果关系原假设为：

$$A_{1,1} = A_{2,1} = \cdots = A_{p,1} = 0$$

然后，运用Granger因果检验法可以测试因果关系的假设。

建立如下形式的VAR模型：

$$\varphi_t = A(L)\varphi_{t-1} + \varepsilon_t \tag{4}$$

式（4）中：

$$\varphi_t = (\ln fgdp, \ln df, \ln idf, \ln k, \ln a, \ln lab)$$

$$\varepsilon_t = (\varepsilon_{fgdp}, \varepsilon_{df}, \varepsilon_{idf}, \varepsilon_k, \varepsilon_a, \varepsilon_{lab})$$

$A_1 - A_t$是6×6的系数矩阵，ε_t是误差项向量。ln*fgdp*是金融业增加值指标，ln*df*是直接融资指标，ln*idf*是间接融资指标，ln*k*是资本存量指标，ln*a*是技术进步指标，ln*lab*是劳动力指标。

有学者指出，传统的VAR模型理论强调模型中每一个变量是平稳的，对于非平稳时间序列需做差分处理，变为平稳序列才能够建立VAR模型，然而对序列进行差分处理通常会损失原始序列中部分信息。

在构建VAR模型时，滞后阶数P的确定较为重要，目前研究中较多使用AIC信息准则和SC准则来判定。通常认为该准则越小越好，但在实际研究中初步建模后，还需要对其适当性进行检验。滞后阶数的确定，既要能够反映模型的动态特征，又要保证模型的自由度，既要具备足够数目的滞后项，又要具备足够数目的自由度。

7.4　实证结果与分析

7.4.1　单位根检验

大多数经济时间序列不是平稳的，如果直接将非平稳的时间序列作为平稳的时间序列来进行分析，极有可能导致“伪回归”，即变量间原本不存在互相依存的关系，但回归结果却得出存在互相依存关系的错误论断，而时序序列变量的非平稳性是导致“伪回归”的罪魁祸首。对各时间序列变量进行 ADF 单位根检验，滞后阶数判别标准依据 AIC 和 SC 准则，常数项和趋势项依据每组序列的具体检验情况确定。样本省金融发展水平以及资本、技术、劳动力的六列时间序列的平稳性检验结果见表 7－2。

表 7－2　各指标单位根检验结果

变量	ADF 检验统计量	检验类型 (c，t，d)	显著性水平（临界值）			结论
			1%	5%	10%	
lna	－0.325001	(c，0，0)	－3.737853	－2.991878	－2.635542	不平稳
D（lna）	－3.998054***	(c，0，0)	－3.752946	－2.998064	－2.638752	平稳
lnk	－4.193454**	(c，t，1)	－4.416345	－3.622033	－3.248592	平稳
D（lnk）	－3.170466**	(c，0，4)	－3.831511	－3.029970	－2.655194	平稳
lnlab	－1.275370	(c，0，0)	－3.737853	－2.991878	－2.635542	不平稳
D（lnlab）	－3.370820**	(c，0，0)	－3.752946	－2.998064	－2.638752	平稳
lnfgdp	1.440488	(c，0，0)	－3.737853	－2.991817	－2.635542	不平稳
D（lnfgdp）	－2.837929*	(c，0，0)	－3.752946	－2.998064	－2.637852	平稳
lnidf	－1.174048	(c，0，0)	－3.737853	－2.991878	－2.635642	不平稳
D（lnidf）	－3.147446**	(c，0，0)	－3.752946	－2.998064	－2.638752	平稳
lndf	－3.752278**	(c，t，3)	－4.467895	－3.644963	－3.261452	平稳
D（lndf）	－4.280116***	(c，0，7)	－3.920350	－3.065585	－2.673459	平稳

注：①检验类型中 c，t，d 分别表示常数项、趋势项和滞后阶数；②D 表示一阶差分；③*、**、*** 分别表示 10%，5% 和 1% 的显著性水平下拒绝原假设。

从表 7－2 中可以得出，在原始序列（对数化后）水平上，所有的检验结果中 lnk 和 lndf 的 ADF 检验值小于 5% 显著性水平，因此 lnk 和 lndf 是平稳的时间序列，剩余序列的 ADF 检验值均大于 10% 显著性水平下的临界值，因此剩余序列接受存在单位根的假设，即剩余序列均为非平稳序列。对序列（对数化后）一阶差分后的 ADF 检验值均小于 10% 显著性水平下的临界值，即所有序列一阶差分后均拒绝了有单位根的假设，表明所有序列的差分变量是平稳的。因此，原始序列 lnk 和 lndf 是平稳序列，lnfgdp，lnidf，lna，lnlab 均是一阶单整序列。

7.4.2 VAR 模型的确定及效应分析

从供给侧三要素（资本、技术、劳动力）三方面来考量金融对供给侧改革的支持效应，可以将供给侧三要素作为被解释变量，金融支持作为解释变量，因此，基于供给侧三要素指标分别与金融支持指标建立三个 VAR 模型。

VAR 模型的建立主要是为了研究变量之间的关系及其相互作用，在 VAR 模型构建过程中滞后阶数的确定至关重要。在选择滞后阶数时，一方面应尽可能使滞后数足够大，使其能够较完整地反映出所建模型的动态变化。但同时，滞后数越大，所需估计模型的参数就会越多，从而使得模型的自由度降低。因此，在确定模型滞后期时应根据实际情况综合考虑，确保滞后项和自由度足够多。在实际操作中滞后期的选择通常基于两种方法，第一种方法依据数据出现的频率来确定滞后阶数。具体是针对月度数据、季度数据和年度数据分别以 12、4 和 1 作为模型的滞后期。第二种方法是依据 EViews 软件中所给出的 LR（似然比）检验、AIC（Akaike Information Criterion）信息准则和 SC（Sc 样本 warz Criterion）信息准则等准则来确定最优滞后阶数。本文中，我们依据第二种判断方法，综合考虑 EViews 软件中的 LR 检验、FPE 检验、AIC 信息准则和 SC 准则等检验方法，来确定最优的滞后期长度。

1. 基于资本存量（K）的 VAR 模型及效应分析

（1）最优滞后阶数的确定

在 EViews 软件中，判断最优滞后阶数的方法有五种，在各自最优的滞后阶数后面标有 *。五种方法中有三种确定的最佳滞后阶数是 2，根据多数原则，此处选择建立滞后阶数为 2 的 VAR（2）模型，如表 7－3所示。

表 7－3　基于资本存量（K）的 VAR 滞后期长度准则

Lag	LogL	LR	FPE	AIC	SC	HQ
0	128.0119	NA	1.49e－10	－11.27381	－11.07544	－11.22708
1	156.7422	44.40147 *	4.85e－11	－12.43111	－11.43926 *	－12.19746
2	178.2028	25.36246	3.50e－11 *	－12.92753 *	－11.14218	－12.50695 *

注：* 表明由信息准则选择的最优滞后阶数。

（2）建立 dlnk 与 dlnfgdp、dlndf、dlnidf 的 VAR 模型（见表 7－4）。

表 7－4　基于资本存量的 VAR 模型估计结果

	dlnk	dlnfgdp	dlndf	dlnidf
dlnk（－1）	1.116514	1.558613	0.657435	0.658645
	(0.33968)	(1.41074)	(0.68594)	(0.77920)
	[3.28693]	[1.10482]	[0.95844]	[0.84528]
dlnk（－2）	－0.435260	－1.456160	－0.660110	－0.105022
	(0.29482)	(1.22443)	(0.59535)	(0.67630)
	[－1.47635]	[－1.18926]	[－1.10878]	[－0.15529]
dlnfgdp（－1）	0.032877	0.323964	0.133846	－0.008245
	(0.04363)	(0.18118)	(0.08810)	(0.10007)
	[0.75361]	[1.78805]	[1.51932]	[－0.08239]
dlnfgdp（－2）	－0.032171	0.276488	－0.199401	0.181240
	(0.04353)	(0.18078)	(0.08790)	(0.09985)
	[－0.73909]	[1.52944]	[－2.26853]	[1.81513]
dlndf（－1）	0.112174	－0.576302	0.296477	－0.377083
	(0.15359)	(0.63787)	(0.31015)	(0.35232)
	[0.73036]	[－0.90348]	[0.95592]	[－1.07029]

续表

	dlnk	dlnfgdp	dlndf	dlnidf
dlndf（-2）	0.168762	0.849065	0.295882	-0.027786
	(0.12683)	(0.52672)	(0.25610)	(0.29093)
	[1.33066]	[1.61199]	[1.15532]	[-0.09551]
dlnidf（-1）	-0.148710	0.078059	-0.208941	0.086685
	(0.11950)	(0.49629)	(0.24131)	(0.27412)
	[-1.24445]	[0.15728]	[-0.86587]	[0.31623]
dlnidf（-2）	0.144112	-0.700636	0.180859	-0.282721
	(0.12033)	(0.49974)	(0.24299)	(0.27603)
	[1.19765]	[-1.40200]	[0.74431]	[-1.02426]
C	0.009043	0.073190	0.083218	0.099691
	(0.02731)	(0.11341)	(0.05514)	(0.06264)
	[0.33117]	[0.64538]	[1.50918]	[1.59154]
R-squared	0.879448	0.640712	0.613734	0.416692
Adj. R-squared	0.805262	0.419612	0.376032	0.057733

$$
\begin{aligned}
\mathrm{dln}k = {} & 1.116514\mathrm{dln}k(-1) - 0.43526\mathrm{dln}k(-2) \\
& + 0.032877\mathrm{dln}fgdp(-1) - 0.032171\mathrm{dln}fgdp(-2) \\
& + 0.112174\mathrm{dln}df(-1) + 0.168762\mathrm{dln}df(-2) - 0.14871\mathrm{dln}idf(-1) \\
& + 0.144112\mathrm{dln}idf(-2) + 0.009043
\end{aligned}
$$

由参数估计结果可知，资本存量对自身的影响最为明显，滞后 1 期和 2 期的系数分别为 1.117 和 -0.435，说明滞后 1 期的资本存量对自身有正向较大的影响；同时，变量与变量之间也有影响，金融业增加值滞后 1 期和滞后 2 期系数分别为 0.033 和 -0.032，因此，滞后一期以及滞后二期的金融业增加值对资本存量分别存在正向与负向的影响，但影响幅度较低；直接融资对资本存量有较大的正向影响，其中滞后 1 期的系数为 0.112，而滞后 2 期的系数为 0.169；滞后一期的间接融资对资本存量有负向影响，滞后二期的间接融资对资本存量有正向的影响，其中滞后 1 期的系数为 -0.148，而滞后 2 期的系数为 0.144。

（3）VAR模型稳定性检验

图7－1是基于EViews软件作出的AR根图，可以看到所有的数值都落在单位圆内，可以检验出VAR模型是稳定的。

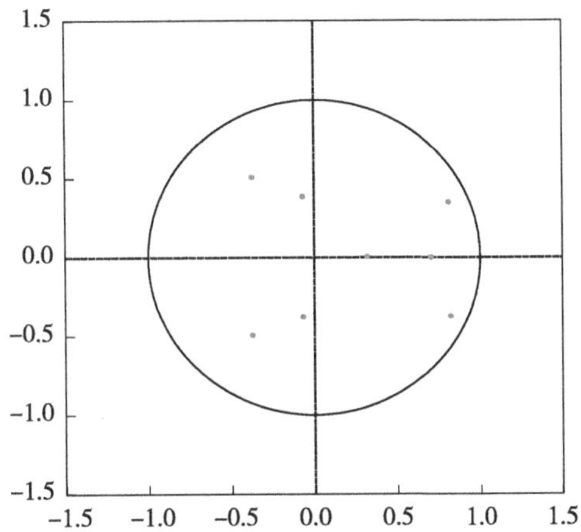

图7－1 基于资本存量VAR模型AR根的稳定性检验

（4）格兰杰因果关系检验

在经济变量中有一些变量虽然具有显著相关性，但它们不一定具有经济意义，即存在伪回归现象。判断某一变量的变化是否引起另一变量变化的原因的相关问题，格兰杰提出了格兰杰因果检验的验证方法。这里利用该检验方法，基于VAR模型，检验资本积累与金融业增加值、直接融资、间接融资之间是否存在显著的格兰杰因果关系，格兰杰因果关系检验的一个前提条件是时间序列具有平稳性，因此，对处理过的一阶差分数据进行格兰杰因果关系检验，研究以VAR模型最佳滞后期2作为格兰杰因果检验的滞后期。

格兰杰因果检验结果可以得出：dlnk与dlndf以及dlnfgdp与dlnk均不存在格兰杰因果关系；dlnidf与dlnk之间存在单向的格兰杰因果关系，其中dlnidf是dlnk的格兰杰原因，但dlnk不是dlnidf的格兰杰原因，说明样本省直接融资和金融业增加值并未促进资本积累，或者说这种促进作用效果微弱以至于难以发觉，一方面可能由于对原始数据进行一阶差分处理后，损失了原有信息，导致结果有些偏差；另一方面可能由于样本省资本市场发展起步晚，融资体系较不完善，直接融资虽然规模有所发展但比例依然较低，供给侧结构性改革的推进使得金融资源更多地助力实体经济的发展，对资本积累的促进作用极其有限，而真正能促进资本积累的是以银行为主的间接融资。检验结果见表7-5。

表7-5 VAR模型的格兰杰因果检验结果

原假设	样本量	F统计量	P值	结论
dink 不是 dlndf 的格兰杰原因	22	0.60953	0.5551	接受
dlndf 不是 dlnk 的格兰杰原因	22	2.41201	0.1196	接受
dlnk 不是 dlnfgdp 的格兰杰原因	22	2.64407	0.1000	接受
dlnfgdp 不是 dlnk 的格兰杰原因	22	0.30486	0.7412	接受
dlnk 不是 dlnidf 的格兰杰原因	22	0.98544	0.3936	接受
dlnidf 不是 dlnk 的格兰杰原因	22	2.72867	0.0938	拒绝

（5）脉冲响应分析

脉冲响应函数（Impulse Response Function，IRF）是用来分析VAR模型中每一个内生变量对来自于其自身或其他内生变量的一个标准差大小的冲击时，内生变量的当前值和未来值受到多大程度的影响，脉冲响应曲线能够直观地观察变量之间的动态关系。因此，本部分使用向量自回归模型对变量间的冲击效应进行分析，进一步细化探索变量之间的关系。这里研究金融支持对供给侧结构性改革的作用效果，本节重点研究资本存量（K）与金融支持的三个指标之间的脉冲响应变化情况。资本积累对金融支持信息的脉冲响应见表7-6。

表7-6 资本积累对金融支持信息的脉冲响应表

期数	资本积累	金融业增加值	直接融资	间接融资
1	0.022273	0.000000	0.000000	0.000000
	(0.00336)	(0.00000)	(0.00000)	(0.00000)
2	0.023948	0.006043	0.006784	-0.005864
	(0.00692)	(0.00514)	(0.00551)	(0.00479)

续表

期数	资本积累	金融业增加值	直接融资	间接融资
3	0.025376	0.003825	0.014909	-0.002196
	(0.00941)	(0.00780)	(0.00761)	(0.00731)
4	0.023683	0.000838	0.017645	-0.000118
	(0.01197)	(0.00982)	(0.00955)	(0.00791)
5	0.019027	-0.001580	0.018288	-0.000133
	(0.01412)	(0.01170)	(0.01154)	(0.00776)
6	0.013292	-0.003847	0.016498	0.000441
	(0.01580)	(0.01266)	(0.01274)	(0.00712)
7	0.007944	-0.006557	0.012337	0.001647
	(0.01687)	(0.01262)	(0.01323)	(0.00606)
8	0.002948	-0.008141	0.007376	0.002319
	(0.01727)	(0.01195)	(0.01319)	(0.00495)
9	-0.001166	-0.008347	0.002251	0.002619
	(0.01685)	(0.01080)	(0.01273)	(0.00415)
10	-0.003864	-0.007623	-0.002258	0.002652
	(0.01573)	(0.00958)	(0.01203)	(0.00378)

在向量自回归模型VAR（2）的基础上，分别给dlnk、dlnfgdp、dlndf、dlnidf一个正向单位的冲击得到的脉冲响应函数图解如下，图中虚线部分代表正负两倍的标准差偏离带，见图7-2。

dlnk对自身的脉冲响应见图7-2左上角，由图可以看出，资本存量对于来自其自身的一个标准差的冲击立即就有响应，且为正向。这种冲击带来的影响从第1期开始逐渐增加，第3期达到最大为0.025，之后缓慢下降，最终响应为负，说明资本存量在前期具有较强的自我增强作用，随着时间的推移自我增强作用降低。

dlnk对dlnfgdp的脉冲响应见图7-2右上角，由图可知，资本存量对于来自金融业增加值的一个正标准差的冲击前4期呈现出较小的正向波动，之后响应呈现出不断增强的负向响应，最终趋于平衡，说明金融

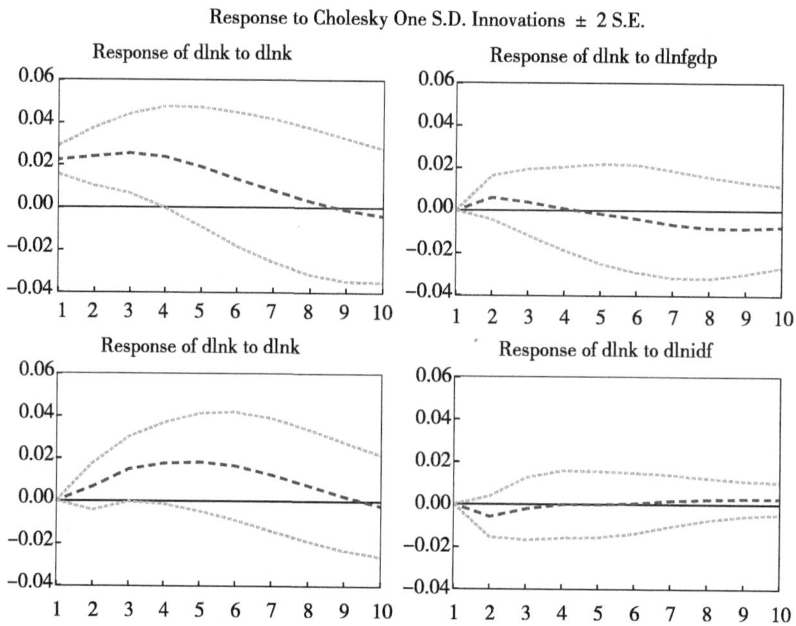

图 7－2　资本积累对金融支持信息的脉冲响应

业增加值在前期对资本积累存在略微的正向拉动作用，但长期来看却存在负向的拉动作用。

dlnk 对 dlndf 的脉冲响应见图 7－2 左下角，由图可以看出，资本存量对于来自直接融资的一个标准差的冲击在较长的一段时间内呈现出较大的正向波动，正向波动维持到第 9 期，说明直接融资对于资本存量有较强的正向拉动作用，且正向拉动作用持续时间较长。

dlnk 对 dlnidf 脉冲响应见图 7－2 右下角，资本存量对于来自间接融资的一个正标准差的冲击波动幅度较小，前 3 期呈现出较小的负向波动，第 4 期到第 6 期波动幅度基本为零，随后呈现出略微的正向波动，说明间接融资对资本存量的作用力度较小，基本为零。

（6）方差分解分析

为了更深入地对两个变量间相互波动情况进行研究，借助方差分解技术对两个变量的预测均方误差进行分解，得出每个变量冲击的相对重要程度。方差分解（Variance Decomposition）是通过分析每一个结构冲击对内生变量变化（用方差表示）所产生的贡献大小，它反映出了对VAR模型中的变量产生影响的每个随机扰动的相对重要性情况。它的基本原理是将系统中每一个内生变量的变动情况按其形成的原因分解为与各个方程随机扰动项相关的各组成部分，从而明确了各变量对模型内生变量的相对重要情况。本文利用方差分解技术分析资本存量与金融支持三个指标相互之间的贡献率。VAR（2）的方差分解结果的合成图形见图7－3。

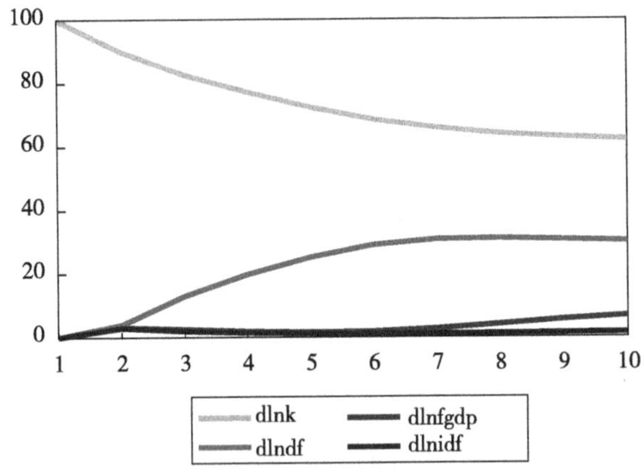

图7－3 资本积累的方差分解

图7－3显示，资本存量对其自身的贡献程度最大，但贡献程度呈不断下降的趋势，从第1期的100%，下降到第10期的62.1%；直接融资对资本存量的贡献程度次之，且呈不断增大趋势，最终维持在30%左右；金融业增加值和间接融资对资本存量的贡献度较小，其中金融业增加值对资本积累的贡献程度略高于间接融资对资本存量的贡献度，二者对资本存量的贡献度最终分别维持在6.55%和1.31%的水平。由此可以看出，直接融资是资本积累的主要驱动力量，充分说明了大力发展资本市场，不断提高直接融资的比例才能有效促进资本积累（见表7－7）。

表 7－7　各变量方差分解结果

时期	标准差	资本积累	金融业增加值	直接融资	间接融资
1	0.022273	100.0000	0.000000	0.000000	0.000000
2	0.034446	90.14598	3.077581	3.878358	2.898080
3	0.045521	82.69278	2.468107	12.94702	1.892093
4	0.054269	77.22676	1.760394	19.68112	1.331727
5	0.060367	72.34838	1.491208	25.08365	1.076767
6	0.064094	68.47985	1.683105	28.87713	0.959919
7	0.066098	65.83328	2.566637	30.63544	0.964645
8	0.067110	64.05660	3.961361	30.92682	1.055218
9	0.067725	62.92759	5.408865	30.47787	1.185683
10	0.068351	62.09995	6.554088	30.03139	1.314572

（7）实证结果与原因分析

本节将资本存量（k）与金融支持的三个指标建立 VAR 模型，然后以稳定的模型为基础对变量进行格兰杰因果关系检验、脉冲响应分析和方差分解。格兰杰因果关系检验得出的结论是直接融资和金融业增加值与资本积累不存在因果关系；间接融资与资本积累存在单向的因果关系，具体表现为间接融资是资本积累的格兰杰原因，但资本积累不是间接融资的格兰杰原因，一方面原因可能是原始数据进行差分处理后损失了一定信息，使得结论有所偏差；另一方面也说明样本省直接融资和金融业增加值对资本积累的促进作用有限，资本积累更多依靠银行为主的间接融资的支持，未能充分发挥资本市场对资本积累的支持作用。

从脉冲响应分析结果可以得出，资本积累对来自其自身以及直接融资的一个正向标准差冲击变化较大，且正向反应持续时间较长，说明直接融资能够正向拉动资本积累，进一步论证了大力发展直接融资有助于资本的积累。资本积累对来自金融业增加值以及间接融资的一个正向的标准差冲击变化幅度较小，从中短期来看金融业增加值对资本积累有略微的正向拉动作用，而间接融资对资本积累呈现较小的负向拉动作用，长期来看二者对资本积累的拉动效果则相反，因此短期内金融业增加值对资本积累有促进作用，长期内间接融资对资本积累有较小的促进作用。

由方差分解得出，从长期正向作用的影响幅度和影响时间来看，对资本积累贡献程度最大的是直接融资，其次是金融业增加值，最后是间接融资，从长期贡献程度来看，直接融资对资本存量的贡献度呈不断上升趋势最终达到30%左右的水平，金融业增加值对资本积累的贡献度小幅上升，最终达到6.55%的水平，间接融资对资本存量的贡献度极其有限，最终维持在1.31%左右的水平，因此直接融资对资本积累发挥重要作用，间接融资对资本积累的影响很小，这一结论和脉冲响应分析结果相符。

2. 基于技术进步的VAR模型及效应分析

本节将技术进步与金融支持指标之间建立VAR模型，分析步骤与上节相同。

（1）最优滞后阶数的确定，如表7－8所示。

表7－8　基于技术进步的VAR滞后期长度准则

Lag	LogL	LR	FPE	AIC	SC	样本Q
0	95.13852	NA	2.00e－09	－8.679859	－8.480902*	－8.636680
1	113.9542	28.67148*	1.59e－09	－8.948017	－7.953234	－8.732124
2	133.6590	22.51980	1.36e－09*	－9.300858	－7.510248	－8.912250
3	154.6261	15.97496	1.54e－09	－9.773918*	－7.187482	－9.212595*

依据判定标准，此处确定VAR模型的滞后期为3。

（2）建立dlna与dlnfgdp、dlndf、dlnidf的VAR模型，如表7－9所示。

表7－9　基于技术进步的VAR模型的估计结果

	dlna	dlndf	dlnfgdp	dlnidf
dlna（－1）	－0.244384	0.033801	－0.010222	－0.153654
	(0.31241)	(0.10947)	(0.19290)	(0.10414)
	[－0.78225]	[0.30876]	[－0.05299]	[－1.47548]

续表

	dina	dlndf	dlnfgdp	dlnidf
dina（-2）	-0.251868	-0.119382	-0.036635	-0.111361
	(0.32726)	(0.11468)	(0.20207)	(0.10909)
	[-0.76963]	[-1.04103]	[-0.18130]	[-1.02085]
dina（-3）	-0.113704	0.008777	0.111448	0.092662
	(0.30830)	(0.10803)	(0.19036)	(0.10277)
	[-0.36881]	[0.08124]	[0.58544]	[0.90167]
dlndf（-1）	0.101284	0.217361	0.398681	0.027633
	(0.96320)	(0.33752)	(0.59474)	(0.32107)
	[0.10515]	[0.64399]	[0.67034]	[0.08607]
dlndf（-2）	0.360421	0.457361	0.224296	0.217285
	(0.88213)	(0.30911)	(0.54468)	(0.29405)
	[0.40858]	[1.47958]	[0.41179]	[0.73895]
dlndf（-3）	1.031451	0.209589	0.090258	-0.175615
	(1.00293)	(0.35144)	(0.61927)	(0.33431)
	[1.02844]	[0.59636]	[0.14575]	[-0.52530]
dlnfgdp（-1）	0.917243	0.041905	0.456555	0.139520
	(0.67211)	(0.23552)	(0.41500)	(0.22404)
	[1.36472]	[0.17793]	[1.10013]	[0.62275]
dlnfgdp（-2）	-0.152891	-0.060102	0.110700	0.224493
	(0.44778)	(0.15691)	(0.27648)	(0.14926)
	[-0.34144]	[-0.38304]	[0.40039]	[1.50404]
dlnfgdp（-3）	-0.528934	-0.098767	0.070816	-0.029845
	(0.53120)	(0.18614)	(0.32800)	(0.17707)
	[-0.99573]	[-0.53060]	[0.21591]	[-0.16855]
dlnidf（-1）	1.256272	-0.305767	0.456732	0.064136
	(1.07453)	(0.37653)	(0.66348)	(0.35818)
	[1.16914]	[-0.81206]	[0.68839]	[0.17906]
dlnidf（-2）	-0.473926	-0.001123	-0.625792	-0.128531
	(0.74035)	(0.25943)	(0.45714)	(0.24679)
	[-0.64014]	[-0.00433]	[-1.36893]	[-0.52082]

续表

	dina	dlndf	dlnfgdp	dlnidf
dlnidf（-3）	1. 885184	0. 068769	-0. 179750	0. 229046
	(0. 93373)	(0. 32720)	(0. 57654)	(0. 31125)
	[2. 01898]	[0. 21018]	[-0. 31177]	[0. 73590]
C	-0. 364085	0. 074004	-0. 033484	0. 081526
	(0. 24293)	(0. 08513)	(0. 15000)	(0. 08098)
	[-1. 49870]	[0. 86932]	[-0. 22322]	[1. 00676]
R-squared	0. 645779	0. 684985	0. 763912	0. 642395
Adj. R-squared	0. 114447	0. 212462	0. 409781	0. 105988

由表7－9可得出关于技术进步的公式如下，表中系数下方分别对应标准差和T统计量。

dlna = -0. 244384dlna（-1） -0. 251868dlna（-2）

-0. 113704dlna（-3） +0. 917243dlnfgdp（-1）

-0. 152891dlnfgdp（-2） -0. 528934dlnfgdp（-3）

+1. 24591dlndf（-1） +0. 060091dlndf（-2）

-1. 178658dlndf（-3） +1. 256727dlnidf（-1）

-0. 473426dlnidf（-2） +1. 885184dlnidf（-3） -0. 364085

由参数估计结果可知，技术进步不仅受其自身滞后值的影响，也受相关变量滞后值的影响，其中滞后1期的金融业增加值、直接融资、间接融资的系数都为正，说明滞后1期的技术进步、金融业增加值、直接融资和间接融资对技术进步都有正向的促进作用。

（3）检验VAR模型的稳定性。

图7－4是基于EViews软件作出的AR根图，可以看到所有的数值都落在单位圆内，因此该VAR模型是稳定的。

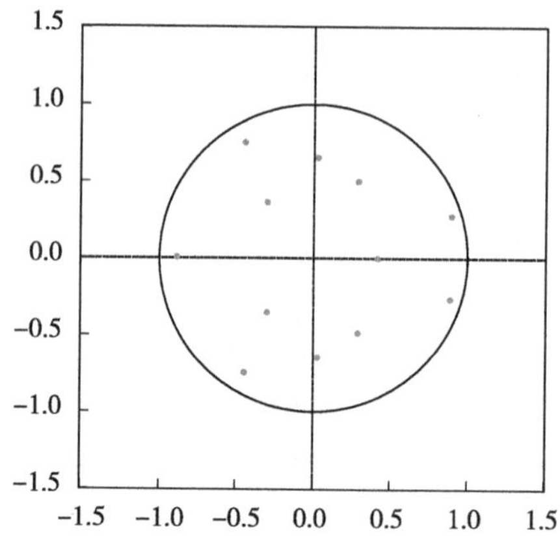

图 7－4　基于技术进步 AR 根的稳定性检验

（4）格兰杰因果分析

表 7－10　基于 VAR 模型的格兰杰因果检验结果

原假设	观测值	F 统计量	概率	结论
dlndf 不是 dlna 的格兰杰原因	21	2.64210	0.0900	拒绝
dlna 不是 dlndf 的格兰杰原因	21	1.30018	0.3134	接受
dlnfgdp 不是 dlna 的格兰杰原因	21	0.63696	0.6035	接受
dlna 不是 dlnfgdp 的格兰杰原因	21	0.71596	0.5587	接受
dlnidf 不是 dlna 的格兰杰原因	21	0.57517	0.6407	接受
dlna 不是 dlnidf 的格兰杰原因	21	1.49287	0.2596	接受

从表 7－10 中可以看出：dlndf 与 dlna 之间存在单向的格兰杰因果关系，其中 dlndf 是 dlna 的格兰杰原因，但 dlna 不是 dlndf 的格兰杰原因；dlnidf 与 dlna 以及 dlnfgdp 与 dlna 之间不存在因果关系。说明样本省的直接融资的发展能够有效促进技术进步，然而间接融资的发展和金融业增加值的提升并未能构成技术进步的必要条件，因此样本省亟须完善资本市场融资体系，调整融资结构，扩大直接融资规模，提高银行资金运用效率，以此有效促进技术进步。

（5）脉冲响应分析

本节在向量自回归模型 VAR（3）的基础上，分别 dlna，dlnfgdp，

lndf，dlnidf 一个标准差冲击得到的脉冲响应函数图解如下，图中横轴表示冲击延续的期数，纵轴为冲击影响程度，虚线部分表示正负两倍的标准差偏离带。

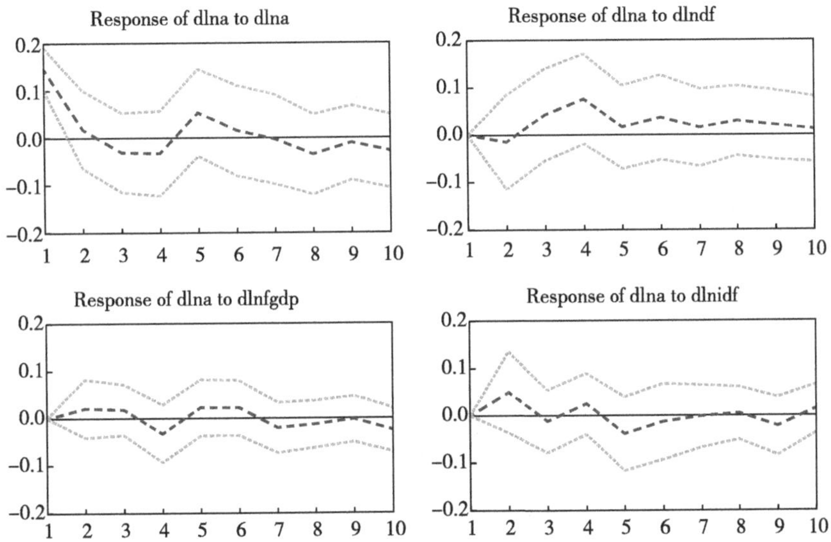

图 7-5 各变量脉冲响应分析结果

dlna 对自身的脉冲响应见图 7-5 左上角，由图可以看出，科技进步对于来自其自身的一个标准差的冲击立即就有响应，第 1 期这种响应就达到最大值 0.146。随后这种冲击带来的影响逐渐减弱，第 4 期达到最低点 -0.033，随后响应逐渐上升第 5 期达到 0.053 后响应逐渐减弱，第 7 期之后响应维持负值，最终趋于平衡。说明科技进步前期有较强的自我增强作用，后期自我增强作用减弱。

dlna 对 lndf 的脉冲响应见图 7-5 右上角，由图可以看出，科技进步对于来自直接融资的一个标准差的冲击主要表现为正向响应，在第 1 期时没有响应，第 2 期有较小的负向响应，随后响应为正并逐渐增加，第 4 期响应达到最大值为 0.076，随后响应逐渐下降，最终趋于平衡。说明直接融资在长期内对技术进步有正向的拉动效应。

dlna 对 dlnfgdp 的脉冲响应见图 7-5 左下角，由图可以看出，技术进步对于来自金融业增加值的一个标准差的冲击会产生正负双向波动，第1~3期与第5~6期呈现出正向响应，剩余各期呈现出负向响应，这说明金融业增加值在短期能促进技术进步，长期内则不利于技术进步。

dlna对dlnidf脉冲响应见图7-5右下角，科技进步对于来间接融资的一个标准差的冲击也呈现出正负双向的响应，第1期时响应为零，第2期达到正向响应最大值，随后响应逐渐下降，第3期响应降为负值，第4期响应又有所回升达到0.024，随后响应降为负值。可以看出，间接融资对样本省技术进步在短期内有正向拉动效应，长期则不利于技术进步。技术进步对金融支持信息的脉冲响应表见表7-11。

表7-11 技术进步对金融支持信息的脉冲响应表

时期	dlna	dlndf	dlnfgdp	dlnidf
1	0.145827	0.000000	0.000000	0.000000
	(0.02250)	(0.00000)	(0.00000)	(0.00000)
2	0.017768	-0.014738	0.020813	0.049631
	(0.04131)	(0.04987)	(0.03089)	(0.04314)
3	-0.030935	0.042494	0.017970	-0.012342
	(0.04209)	(0.04873)	(0.02695)	(0.03317)
4	-0.032902	0.075945	-0.032877	0.024623
	(0.04480)	(0.04764)	(0.03038)	(0.03236)
5	0.053001	0.016304	0.022294	-0.038734
	(0.04611)	(0.04418)	(0.02986)	(0.03912)
6	0.015178	0.036763	0.021773	-0.013173
	(0.04797)	(0.04480)	(0.02925)	(0.04012)
7	-0.003319	0.015150	-0.020565	-0.001666
	(0.04733)	(0.04103)	(0.02661)	(0.03300)
8	-0.035480	0.029540	-0.013133	0.004667
	(0.04241)	(0.03692)	(0.02481)	(0.02790)

续表

时期	dlna	dlndf	dlnfgdp	dlnidf
9	-0.010713	0.020619	-0.002268	-0.022567
	(0.03933)	(0.03674)	(0.02425)	(0.03078)
10	-0.028413	0.011751	-0.025448	0.014555
	(0.03898)	(0.03458)	(0.02311)	(0.02551)

(6) 方差分解

变量技术进步的方差分解图以及技术进步的方差分解结果分别见图7-6、表7-12。

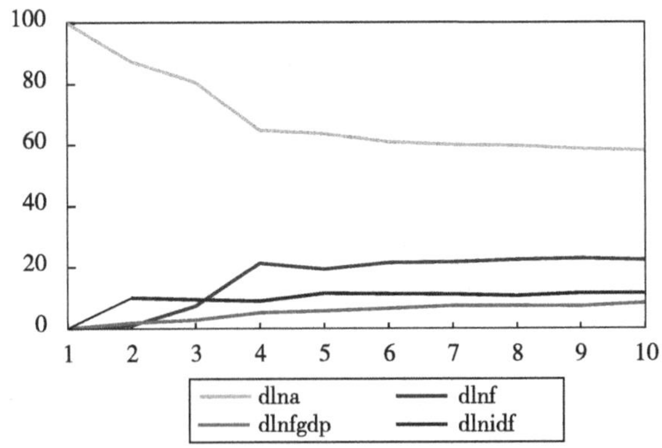

图7-6 技术进步的方差分解

表7-12 技术进步的方差分解结果

时期	标准差	dlna	dlndf	dlnfgdp	dlnidf
1	0.145827	100.0000	0.000000	0.000000	0.000000
2	0.157146	87.39185	0.879513	1.754056	9.974577
3	0.167131	80.68744	7.242191	2.706730	9.363634
4	0.190972	64.76738	21.36162	5.036894	8.834106
5	0.203820	63.62147	19.39332	5.618272	11.36694
6	0.209217	60.90731	21.49311	6.415156	11.18442
7	0.210804	60.01895	21.68738	7.270674	11.02299

续表

时期	标准差	dlna	dlndf	dlnfgdp	dlnidf
8	0. 216249	59. 72588	22. 47485	7. 277908	10. 52136
9	0. 218674	58. 64900	22. 86842	7. 128198	11. 35439
10	0. 222762	58. 14271	22. 31494	8. 174010	11. 36833

由图7－6以及表7－12可以看出，技术进步对其自身的贡献程度处于不断下降的趋势，从第1期的100%，下降到第10期的58.14%，总体来看技术进步预测方差大多是由自身扰动所引起的；在短期内间接融资对技术进步的贡献作用较大，长期内直接融资对技术进步的贡献作用最大，金融业增加值对技术进步的贡献程度最小，其中直接融资对技术进步的贡献程度基本维持在22%左右，间接融资对技术进步的贡献度基本维持在11%左右，金融业增加值对技术进步的贡献度基本维持在8%左右。分析结果充分说明，大力发展直接融资是样本省技术进步的长期驱动力。

（7）实证结果与原因分析

本节将技术进步与金融支持的三个指标构建VAR模型，在模型稳定的基础上对变量进行格兰杰因果关系检验、脉冲响应分析和方差分解。格兰杰因果关系检验得出的结论是直接融资与技术进步之间存在单向的格兰杰因果关系，其中直接融资是技术进步的格兰杰原因，但技术进步不是直接融资的格兰杰原因；间接融资与和金融业增加值都与技术进步不存在因果关系。说明样本省的直接融资构成技术进步的必要条件，但间接融资和金融业增加值并未能构成技术进步的必要条件。

从脉冲响应分析结果可以得出，长期来看直接融资对技术进步起到正向拉动作用，且正向作用时间较长。间接融资和金融业增加值对科技进步呈现正负双向的拉动作用，且正向拉动作用较小，持续时间较短。说明长期内直接融资对科技进步的影响较大，而以银行为主的间接融资以及金融业增加值对技术进步的促进作用有限。

由方差分解得出，从长期正向作用的影响幅度和影响时间来看，对技术进步贡献程度最大的是直接融资，其次是间接融资，最后是金融业增加值，金融业增加值对技术进步的贡献度维持在8%左右，说明金融业增加值并未在技术进步中发挥重要作用，这一结论和脉冲响应分析结果相符。

3. 基于劳动力的VAR模型及效应分析

本节采用lab（就业人员）作为劳动力指标。基于lnlab与lnfgdp、lndf、lnidf的关系建立VAR模型，模型的建立与分析步骤与前两个VAR模型相似，本节重点分析变量的格兰杰因果关系、脉冲响应分析和方差分解。

（1）最优滞后阶数的确定，见表7-13。

表7-13　基于劳动力的VAR滞后期长度准则

Lag	LogL	LR	FPE	AIC	SC	样本Q
0	140.2631	NA	2.72e-11	-12.97744	-12.77848*	-12.93426
1	160.3006	30.53335*	1.92e-11*	-13.36197	-12.36718	-13.14607*
2	176.8379	18.89976	2.23e-11	-13.41314*	-11.62253	-13.02453
3	190.8530	10.67816	4.89e-11	-13.22410	-10.63766	-12.66277

根据滞后期准则可以确定VAR模型最优的滞后期为1。

（2）建立lnlab与lnfgdp、lndf、lnidf的VAR模型，见表7-14。

表7-14　基于劳动力的VAR模型的估计结果

	dlnlab	dlnfgdp	dlndf	dlnidf
dlnlab（-1）	0.356015	-0.786870	-1.038678	-0.123885
	(0.23181)	(1.79414)	(0.70141)	(0.79981)
	[1.53583]	[-0.43858]	[-1.48084]	[-0.15489]
dlnfgdp（-1）	0.007667	0.350535	0.018586	0.067072
	(0.02989)	(0.23133)	(0.09044)	(0.10313)
	[0.25653]	[1.51527]	[0.20550]	[0.65038]
dlndf（-1）	-0.011623	0.390241	0.464743	0.014278
	(0.06559)	(0.50766)	(0.19847)	(0.22631)
	[-0.17721]	[0.76870]	[2.34165]	[0.06309]
dlnidf（-1）	0.073585	0.220297	-0.165368	0.366641
	(0.06134)	(0.47474)	(0.18560)	(0.21163)
	[1.19969]	[0.46404]	[-0.89101]	[1.73244]

续表

	dlnlab	dlnfgdp	dlndf	dlnidf
C	0.002740	0.004007	0.129720	0.077201
	(0.01688)	(0.13064)	(0.05107)	(0.05824)
	[0.16231]	[0.03067]	[2.53986]	[1.32560]
R - squared	0.177994	0.236931	0.390171	0.206703
Adj. R - squared	-0.004675	0.067360	0.254654	0.030414

$$dlnlab = 0.356015dlnlab\ (-1) + 0.007667dlnfgdp\ (-1) - 0.011623dlndf\ (-1) + 0.073585dlnidf\ (-1) + 0.00274$$

由参数估计结果可知，劳动力对自身的影响最为明显，滞后 1 期的系数为 0.356；金融业增加值和间接融资滞后 1 期的系数分别为 0.008 和 0.074，因此，滞后 1 期的金融业增加值和间接融资对劳动力有正向的影响，但影响系数幅度较小；滞后 1 期的直接融资的系数为 -0.012，对劳动力有较小的负向影响，总的来说，滞后 1 期的金融业增加值、直接融资和间接融资对劳动力的影响较小。

（3）检验 VAR 模型的稳定性

基于劳动力的 VAR 模型 AR 根稳定性检验见图 7-7。

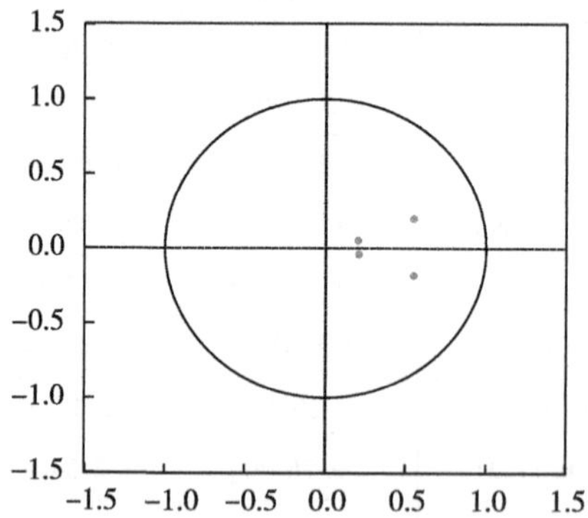

图 7-7　基于劳动力的 VAR 模型 AR 根稳定性检验

VAR 模型的所有根的倒数都小于 1，即位于单位圆内，因此可以分析出 VAR 模型是稳定的。

(4) 格兰杰因果检验

基于VAR模型的格兰杰因果检验结果见表7-15。

表7-15 基于VAR模型的格兰杰因果检验结果

原假设	观测值	F统计量	概率	结论
dlnidf不是dlnlab的格兰杰原因	23	1.97721	0.1750	接受
dlnlab不是dlnidf的格兰杰原因	23	0.20430	0.6561	接受
dlnfgdp不是dlnlab的格兰杰原因	23	0.25008	0.6225	接受
dlnlab不是dlnfgdp的格兰杰原因	23	0.32843	0.5730	接受
dlndf不是dlnlab的格兰杰原因	23	0.13362	0.7185	接受
dlnlab不是dlndf的格兰杰原因	23	2.45136	0.1331	接受

从表7-15可以看出dlnfgdp、dlndf、dlnidf都不是dlnlab的格兰杰原因，说明样本省的金融发展并不能直接对劳动力的增长产生影响。dlnlab不是dlnfgdp、dlndf、dlnidf的格兰杰原因，说明劳动力增长也不能构成样本省金融发展的条件。一方面说明样本省金融发展没有对劳动力增长起到促进作用；另一方面也说明样本省劳动力的增加并不能促进样本省金融的发展，劳动力增长与金融发展的关联性较弱，而劳动力增长更多的是经济发展的结果。

(5) 脉冲响应分析

在向量自回归模型VAR (1) 的基础上，分别dlnlab、dlnfgdp、dlndf、dlnidf一个正向单位的冲击得到的脉冲响应函数（见图7-8)。

dlnlab对自身的脉冲响应见图7-8左上角图，由图可以观测出，劳动力对于来自其自身的一个标准差的冲击立即就有响应，且为正向。第1期为正向最大响应0.016，随后响应迅速下降，第3期响应接近零，后期响应幅度很小几乎为零。说明劳动力前期有较强的自我增强能力，后期几乎没有自我增强的能力。

dlnlab对dlnfgdp的脉冲响应见图7-8右上角，由图可以看出，劳动力对于来自金融业增加值的一个正标准差的冲击产生的响应幅度较小，前6期呈现出小幅度的正向响应，后期响应幅度基本为零。因此，短期内金融业增加值对劳动力有微小的正向拉到作用。

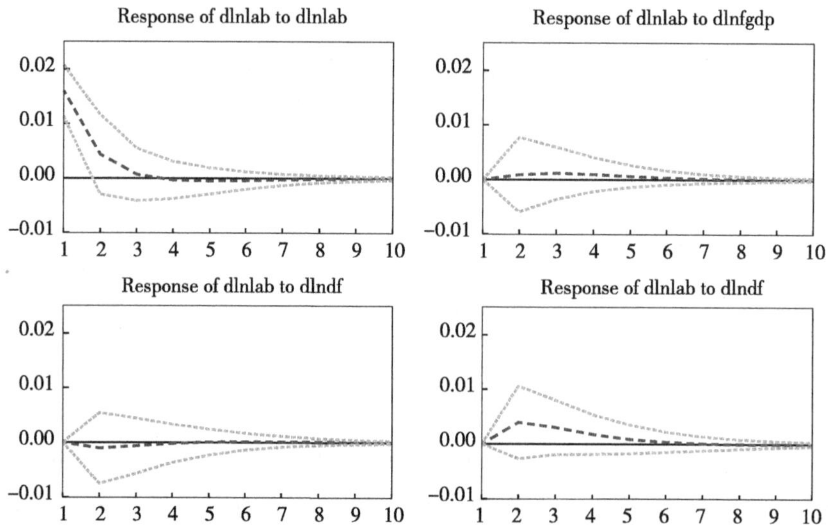

图7-8　各变量脉冲响应分析结果

dlnlab 对 dlndf 的脉冲响应见图 7-8 左下角，由图可以看出，劳动力对于来自直接融资的一个标准差的冲击在前期呈现出微小的负向响应，后期响应几乎为零。说明直接融资对于劳动力影响较小，长期内直接融资发展对劳动力增长几乎无影响。

dlnlab 对 dlnidf 脉冲响应见图 7-8 右下角，劳动力对于来自间接融资的一个正标准差的冲击在前期呈现出正向的响应，第 2 期达到正向响应的最大值，随后响应幅度逐渐下降，第 5 期之后响应几乎为零，说明间接融资在短期内对劳动力有较小的正向拉动作用，长期内对劳动力增长几乎无影响。劳动力对金融支持信息的脉冲响应见表 7-16。

表 7 - 16 劳动力对金融支持信息的脉冲响应

时期	dlnlab	dlnfgdp	dlndf	dlnidf
1	0.015994	0.000000	0.000000	0.000000
	(0.00236)	(0.00000)	(0.00000)	(0.00000)
2	0.004319	0.000906	-0.001043	0.003916
	(0.00363)	(0.00340)	(0.00322)	(0.00331)
3	0.000689	0.001178	-0.000637	0.003022
	(0.00240)	(0.00238)	(0.00253)	(0.00248)
4	-0.000319	0.000952	-0.000179	0.001760
	(0.00170)	(0.00155)	(0.00175)	(0.00181)
5	-0.000487	0.000626	6.86E-05	0.000871
	(0.00120)	(0.00100)	(0.00117)	(0.00130)
6	-0.000406	0.000358	0.000150	0.000354
	(0.00080)	(0.00064)	(0.00077)	(0.00092)
7	-0.000277	0.000179	0.000146	9.25E-05
	(0.00052)	(0.00042)	(0.00049)	(0.00064)
8	-0.000167	7.50E-05	0.000112	-1.94E-05
	(0.00033)	(0.00027)	(0.00031)	(0.00044)
9	-8.98E-05	2.14E-05	7.38E-05	-5.36E-05
	(0.00021)	(0.00018)	(0.00019)	(0.00029)
10	-4.21E-05	-2.17E-06	4.35E-05	-5.29E-05
	(0.00014)	(0.00012)	(0.00012)	(0.00019)

(6) 方差分解

图 7 - 8 和表 7 - 16 说明，劳动力对其自身的贡献度处于主要地位，第 1 期的贡献程度为 100%，随后贡献度不断下降，最终维持在 89% 左右。总体来看，劳动力预测方差基本上是由其自身扰动所引起的，而直接融资、间接融资以及金融业增加值对劳动力的贡献度较低，分别处于 0.52%、9.20%、1.19% 的水平，说明样本省金融发展未能有效促进劳动力的增长。变量劳动力的方差分解图以及劳动力的方差分解结果分别见图 7 - 9、表 7 - 17。

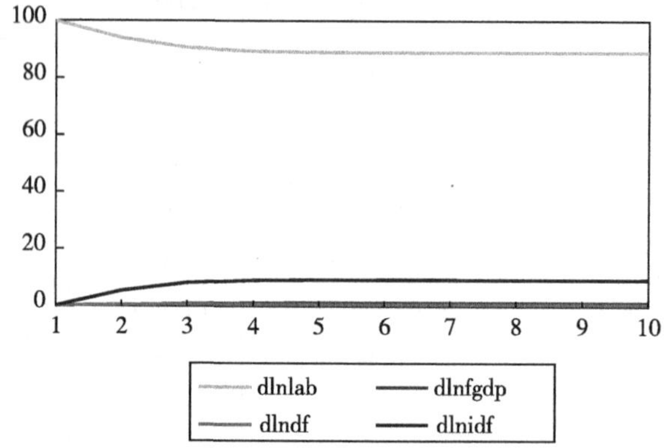

图 7-9 劳动力的方差分解

表 7-17 变量劳动力的方差分解结果

时期	标准差	dlnlab	dlnfgdp	dlndf	dlnidf
1	0.015994	100.0000	0.000000	0.000000	0.000000
2	0.017079	94.08909	0.281186	0.372862	5.256861
3	0.017410	90.70703	0.728046	0.492708	8.072214
4	0.017528	89.51892	1.013438	0.496476	8.971169
5	0.017568	89.19225	1.135714	0.495762	9.176270
6	0.017581	89.11838	1.175500	0.502351	9.203773
7	0.017584	89.10319	1.185350	0.509048	9.202407
8	0.017586	89.09886	1.186992	0.512998	9.201150
9	0.017586	89.09662	1.187075	0.514729	9.201577
10	0.017586	89.09533	1.187052	0.515332	9.202288

(7) 实证结果与原因分析

本节将劳动力（lab）与金融支持的三个指标构建 VAR 模型，在模型稳定的前提下对各变量进行格兰杰因果关系检验、脉冲响应分析和方差分解分析。

格兰杰因果关系检验得出的结论是劳动力增长与直接融资、间接融资和金融业增加值之间无因果关系，说明金融发展并不能构成劳动力增长的必要条件，同时劳动力增长也未能构成金融发展的必要条件，劳动力增长与金融发展的关联性较弱。

从脉冲响应分析结果可以得出，劳动力主要受其自身响应的影响，且影响主要是短期内的，金融业增加值和间接融资对劳动力在短期内有较小的正向响应，直接融资对劳动力增长响应不明显。

由方差分解得出，从长期正向作用的影响幅度和影响时间来看，对劳动力增长贡献程度最大的是劳动力本身，间接融资对劳动力增长有较小的促进作用，而直接融资和金融业增加值对劳动力增长的贡献程度几乎为零。

8

研究结论及政策建议

8.1 研究结论

供给侧结构性改革作为我国当前的一项重点工程，广泛而颇具影响力，金融作为供给侧结构性改革的支撑力量，研究金融对供给侧结构性改革的支持情况对于作为经济大省和人口大省的样本省来说具有重要的现实意义。本书基于金融支持效应的视角来研究样本省供给侧结构性改革进程中的金融支持问题。从供给侧要素（资本、技术、劳动力）三个角度来衡量金融对供给侧结构性改革的支持情况，分别从理论上系统分析了金融对科技进步、资本积累和劳动力增长的内在机制和支持途径，从金融支持广度、金融支持强度和金融支持效率三个方面衡量金融支持效应，利用1993—2017年的数据从资本、技术和劳动力三个角度分别建立VAR模型进行实证分析，得到如下结论。

第一，从格兰杰因果检验来看，金融业增加值与资本积累、技术进步、劳动力增长之间无明显的格兰杰因果关系，说明金融业增加值并未构成供给侧要素增长的必要条件；间接融资是资本积累的格兰杰原因，但资本积累不是间接融资的格兰杰原因，而且间接融资与技术进步、劳动力增长之间不存在格兰杰因果关系，说明间接融资构成了资本积累的必要条件，但并未构成技术进步与劳动力增长的必要条件，同时技术进步、资本积累、劳动力增长并未能构成间接融资的必要条件；直接融资与技术进步之间存在单向的格兰杰因果关系，与资本积累、劳动力增长之间不存在格兰杰因果关系，说明直接融资构成了技术进步的必要条件，但并未构成资本积累和劳动力增长的必要条件，同时技术进步、资本积累与劳动力增长并未能构成直接融资的必要条件。

第二，从脉冲响应分析结果来看，直接融资对资本积累有较大的正向拉动作用，且正向拉动作用持续时间较长，对技术进步也呈现出较大的正向拉动作用，前期正向拉动作用较强，后期正向拉动作用减弱，对劳动力增长无明显的拉动效应；间接融资对资本积累的脉冲响应程度较弱，无明显的反映特征，对技术进步呈现出正负交替的作用效果，前期正向拉动效果较为明显，后期则主要表现为负向拉动效果，在短期内对劳动力增长有较小的拉动效应，长期内则无明显的拉动效应；金融业增加值对资本积累前期有较弱的正向拉动作用，后期有较小的负向拉动作用，且持续时间较长，对技术进步表现为正负交替的作用效果，从长期来看更多表现为负向拉动效果，对劳动力增长无明显的拉动效应。

第三，从方差分解结果来看，直接融资对资本积累贡献程度最大，间接融资与金融业增加值对资本积累的贡献程度较小，尤其是间接融资对资本积累几乎未起到促进作用；在较短期限内间接融资对技术进步贡献程度最大，在长期内直接融资对科技进步的贡献程度最大，而在整个期间内金融业增加值对技术进步的贡献程度最小；从整个期间来看间接融资对劳动力增长有较小的贡献作用，而直接融资和金融业增加值对劳动力增长几乎无贡献作用。

因此，样本省的直接融资较为有效地促进了资本积累和技术进步，间接融资在短期内对技术进步有较大的促进作用，而金融业增加值在整个过程中对技术进步、资本积累、劳动力增长未起到明显的促进作用，同时也反映出样本省金融发展对劳动力增长的促进作用极为有限。由于间接融资主要是以银行为主的融资方式，而银行业具有较大的趋利性，使得金融资源较多地流向盈利能力强、资本回报率高的领域，而对供给侧结构性改革的支持力度较弱。此外，由于样本省的区域经济发展不平衡，而劳动力流动性强，劳动力的增长与经济发展的关联性更强，一般来说劳动力往往会流向经济较为富裕的地区，一定程度上导致了样本省劳动力的流失。

8.2 政策建议

我国供给侧结构性改革逐步迈入攻坚期，金融作为经济发展的核心，在供给侧结构性改革中应发挥主导作用，然而金融支持供给侧结构性改革力度还有待提升，金融支持供给侧结构性改革仍存在诸多问题。在对金融支持样本省供给侧结构性改革的作用机制进行分析的基础上结合金融支持供给侧改革现状、实证研究结果以及金融支持供给侧改革存在的问题，本章提出金融支持样本省供给侧结构性改革的可行性路径，着力提升样本省供给侧结构性改革成效。

1. 完善资本市场，扩大直接融资比例

资本市场作为资金融通的重要渠道，也是供给侧结构性改革中的重要支持力量，虽然近年来我国资本市场规模有所扩大，但和发达国家相比发展依然不足，仍存在一些发展壁垒，因此应不断完善资本市场，充分发挥直接融资的优势，完善股票市场和债券市场结构，通过对资本市场结构的调整和功能的强化，充分发挥资本市场的主体作用，培育市场新兴主体，畅通融资渠道，为供给侧结构性改革注入新鲜活力。

第一，加强政府引导。明确供给侧结构性改革中政府与市场的关系，资本市场的发展与企业市场的发展是类似的，很大程度上是自发出现和形成的，而市场本身的发展存在一定的盲目性，因此需要政府加以引导。在供给侧结构性改革的进程中，一方面政府应积极主动发挥调控与监管的作用，合理调配市场资金的流向；另一方面应明确与市场之间的界限，谨防过度干涉市场现象的出现，充分发挥市场在资源配置中的决定性作用。

第二，发展多渠道直接融资模式。现今我国以银行为主的间接融资模式依然占据主导地位，而直接融资发展仍然不足且受到诸多限制，因此转变融资方式，充分发挥直接融资对供给侧结构性改革的支持作用是当前状态下亟须关注的重点问题。与此同时要平衡直接融资与间接融资的比例关系，综合考虑风险和收益的各种可能情况，充分发挥资本市场的自我调节与资源配置的功能，促使公司治理结构日趋完善，支持并引导投资活动的顺利进展，加大对自主创新能力强的企业的支持，支持经济向更优方向发展。同时应根据样本省经济发展现状，结合金融发展状况，合理制定企业发展规划，引导产业结构调整升级，改善资本市场融资结构，优先加大对发展能力强、有前景的企业的支持，加强对新上市企业和新生产业的培育与引导，提高该类企业的发展能力与营运能力，支持保险业和风险投资基金参与到企业的经营活动中，以入股的形式加大对企业的支持力度，以此带动周边中小企业的发展，为样本省企业的发展带来生机和活力，提高直接融资对供给侧结构性改革的支持力度。

第三，完善多层次资本市场体系。建立和完善多层次资本市场是供给侧结构性改革的关键，样本省资本市场发展较晚，资本市场层次结构不合理，法律法规较不完善，因此应着力加强资本市场的建设，合理分配金融资源，充分发挥金融市场主体作用，减少政府的行政干预。首先应完善相关法律法规，对市场交易秩序进行规范化整顿，为多层次资本市场的发展提供制度保证和便利、安全的交易环境。同时要有效结合政府监管和市场监督，以充分发挥市场和社会的主体监督作用，辅之以政府的监督，使市场在“透明”中运作，进而营造公平的市场竞争环境。其次应不断调整资本市场结构，充分发挥两大交易所（上交所和深交所）的核心作用，形成合理的层次分工，加大对区域性及场外市场的开拓，不断扩大资本市场规模。此外还应优化准入和退市机制，加强对入市标准的把控和审核程序的监督，形成一种优胜劣汰的入市机制，保障上市公司质量，不断激励上市公司提高自身质量，优化公司内部经营环境，充分发挥资本市场对供给侧结构性改革的支持作用。

2. 加大金融对技术进步的支持力度

技术进步作为第一生产力，也是供给侧四大要素之一，理应成为供给侧结构性改革的重要支持力量，然而从样本省供给侧结构性改革的实际情况来看，金融对技术进步的支持力度有待提高，因此迫切需要加大对技术的支持力度，以此来提升供给侧改革的成效。

第一，应加大财政技术投入力度。当前，样本省正处于产业结构升级、发展动力转换的关键阶段，加大财政对技术创新的支持力度不仅是为供给侧结构性改革提供重要的支撑力量，更是样本省经济加快转型、竞争能力综合提升的需要。因此坚持把技术创新作为财政重点支持领域，健全财政性技术投入机制，加大重点领域技术研发支持力度，充分发挥政府在技术创新中的导向作用。首先应根据实际发展需要统筹财力状况，制订合理的技术投入方案，满足财政技术投入需要。加大财政对创新与创业的补贴力度，创新财政技术投入方式，通过引导与合作等多种途径，让更多社会资金参与其中。其次是完善创新资助与奖励政策，确保有利于创新发展的各项政策有效实施，激发企业创新激情，合理制定并不断完善分配制度，激发企业创新潜能和创新实力。加快推进技术成果的转化，充分发挥财政激励作用，加大对技术成果转化项目的补贴和奖励。最后是对高新技术企业采取一定的税收优惠，提高政府在高新技术企业的产业化阶段的资金投入比例，并对其加以支持与引导，促进高新技术企业发展壮大。

第二，应强化资本市场对技术创新的支持。资本市场作为融资活动的重要场所，应充分发挥资本市场资金融通功能，加大对技术创新的支持效用。首先，提高技术创新投入中资本市场融资比重，引导风险投资与创业投资、众筹融资等形式的投资主体积极进入技术创新的不同阶段，形成支持各个阶段技术创新运行的多层次资本市场。其次，支持符合条件的技术型与高新技术企业、中小板、创业板、新三板等相关企业积极上市或挂牌，支持该类企业以开展多种形式的并购重组活动进行资金的融通。最后，应引导高新技术企业、技术型中小企业通过发行公司债券等方式拓展融资渠道，为技术创新提供必要的资金支持。

第三，加强商业银行等金融机构对技术创新的支持。首先应鼓励商业银行等金融机构内部专门设立独立的技术信贷运营机构，为技术创新企业提供信贷资金来源，扩大技术信贷资金的总体投入规模。其次应构建完善的技术金融服务体系。依据技术金融的特性，综合考虑我国的基本情况，构建由各种主体（包括政府、企业、社会中介机构等）参与的，集金融政策、制度、工具、服务于一体的，涵盖技术创新全步骤的多功能多层次的体系架构。一是形成多形式的技术贷款模式，一方面可通过在大型商业银行内部设立专门从事技术贷款的组织机构，对其进行有针对性的单独管理；另一方面可通过尝试让大型商业银行以出资人的身份发起设立独立法人资格的技术贷款组织，鼓励商业银行以不同方式加大对技术创新的信贷投入。二是构建中介机构信息共享平台，中介机构作为链接金融业与技术创新企业的纽带，其资质、信誉度等信息对技术信贷的投放至关重要，通过实施中介机构信息共享机制，加强对中介机构的筛选审核工作，确保商业银行信贷资金的安全，同时也确保了技术创新企业可靠的资金来源，为中介机构创造健康的市场环境。

3. 加大财政教育投入，提升人力资本积累水平

样本省作为人口大省，劳动力资源丰富，但也存在很多短板，因此为了在供给侧结构性改革中提升全要素的效率，样本省需要将劳动力资源跃升为人力资本。在此进程中，人才的供给与流动是关键。从实证分析结果来看，直接融资、间接融资以及金融业增加值均未构成劳动力增长的格兰杰原因，由此可以看出样本省金融发展并未直接促进劳动力增长。因此，扩大样本省就业规模，提高劳动者素质，是供给侧结构性改革有效进行的有力保障。

第一，着力扩大社会就业。建立经济发展与就业增长的联动机制，经济发展一方面应带动就业的增加，改善就业状况，调整就业结构；另一方面应对劳动力资源进行合理分配与利用，创造更多的就业岗位。首先应健全公共就业与创业服务体系，全面开展全民技能培训活动，提供多渠道就业创业路径，为高校毕业生、就业困难人群、退役军人等群体提供可选之路，推动农村劳动力转移就业，做好下岗人员再就业工作，对于在过剩产能和“僵尸企业”处置过程中新产生的下岗员工妥善处置工作问题。其次应加大政府财政支出对劳动力的支持

力度，财政支出政策作为转变经济经发展方式的重要举措，应努力在财政支出的方向、结构上进行调整，以促进经济发展与提升就业的良性互动机制的建立。

第二，促进农村劳动力转移。以建立完善的城乡公共就业服务机制为目标，通过全面展开职工技能培训工作，为农民工开展多途径转移就业提供通道，进而提升就业质量。一是向城镇常住人口提供基础公共服务，为农业转移人口提供就业、住房、教育等相关保障。改革户籍管理制度，促进有条件、有意愿的农业转移人口在城镇安家落户。二是大力发展乡村特色产业，实施乡村振兴战略，鼓励在乡村适宜地带创建环境友好型企业，促进乡村经济朝多元化的方向发展，为就业岗位的扩充创造更多机会，支持农民工返乡进行自主创业，以创业带动就业规模的扩张。三是着力提高农村劳动力转移就业的技能。针对农村劳动力的不同特点，组织开展分门别类的培训工作。对转移就业的农村劳动力，通过提高补贴额度，开展更长时间的培训活动，开展更具针对性的技能培训工作，真正使培训工作落到实处，提高培训效果。此外，还应聚集分散在各部门的农村劳动力培训资金，加强对资金使用的监督，提高资金利用效益。

第三，支持发展城乡教育事业。高度重视发展农村义务教育，推动建立以城市发展带动乡村发展的义务教育模式，加大人力资本投资，提高劳动力素质。首先，应加大教育投入力度，扩大教育支出规模，调整教育支出分配结构，使人力资源能够有效满足社会需求。此外，公共财政理论表明，教育作为一种重要的外部性公共产品，对劳动者素质的提升发挥着举足轻重的作用。因此，增加教育投入力度，着力提高劳动力受教育水平，提升劳动者整体素养，应作为供给侧结构性改革的一项重要任务。其次，扩大技术支出规模，充分发挥技术进步的“就业补偿”效应，强化科教兴国战略和人才强国战略，充分发挥技术进步对经济结构调整和就业规模增长的支撑作用。此外，还应合理规划财政就业资金支出额度与支出结构，提升资金利用率。一是加大财政就业支出投入力度，逐渐提升就业支出占 GDP 的比重；二是完善就业资金的管理制度，加强对就业资金的监管力度，使资金真正应用到需要的地方，提高资金的利用效率。首先，加强财政部门内部监管机构对就业专项资金的管理，定期对就业资金的支出去向进行审查核对，并建立一套系统的专项资金使用绩效评估体制，确保资金的安全，使资金的使用更加有效。其次，通过内部审计部门的专项审计工作，严格按照批准的预算发放资金，坚持专款专用原则，积极弥补资金在使用中存在的漏洞，切实提高就业资金的使用效率。

4. 创新金融服务方式，优化信贷结构

金融的发展也需要不断的创新来满足供给侧结构性改革的需要，要依据技术创新的特点，基于当前样本省金融发展现状，积极地寻找金融创新突破点，优化金融结构，以金融的创新提升对供给侧要素的支持效率，进而提升供给侧结构性改革的成效。

第一，扩大对中小企业及科技型企业贷款规模。很明显，技术创新对资金的时效性要求要远高于传统的企业，为了确保资金及时到位，商业银行应改进管理方式，对相关信贷审批业务流程进行改革和创新，建立适合高新技术企业业务经营需要的信贷规则体系和运行机制，减少业务环节，提高服务效率。积极探索和开展多种形式担保，创新信贷产品担保方式，采取灵活担保方式解决企业合理的资金需求。鼓励支持各类金融机构不断提升服务水平，优化内部组织管理体制，应对高新技术产业发展要求，增强金融服务科技领域能力。还应积极利用民间资本，聚集民间资金资源，提高资金利用效率，创建民间融资平台。通过降低民间资本准入门槛，使得民间资本能够顺利进入市场，不断扩大相关投资领域，放宽投资条件，开放市场，拓宽渠道，同时对项目运作模式进行不断创新，提高资金利用率，结合样本省经济转型升级的实际情况，因地制宜，制定合理的投融资模式。

第二，创新金融信贷服务模式。增强金融机构金融服务创新的能力，创新适应区域经济发展的信贷模式，构建多样化的金融机构，推广多样化的金融产品。通过积极推行电话银行、网上银行等新型互联网服务方式，不断扩大服务区域面积，以不断更新的金融信贷产品吸引更多存款，将资金更多地运用到供给侧结构性改革需要的地方，提高金融服务供给侧结构性改革的便利性和透明度。统筹兼顾信贷环境、信贷条件与信贷客户情况，协同推进信贷各方面工作稳步进行，改革投融资体制以满足不断变化的供给侧结构性改革资金需求。

第三，发挥金融创新对技术创新的促进作用。建立技术与金融融合机制，鼓励金融机构进行产品创新和服务创新，构建各类金融工具对创新与创业协同支持的发展趋势。可通过在金融机构内部专门成立独立的科技金融事业部，加强金融创新工作的推行，通过筛选满足条件的金融机构，开创银企投贷联动试点，探索有利于银行和企业进行双创的环境条件，为企业提供股权融资与债权融资相结合的融资模式。加大对创新机构的支持力度，以形成对新兴产业发展与科技创新起到促进作用的机构支持模式。合理设置科技证券类机构，鼓励各类证券机构积极主动服务技术型企业。支持银行业金融机构创新质押贷款方式，激励保险公司加大对技术企业信贷保险投入，引导金融机构以自身的科技创新提高对技术型企业的支持效应。

5. 完善金融体系，提升金融发展与经济发展的协调性

金融作为供给侧结构性改革的重要支持力量，通过促进经济的发展为供给侧结构性改革提供资金保障，将“三去一降一补”落到实处，通过提高科技创新力度、提升资本积累程度、提高劳动力供给质量，进而促进供给侧结构性改革效率的提升。然而，事实上样本省金融发展与经济发展存在不协调现象，具体表现为金融发展速度落后于经济增长速度，进而加剧了区域间经济发展的不平衡，进一步加深了金融区域分布与发展的不平衡，从而影响了样本省供给侧结构性改革成效。因此，应着力从以下三方面加以调整。

第一，大力发展多层次的金融市场，不断完善金融体系。相较而言，样本省金融市场发展较不完善，与全国平均水平尚存在差异，样

本省作为一个人口大省和经济大省理应奋起直追，扩大金融市场规模，提升经济发展水平。首先，应建立均衡发展的多层次金融市场，鼓励发展前景好的企业入市，以此带动广大中小企业的发展，通过发行股票与债券融资、提供信用担保等方式进行资金融通，为企业进一步发展提供必要的资金支持。其次，应通过扩大租赁公司规模，规范其业务操作流程，完善其内部控制制度与法规，为需要进行技术改造与产品创新升级的广大中小企业提供设备租赁服务，促进中小企业业务活动的顺利开展。最后，通过进行招商引资，吸引高质量的内外资企业、产业投资基金、风险投资基金以参股形式加大对中小企业的资金支持，并通过并购、重组等方式对样本省的经营欠佳的企业进行重新整合，提高企业经营效益的同时增强企业的整体竞争力。一方面能更有效地解决广大中小企业融资难等问题，使企业维持持续健康经营；另一方面能够为企业提供更多的发展机遇，有助于样本省企业顺利实现转型升级。

第二，完善金融监管体系，有效化解金融风险。风险作为金融市场的一大重要隐患，对金融市场的健康持续发展产生一定的不利影响，由于样本省的金融市场发展尚不完善，金融环境存在一定缺陷，风险应对措施较不健全，因此样本省亟须完善金融监管体系，有效防范与化解金融行业风险，提升金融市场运行效率，为供给侧结构性改革提供一个良好的金融环境。首先，应建立完善的监督体系，金融监管部门一方面应加强对政府融资平台的监督，通过建立规范的制度约束政府举债行为；另一方面应加强对金融机构的监管，避免由于金融机构的趋利性对资金进行不当操作，降低资金的利用效率，损害投资者利益，因此金融监管部门应通过建立内部制度体系等措施，有效规避市场上的风险漏洞，营造良好的金融环境。其次，应适当简化金融审核体系，通常情况下烦琐的金融审核体系降低了金融运行效率、抑制了有发展前景的企业进一步发展，给金融市场和企业双方都带来了不利影响，因此，适当的金融审核体系是必要的，但过于烦琐的审核体系则是不适宜的。此外，还应建立有效的金融风险预警机制，及时发现并识别潜在风险，将风险发生的可能性降为最低，切实防范区域性和系统性风险的发生。

第三，规范民间金融的发展。民间金融作为正规金融的补充，凭借其制度优越、信息易获得、成本低以及速度快等优势，给予民间金融在面临正规金融机构基本垄断的条件下一线生存的希望，加之差异化的经营战略使得民间金融迅速发展壮大，并成为我国农村借贷市场上的主导力量。由于在我国现行的金融法律法规并未给予民间金融以合法地位，加之有效监管的缺失，在样本省民间金融数量众多的情况下，不免对金融体系造成一定影响。因此，金融监管部门应重视民间金融的发展，给予其一定的生存空间，支持并鼓励其向规范化方向发展，引导并协助其防范风险，最大限度地发挥其作用功能，使其更有效地服务于供给侧结构性改革。首先，样本省金融监管当局应结合市场情况制定相关法律法规给予民间金融足够的自由发展空间，促使其不断发展与完善，并通过对其中的经营效益高、规模大、运作规范的民间金融组织加以引导促使其向正规化方向发展，以改善样本省金融资源区域分布不均衡且总量匮乏的面貌；其次，应加强对民间金融的监管，规范其运作流程，对其进入市场条件加以限制，完善其组织制度、财务预算机制、内部运行机制以及信息披露制度，使其运作更加规范和透明，有效规避并防范风险，提高其服务效率。

第四，创新区域经济发展战略，实现金融发展与经济增长的协同发展。一方面，经济发展作为金融发展的强大依托力量，只有在经济不断发展壮大的基础上才能为金融的发展提供保障；另一方面，金融业的发展为经济的发展提供资金支持等途径，进而促进经济发展，因此样本省在坚持经济发展的同时应立足于自身优势及区位特点，促进金融业的发展壮大，实现金融与经济的协同发展。首先，强化全省各区域间金融的互相合作与扶持，发挥金融集聚区的辐射作用，促进金融资源重新整合和配置，提高金融资源的利用效率，形成各区域金融发展中心，实现金融发展迅速的地区带动欠发达地区的金融发展，通过不断深化金融功能，促进区域金融的创新发展，推动各区域经济增长。其次，调整所有制结构、产品结构、技术结构等，优化产业结构，壮大产业集群，调整经济发展方式，实现经济的持续增长，以适应商业银行对产业资本聚集的功效，进而促进银行业的可持续发展。

参考文献

[1] 亚当·斯密. 国富论 [M]. 北京：中央编译出版社，2011.

[2] 萨伊. 政治经济学概论：财富的生产分配和消费 [M]. 北京：商务印书馆，1997.

[3] 阿尔弗雷德·马歇尔. 经济学原理 [M]. 北京：人民日报出版社，2009.

[4] 外国经济学说研究会编. 现代国外经济学论文选（第五辑）[M]. 上海：商务印书馆，1984.

[5] 马丁·费尔德斯坦. 通货膨胀与美国经济 [J]. 经济学译丛，1982（12）：17－18.

[6] 保罗·克雷·罗伯茨. 供给学派革命 [M]. 上海：上海译文出版社，1987.

[7] 贾康，苏京春. 新供给经济学 [M]. 太原：山西经济出版社，2015.

[8] 余华，彭至乐. 中国供给侧改革的理论逻辑与实践路径探析 [J]. 湖南财政经济学院学报，2016（4）：63－72.

[9] 周助青. 供给侧结构性改革的影响及对策 [J]. 农业发展与金融，2016（1）：30－34.

[10] 冯志峰. 供给侧结构性改革的理论逻辑与实践路径 [J]. 经济问题，2016（2）：12－17.

[11] 冯蕾. 解开“供给侧改革”的三个问号 [N]. 光明日报，2015－11－30（8）.

[12] 李佐军. 准确把握供给侧改革 [N]. 北京日报，2015－12－

28（17）.

［13］黄剑．论创新驱动理念下的供给侧改革［J］．中国流通经济，2016（5）：81-86.

［14］胡鞍钢，周绍杰，任皓．供给侧结构性改革——适应和引领中国经济新常态［J］．清华大学学报（哲学社会科学版），2016（2）：17-22.

［15］许经勇．农业供给侧结构性改革的深层思考［J］．学习论坛，2016（6）：32-35.

［16］赵海．金融服务农业供给侧结构性改革：方向、重点与路径［J］．农村金融研究，2017（4）：7-13.

［17］刘霞辉．供给侧的宏观经济管理——中国视角［J］．经济学动态，2013（10）：9-19.

［18］牛锡明．大力推动转型发展支持供给侧改革［J］．新金融，2016（7）：4-7.

［19］李智，原锦凤．基于中国经济现实的供给侧改革方略［J］．价格理论与实践，2015（12）：12-17.

［20］郝身永，那艺．更加关注供给侧的宏观经济管理——因应国内外形势变化的积极调整［J］．当代经济管理，2015（4）：1-5.

［21］李翀．论供给侧改革的理论依据和政策选择［J］．经济社会体制比较，2016（1）：9-18.

［22］林卫斌，苏剑．供给侧改革的性质及其实现方式［J］．价格理论与实践，2016（1）：16-19.

［23］刘尧飞，沈杰．经济转型升级背景下供给侧改革分析［J］．理论月刊，2016（4）：5-9.

［24］刘伟，蔡志洲．经济增长新常态与供给侧结构性改革［J］．求是学刊，2016（1）：56-65.

［25］勾东宁．供给侧改革的金融支持［J］．中国金融，2016（8）：92-93.

[26] 郭田勇. 引导与支撑：金融在供给侧改革中的作用 [N]. 金融时报，2016 -06 -09 (2) .

[27] 陆岷峰，虞鹏飞. 互联网金融背景下商业银行“大数据”战略研究——基于互联网金融在商业银行转型升级中的运用 [J]. 经济与管理，2015 (3)：31 -38.

[28] 许泽玮，施健. 新常态下我国互联网金融助力供给侧改革的研究 [J]. 金融发展评论，2016 (2)：153 -158.

[29] 寇佳琳. 互联网金融促进供给侧改革的路径与对策分析 [J]. 理论探讨，2017 (2)：98 -102.

[30] 贾康. 供给侧结构性改革要领 [J]. 中国金融，2016 (1)：25 -28.

[31] 张红伟，向玉冰. 供给侧结构性改革的金融支持研究——基于居民金融资产配置的视角 [J]. 西南民族大学学报（人文社科版)，2017 (3)：134 -139.

[32] 李文华. 资本市场助力供给侧结构性改革研究 [J]. 证券市场导报，2017 (2)：4 -13.

[33] 冯蕾. 解开“供给侧改革”的三个问号 [N]. 光明日报，2015 -11 -30 (8) .

[34] 吴先满，蒋昭乙. 江苏供给侧结构性改革的金融支持政策研究 [J]. 南京审计大学学报，2016 (5)：3 -9.

[35] 张竞丹. 金融业助力供给侧改革实践 [J]. 中国金融，2017 (13)：90 -91.

[36] 樊鑫淼. 金融服务供给侧结构性改革的现状分析及对策研究 [J]. 西南金融，2016 (12)：10 -16.

[37] 罗超平，张梓榆，吴超，翟琼. 金融支持供给侧结构性改革：储蓄投资转化效率的再分析 [J]. 宏观经济研究，2016 (3)：8 -23.

[38] 廖清成，冯志峰. 供给侧结构性改革的认识误区与改革重点 [J]. 求实，2016 (4)：54 -60.

[39] 贾康，张斌．供给侧改革：现实挑战、国际经验借鉴与路径选择［J］．价格理论与实践，2016（4）：5－9.

[40] 李松龄．供给侧改革的价值论依据与制度保障［J］．山东社会科学，2018（1）：118－125.

[41] 吴敬琏．制度重于技术——论发展我国高新技术产业［J］．经济社会体制比较，1999（5）：1－6.

[42] 邓乐平，孙从海．科技创新与资本市场——理论与经验的考察［J］．金融研究，2001（9）：74－84.

[43] 韩廷春．金融发展与经济增长的内生机制［J］．清华大学学报（哲学社会科学版），2003（1）：80－85.

[44] 李建伟．技术创新的金融支持［M］．上海：上海财经大学出版社，2005：123－134.

[45] 俞立平，燕小青，熊德平．金融规模、金融调控与经济增长——基于中国改革开放以来的实证研究［J］．山西财经大学学报，2012（8）：11－20.

[46] 张明喜．我国科技创新与金融创新结合问题研究［J］．南方金融，2013（1）：80－83.

[47] 赵增耀，周晶晶，沈能．金融发展与区域创新效率影响的实证研究：基于开放度的中介效应［J］．科学学研究，2016（9）：1408－1416.

[48] 韩亚欣，吴非，李华民．中国科技金融实践中的经验、误区与路径导向［J］．当代经济管理，2016（11）：86－92.

[49] 王仁祥，杨曼．制度环境、基础设施与“科技—金融”系统效率改善［J］．科学学研究，2017（9）：1313－1319.

[50] 李宁，张佩琪，徐可，顾明华．基于偏好多阶段 DEA 模型的高技术产业区域创新绩效评价研究［J］．工业技术经济，2017（2）：57－65.

[51] 戴志敏，郑万腾，杨斌斌．科技金融效率多尺度视角下的区域差异分析［J］．科学学研究，2017（9）：1326－1333.

[52] 宁智平．资本形成，金融深化与经济发展［J］．世界经济文

汇，1993（4）：1－8.

［53］沈坤荣，孙文杰．投资效率、资本形成与宏观经济波动——基于金融发展视角的实证研究［J］．中国社会科学，2004（6）：52－63.

［54］汪伟．储蓄、投资与经济增长之间的动态相关性研究——基于中国 1952—2006 年的数据分析［J］．南开经济研究，2008（2）：105－125.

［55］才国伟，舒元．我国资本的配置效率：一种新的测算方法［J］．经济科学，2009（4）：43－52.

［56］黄志钢，刘霞辉．"新常态"下中国经济增长的路径选择［J］．经济学动态，2015（9）：51－62.

［57］王永中，高凌云．金融发展与内生经济增长理论评述：人力资本积累视角［J］．首都经济贸易大学学报，2007（3）：98－103.

［58］高凌云，王永中．R&D 溢出渠道、异质性反应与生产率：基于 178 个国家面板数据的经验研究［J］．世界经济，2008（2）：65－73.

［59］王光栋，姜振波．金融发展、技术进步与就业——基于省际面板数据的经验分析［J］．金融与经济，2014（9）：20－23.

［60］唐时达，巴曙松，刘睿，侯敬雯．金融结构、劳动力市场特征与就业——基于中国省际面板数据的实证研究［J］．江淮论坛，2015（2）：16－23.

［61］高子涵．论金融发展与就业增长［J］．中共中央党校学报，2017（1）：123－128.

［62］李凯风，张卓．基于真实金融辐射力视角的劳动力问题分析［J］．商业经济研究，2016（5）：168－170.

［63］赵太银．新型城镇化进程中农村劳动力转移与金融支持研究［J］．金融监管研究，2013（11）：93－103.

［64］高鸿业．微观经济学（微观部分）［M］．北京：中国人民大学出版社，2011.

［65］王昌林，付保宗，郭丽岩，卞靖，刘现伟．供给侧结构性改革的

基本理论：内涵和逻辑体系［J］．宏观经济管理，2017（9）：14－18.

［66］龚雯，许志峰，王珂．七问供给侧结构性改革——权威人士谈当前经济怎么看怎么干［N］．人民日报，2016－01－04（2）．

［67］丁武民．乡村发展过程中的金融支持研究［D］．青岛：中国海洋大学，2010.

［68］闫超．基于耦合理论的高技术产业金融供给侧改革研究［D］．合肥：中国科学技术大学，2016.

［69］张五常．多难登临录：金融危机与中国前景［M］．北京：中信出版社，2009.

［70］洪崎．华夏新供给经济学研究院暨中国新供给经济学50人论坛成立致辞［J］．经济研究参考，2014（1）：5－6.

［71］金文．新时代新机遇 新供给——华夏新供给经济学研究院、中国新供给经济学50人论坛成立大会暨十八届三中全会精神研讨会在京召开［J］．经济研究参考，2014（1）：1－2.

［72］滕泰．新供给主义宣言［J］．中国经济报告，2013（1）：88－92．

［73］贾康．新供给：经济学理论的中国创新［M］．北京：中国经济出版社，2013.

［74］贾康，徐林，李万寿，姚余栋，黄剑辉，刘培林，李宏瑾．中国需要构建和发展以改革为核心的新供给经济学［J］．财政研究，2013（1）：2－15.

［75］韩敬云．制度创新与中国供给侧结构性改革［D］．北京：中央民族大学，2017.

［76］雷蒙德·W. 戈德史密斯．金融结构与发展［M］．北京：中国社会科学出版社，1993.

［77］罗纳德·I. 麦金农．经济发展中的货币与资本［M］．上海：上海三联书店，1997.

［78］爱德华·S. 肖．经济发展中的金融深化［M］．上海：上海三联书店，1988.

[79] 石永拴．中原经济区经济发展中的金融支持研究 [D]．武汉：武汉大学，2013.

[80] 李建伟．技术创新的金融支持——理论与政策 [M]．上海：上海海财经大学出版社，2005.

[81] 谷秀娟，沈其云．中国融资结构的演变分析 [M]．北京：经济管理出版社，2006.

[82] 孙伍琴．不同金融结构下的金融功能比较 [M]．北京：中国金融出版社，2003.

[83] 罗格纳·纳克斯．落后国家的资本形成 [M]．台北：台湾银行研究室，1967.

[84] 沈天鹰．经济发展中的资本形成与货币金融 [J]．南开经济研究，1995 (3)：28 - 34.

[85] 唐时达，等．金融结构、劳动力市场特征与就业——基于中国省际面板数据的实证研究 [J]．江淮论坛，2015 (2)：16 - 23.

[86] 蔡增正．教育对经济增长贡献的计量分析——科教兴国战略的实证依据 [J]．经济研究，1999 (2)：41 - 50.

[87] 陆铭，陈钊，杨真真．平等与增长携手并进——收益递增、策略性行为和分工的效率损失 [J]．经济学，2007 (2)：443 - 468.

[88] 亚当·斯密．国民财富的性质和原因的研究 [M]．北京：商务印书馆，1972.

[89] 杨小凯，张永生．新兴古典经济学与超边际分析 [M]．北京：社会科学出版社，2003.

[90] 李敬，冉光和，温涛．金融影响经济增长的内在机制——基于劳动分工理论的分析 [J]．金融研究，2007 (6)：80 - 99.

[91] 马亚明，苏昱冰．金融支持供给侧结构性改革的理论探讨、实证分析和滨海新区实践——基于柯布 - 道格拉斯生产函数的分析 [J]．经济问题探索，2017 (4)：147 - 154.

[92] 张军，吴桂英，张吉鹏．中国省际物质资本存量估算：

1952—2000 [J]. 经济研究，2004 (10)：35－44.

[93] 邓平. 中国科技创新的金融支持研究 [D]. 武汉：武汉理工大学，2009.

[94] 张军，施少华. 中国经济全要素生产率变动：1952—1998 [J]. 世界经济文汇，2003 (2)：17－24.

[95] 高铁梅. 计量经济分析方法与建模——Eviews 应用及实例 (第二版) [M]. 北京：清华大学出版社，2009.

[96] 高铁梅. 计量经济方法与建模 [M]. 北京：清华大学出版社，2009.

[97] 高彦彬. 中国普惠金融的架构、缺陷与对策 [M]. 哈尔滨：黑龙江人民出版社，2016.

[98] 高彦彬. 互联网金融对商业银行理财业务的影响及对策研究 [M]. 哈尔滨：黑龙江人民出版社，2017.

[99] Levine R. Stock markets, growth, and tax policy [J]. The Journal of finance, 1991, 46 (4): 1445－1465.

[100] Saint－Paul G. Technological choice, financial markets and economic development [J]. European Economic Review, 1992, 36 (4): 763－781.

[101] King R G, Levine R. Finance, entrepreneurship and growth [J]. Journal of Monetary Economics, 1993, 32 (3): 513－542.

[102] Fuente A D L, Marín J. Innovation, bank monitoring and endogenous financial development [J]. Journal of Monetary Economics, 1996, 38 (2): 269－301.

[103] Keuschnigg C. Venture Capital Backed Growth [J]. Journal of Economic Growth, 2004, 9 (2): 239－261.

[104] Alessandra C., Stoneman P. Financial Constraints to Innovation in the UK: Evidence from CIS2 and CIS3 [J]. Oxford Economic Papers, 2008, 60 (4): 711－730.

[105] George G, Prabhu G N. Developmental financial institutions as

technology policy instruments: implications for innovation and entrepreneurship in emerging economics [J]. Research Policy, 2003, 32 (1): 89-108.

[106] Hyytinen A, Toivanen O. Do financial constraints hold back innovation and growth? Evidence on the role of public policy [J]. Research Policy, 2005, 34 (9): 1385-1403.

[107] G. Avnimelech, M. Teubal. From direct support of business sector r&d/innovation to targeting venture capital/private equity: a catching-up innovation and technology policy life cycle perspective [J]. Economics of Innovation & New Technology, 2008, 17 (1-2): 153-172.

[108] Herrera A M, Minetti R. Informed finance and technological change: Evidence from credit relationships [J]. Journal of Financial Economics, 2004, 83 (1): 223-269.

[109] Benfratello L, Schiantarelli F, Sembenelli A. Banks and innovation: microeconometric evidence on Italian firms [J]. Journal of Financial Economics, 2008, 90 (2): 197-217.

[110] Ang J B. Research, technological change and financial liberalization in South Korea [J]. Journal of Macroeconomics, 2010, 32 (1): 457-468.

[111] PerezC. The financial crisis and the future of innovation: A view of technical change with the aid of history [J]. General Information, 2010 (8).

[112] Schinckus C. The financial simulacrum: The consequences of the symbolization and the computerization of the financial market [J]. The Journal of Socio-Economics, 2008, 37 (3): 1076-1089.

[113] Schertler A. Knowledge Capital and Venture Capital Investments: New Evidence from European Panel Data [J]. German Economic Review, 2010, 8 (1): 64-88.

[114] Huang Y, Zheng F, Huang Z. Research on Science and Technology and Finance Scientific Positive Feedback Mechanism Based on Ceramic In-

dustry Technology Innovation Strategic Alliance [M]. Proceedings of the 2nd International Conference on Green Communications and Networks 2012 (GCN 2012): Volume 2. Springer Berlin Heidelberg, 2013: 21 -27.

[115] Cakici S M. Technology shocks under varying degrees of financial openness [J]. International Review of Economics & Finance, 2013, 21 (1): 232 -245.

[116] Ji X, Lu X, University W. Empirical Research on SMES - Whether the Government Subsidy or the Credit Finance is the Force of Driving Investing on Innovation [J]. Journal of Industrial Technological & Economics, 2017 (6): 48 -54.

[117] Yelkikalan N, Aydin E, Kurt U. Impact on Economic Growth of Technological Progress in the Turkey Economy: Empirical Analysis on Political and Financial Stability Channel [J]. International Business Research, 2017, 10 (3): 80.

[118] Pierre-Richard Agénor, Otaviano Canuto. Access to finance, product innovation and middle-income traps [J]. Research in Economics, 2017, 71 (2): 337 -355.

[119] García-Quevedo J, Segarra-Blasco A, Teruel M. Financial constraints and the failure of innovation projects [J]. Technological Forecasting and Social Change, 2018, 127: 127 -140.

[120] Kapetaniou C, Samdanis M, Lee S H. Innovation policies of Cyprus during the global economic crisis: Aligning financial institutions with National Innovation System [J]. Technological Forecasting & Social Change, 2018: 1 -10.

[121] Show E S. Financial Deepening in Economic Growth [M]. New York: Oxford University Press, 1973.

[122] Mckinnon R I. Money and capital in economic development [J]. American Political Science Review, 1973, 68 (4): 1822 -1824.

[123] Patrick, Hugh T. Financial Development and Economic Growth in Underdeveloped Countries [J]. Money & Monetary Policy in Less Developed Countries, 1980, 14 (2): 37 - 54.

[124] Barro R. and Sala - I - Martin X. Economic Growth [M]. Boston: MIT Press Second edition, 2003.

[125] King R. G. and Levine R. Finance, Entrepreneurship, and Growth: Theory and Evidence [J]. Journal of Monetary Economics, 1993, 32: 513 - 542.

[126] Levine R. Financial Development and Economic Growth: Views and Agenda [J]. Journal of Economic Literature, 1997, 35: 688 - 726.

[127] Kontogiannis N. A Study in Optimal Monetary Policy, Inflation and Capital Accumulation [D]. Department of Economics University of Leicester, 2016.

[128] Levine R. Stock Markets, Growth, and Tax Policy [J]. Journal of Finance, 1991, 46 (4): 1445 - 1465.

[129] Krebs T. Human Capital Risk and Economic Growth [J]. Quarterly Journal of Economics, 2003, 118 (2): 709 - 744.

[130] Abubakar A, Kassim S H, Yusoff M B. Financial Development, Human Capital Accumulation and Economic Growth: Empirical Evidence from the Economic Community of West African States (ECOWAS) [J]. Procedia - Social and Behavioral Sciences, 2015, 172: 96 - 103.

[131] Thakurata, I. Child labour and human capital in developing countries A multiperiod stochastic model [J]. Economic Modelling, 2017: 1 - 15.

[132] Dissou Y, Didic S, Yakautsava T. Government spending on education, human capital accumulation, and growth [J]. Economic Modelling, 2016, 58: 9 - 21.

[133] C . A. Sims. Macroeconomics and Reality [J]. Econometrica, 1980 (48): 1 - 48.

[134] McKinnon, R. I. Money and Capital in Economic Development [M]. Brookings Institution, 1973.

[135] Shaw, E. S. Financial Deepening Economic Development [M]. Oxford University Press, 1973.

[136] Levine R. Financial Development and Economic Growth: Views and Agenda [J]. Journal of Economic Literature, 1997, 35 (2): 688 –726.

[137] Merton R C. Financial innovation and economic performance [J]. Journal of Applied Corporate Finance, 2010, 4 (4): 12 –22.

[138] Gross D M. Financial Intermediation: A contributing factor to economic growth and employment [C]. International Labour Organization, 2002: 1 –39.

[139] Pagano M, Pica G. Finance and Employment [J]. Economic Policy, 2012, 27 (69): 5 –55.

[140] Wasmer E, Weil P. The Macroeconomics of Labor and Credit Market Imperfections [R]. American Economic Review, 2004, 94 (4): 944 – 963.

[141] Gonzάlez N M U, Fonseca R. Financial Development, Labor and Market Regulations and Growth [J]. 2005.

[142] Suchanek L. Labour Shares and the Role of Capital and Labour Market Imperfections [R]. Bank of Canada Discussion Paper, 2009.

[143] Petrosky – Nadeau N. Endogenous Flows of Foreign Direct Investment and International Real Business Cycles [R]. Carnegie Mellon University Working Paper, 2011.

[144] Kontogiannis N. A Study in Optimal Monetary Policy, Inflation and Capital Accumulation [D]. Department of Economics University of Leicester, 2016.

[145] Stilitz, J. and Weiss. A. Credit Rationing in Market with ImPerfect Information [J]. American Eeonomic Review, 1981 (71): 393 –410.

[146] Allen F, Gale D. Comparing finance systems [J]. MTS Press

Books, 2001 (1): 23 - 16.

[147] Bencivenga V., Smith B. Financial Intermediation and Endogenous Growth [J]. Review of Economic Studies. 1991, 58 (2): 195 - 209.

[148] Diamond D., Dybvig P. Bank Runs, Deposit Insurance, and Liquidity [J]. Journal of Political Economy, 1983, 91 (3): 401 - 419.

[149] Bencivenga VR, Smith BD. Financial Intermediation and Endogenous growth [J]. The Review of Economic Studies, 1991, 2 (58): 195 - 209.

[150] Levine R. Stock Markets Growth and Tax Policy [J]. The Journal of Finance, 1991, 46 (4): 1445 - 1465.

[151] Diamond, D. W. Financial Intermediation and Delegated Monitoring [J]. Review of economic studies, 1984, 17 (2): 133 - 152.

[152] Ellis H S. Economic Development for Latin America [M] // Economic development for Latin America. Macmillan, 1961: 288 - 290.

[153] Creenwood J, Smith B D. Financial markets in development, and the development of financial markets [J]. Journal of Economic Dynamics & Control, 1997, 21 (1): 145 - 181.

[154] Fishman A, Simhon A. The Division of Labor, Inequality and Growth [J]. Journal of Economic Growth, 2002, 7 (2): 117 - 136.

[155] Arrow K J. The Economic Implications of Learning by Doing [J]. Review of Economic Studies, 1962, 29 (3): 155 - 173.